Schütz · Gruppenforschung und Gruppenarbeit

Klaus-Volker Schütz

Gruppenforschung und Gruppenarbeit

Theoretische Grundlagen und Praxismodelle

Matthias-Grünewald-Verlag · Mainz

CIP-Titelaufnahme der Deutschen Bibliothek

Schütz, Klaus-Volker:
Gruppenforschung und Gruppenarbeit : theoret. Grundlagen u.
Praxismodelle / Klaus-Volker Schütz. — Mainz : Matthias-
Grünewald-Verl., 1989
ISBN 3-7867-1321-9

Umschlag: Josef Wagner
Gesamtherstellung: Druckhaus Darmstadt GmbH

ISBN: 3-7867-1321-9

Inhalt

Anhang

Vorwort

Die vorliegende Arbeit stellt die Vorstudie zu meiner Dissertation dar, die 1988 unter dem Titel „Soziales Lernen und kirchliches Handeln. Human- und sozialwissenschaftliche Gruppenarbeitsmethoden in der Praktischen Theologie“ vom Fachbereich Evangelische Theologie der Johannes-Gutenberg-Universität Mainz angenommen wurde.

Eine eigene Zusammenfassung der sozialpsychologischen Diskussion zur Gruppenforschung und Gruppenarbeit hat sich für das Dissertationsvorhaben als notwendig und nützlich erwiesen, da sich die vorhandene Fachliteratur in den allermeisten Fällen auf Einzelfragestellungen spezialisiert hat und dem Interesse nach einem kurzgefaßten Gesamtüberblick über das Gebiet, wie ich ihn benötige, nur unzureichend Rechnung trägt. Die vorliegenden Arbeiten beziehen sich entweder auf die metatheoretischen, auf die empirischen oder auf die Fragen des praktischen Einsatzes der diversen Verfahren, wobei man in ihren Reihen noch einmal zwischen Darstellungen unterscheiden kann, die entweder der Lewinschen, der Freudschen oder der humanistisch-psychologischen Tradition verpflichtet sind. Da ich aufgrund der Anlage der Dissertation auf eine umfassende Übersicht angewiesen war, habe ich mich für eine eigene Zusammenarbeitung entschieden, die sowohl die mehr theoretischen als auch die Anwendungsaspekte des Themas in sich zu vereinen versucht.

Entstanden ist eine Summe der bisherigen Entwicklung und der aktuellen Diskussion zur Gruppe, wie sie sich heute, Ende der achtziger Jahre, darstellt. Daß vieles dabei nur gestreift werden konnte, ist selbstverständlich. Trotzdem wurde der Gedanke des Gesamtüberblicks in allem beibehalten. Auf weiterführende Literatur wurde jeweils an Ort und Stelle verwiesen. Entstanden ist ein kurzgefaßtes wissenschaftliches Handbuch, das — so hoffe ich — demjenigen als praktikabler Leitfaden dienen kann, der sich im komplexen Zusammenhang von Gruppenforschung und Gruppenarbeit orientieren will, ohne sich dabei in den zahlreichen Details zu verlieren.

Die Aufnahme der Gruppenverfahren im kirchlichen Bereich ist Gegenstand des eigentlichen Dissertation-Teils, der unter dem Titel „Gruppenarbeit in der Kirche“ zum gleichen Zeitpunkt im gleichen Verlag erscheint.

Wiesbaden, im Sommer 1988 Klaus-Volker Schütz

Gruppendynamische Techniken, gruppenpädagogische Methoden und Verfahren aus dem Bereich der Gruppenpsychotherapie haben in den letzten Jahren in den helfenden Berufen immer mehr an Bedeutung gewonnen. Diesen Methodologien ist gemeinsam, daß sie in bestimmten human- und sozialwissenschaftlichen Annahmen über das menschliche Zusammenleben und seine Gestaltungsmöglichkeiten wurzeln. Die folgende Übersicht versucht, die wesentlichen und als allgemein verifiziert angenommenen Resultate zu rekapitulieren. Sie orientiert sich dabei weitgehend an den gängigen Einführungen in die Sozialpsychologie sowie an der Basisliteratur zur Soziologie bzw. Psychologie der Gruppe.

1. Gruppenforschung

Die „Gruppenforschung“ beschäftigt sich mit der wissenschaftlichen Erforschung menschlichen Gruppenverhaltens. Als Sammelbezeichnung wird der Begriff meist bedeutungsgleich mit „Kleingruppenforschung“ gebraucht, jedoch gerade in letzter Zeit gerne an dessen Stelle verwandt, da nicht nur Gruppen mit geringer Mitgliederzahl, sondern auch komplexere Gebilde untersucht werden. Ungeachtet dessen hat die *kleine* Gruppe für die Gruppenforschung immer eine zentrale Bedeutung gehabt.
Mit Olmsted[1] lassen sich zwei Traditionen oder Entwicklungslinien verfolgen: ein „äußerer“, mehr soziologischer, und ein „innerer“, stärker psychologisch ausgerichteter Zugang zum Gegenstand.
Die älteren, soziologischen Ansätze der Jahrhundertwende kommen von *außen* her. Sie untersuchen Gruppen als gesellschaftliche Subsysteme und betrachten sie als kleinere Bestandteile eines größeren sozialen Organismus, welcher der eigentliche Gegenstand der Analyse ist. Es geht um die Bedeutung der Teile für das Ganze, um die „grundlegenden charakteristischen Eigenschaften und Funktionen, die sie innerhalb größerer sozialer Einheiten aufweisen.“[2] Ein jüngerer, psychologisch orientierter Strang beschäftigt sich stärker mit der *inneren* Struktur der Gruppen und erforscht die Wirkung sozialer Interaktion auf das Individuum, dem das Hauptinteresse gilt. Gruppen werden hier (u.a. mit den Methoden der Beobachtung und des Experimentes) als „Mikrogesellschaften“ untersucht, als Kommunikationssysteme, in denen sich soziale Verhaltensweisen exemplarisch abbilden und in denen sich Beziehungsstrukturen spiegeln, wie sie für den einzelnen von entscheidender Bedeutung sind.
Obwohl Gruppenforschung sicher unter vielen Perspektiven betrieben werden kann und sie mancherlei Wissenschaftsgebiete berührt, wird sie heute vor allem als mehr oder weniger abgegrenzter Teil der *Sozialpsychologie* verstanden.
Dieses Gebiet zwischen Psychologie und Soziologie wurde in seiner Geschichte wechselweise dem einen oder dem anderen Fach zugeordnet.[3] Einige Autoren verstehen die Sozialpsychologie als Teil der *Soziologie*, weil sie sich, wie man sagt, mit individuellem Verhalten im Rahmen des Sozialgeschehens befaßt.[4] Andere dagegen bestimmen sie als Teil der allgemeinen *Psychologie*, da es in ihr um die wechselseitigen Einflüsse von

[1] Olmsted, Die Kleingruppe, Freiburg 1971, S. 18ff.
[2] Olmsted, a.a.O., S. 18
[3] „Diese doppelte — psychologische wie soziologische — Orientierung der Sozialpsychologie ist historisch alt; so wurde eines der beiden ersten Bücher mit dem Titel „Social Psychology“, die beide im 1908 erschienen, von einem Psychologen verfaßt, von McDougall, das andere von dem Soziologen Ross. Heigl-Evers/Streeck, Einleitung, in: Heigl-Evers (Hrsg.). Die Psychologie des 20. Jahrhunderts, Bd. VIII, Lewin und die Folgen, Zürich 1979, S. 1
[4] so Hartley/Hartley, Die Grundlagen der Sozialpsychologie, Berlin 1955

Individuum und Gruppe geht und sie in alle psychologischen Disziplinen hineinreicht.[5]
Wie dem auch sei: Indem sie das Verhalten einzelner in Wechselwirkung mit anderen untersucht, kann die Sozialpsychologie als eine zwischen Psychologie und Soziologie *vermittelnde* Wissenschaft aufgefaßt werden, deren präzise Einordnung und Abgrenzung von der zugrunde gelegten theoretischen Konzeption abhängig bleibt.

2. Zum Begriff der Gruppe

„Wo sich die Lebens- und Erlebens-Linien mehrerer Wesen miteinander mehr oder minder fest und dauerhaft verknoten, haben wir eine Gruppe vor uns", schreibt Peter R. Hofstätter in seinem Klassiker und Standardwerk[6] zur Gruppendynamik, in dem er die Ergebnisse der nordamerikanischen Kleingruppenforschung 1957 erstmals für den deutschsprachigen Bereich systematisiert hat. Staat und Familie zählt er zu den wichtigsten Formen der Gruppenbildung wie zu den ältesten Gegenständen menschlichen Nachdenkens überhaupt.
Die Gruppenforschung hat seit ihrer Begründung als Wissenschaft eine außerordentliche Vielzahl von Zugängen zu ihrem Gegenstand entwickelt und entdeckt.

„Die soziale Welt ist aus zahllosen, sehr unterschiedlichen Gruppen zusammengesetzt, die teils nebeneinander stehen, teils mehr oder weniger identisch sind, teils miteinander konkurrieren oder einander bekämpfen. Einige Gruppen finden wir in jeder uns bekannten Gesellschaft vor, wie etwa die Familie, mag sie auch große Unterschiede hinsichtlich ihrer Funktion und Form aufweisen; andere sind typisch für eine bestimmte historisch-soziale Phase, wie etwa die Gewerkschaft. Einige Gruppen haben informalen Charakter, wie der Freundeskreis, andere sind in hohem Maß institutionalisiert, wie die Armee. Manche Gruppen zeichnen sich durch eine starke Geschlossenheit aus, wie die aristokratische Clique; andere sind leicht zugänglich. Kurzum: Es gibt Gruppen, die sich nach Funktion, Umfang, Form, Lebensdauer, Stabilität, Zusammenhang usw. unterscheiden. Wer die menschliche Gruppe studieren will, steht also vor einer verwirrenden Vielfalt. Außerdem kann dieses vielartige Objekt unter den verschiedensten Aspekten erforscht werden. So legt die Soziologie den Akzent auf die Funktion und die formale Struktur der verschiedenen Gruppen in verschiedenen gesellschaftlichen Konstellationen und auf die Faktoren, die das Entstehen, die Entwicklung und den Verfall dieser Gruppen bestimmen. Bei der Familie wird die Soziologie also unterscheiden zwischen patriarchalischen und matriarchalischen Strukturen, zwischen exogamen und endogamen Heiratsformen; sie wird untersuchen, ob die Familie im allgemeinen der gesellschaftlich-ökonomischen

[5] so Krech/Crutchfield, Theory and Problems of Social Psychology, New York 1948
[6] Hofstätter, Gruppendynamik. Kritik der Massenpsychologie, Hamburg 1972[15], S. 192

Entwicklung zufolge einen wichtigen Teil ihrer Funktion verloren hat oder ob es sich eher um eine Funktionsänderung handelt. Die Sozialpsychologie untersucht die Gruppe nicht als solche, sondern primär den Menschen im Gruppenverband und die verschiedenen Interaktionsprozesse in der Gruppe. Sie betrachtet die Gruppe darum vornehmlich unter dem Gesichtspunkt der psychologischen Bedeutung, die sie für ihre Mitglieder hat, und des Einflusses, den diese auf die Gewohnheiten und das Verhalten ihrer Mitglieder ausübt.“[7]

Wie diese wenigen Bemerkungen zeigen, begibt man sich in ein weites Feld, wenn man Natur und Begriff der Gruppe näher zu bestimmen versucht. Bedeutungsvielfalt und Ungenauigkeit bedingen einander. Auch benachbarte oder partiell synonyme Begriffsbildungen helfen nicht, das Problem zu klären; die Vieldeutigkeit von „Masse“, „Menge“, „Klasse“, „Kollektiv“, „Gemeinschaft“, „Verband“, „sozialer Organismus“ etc. ist ähnlich.

Den *etymologischen Ursprung* des Wortes „Gruppe“ vermutet man in einer Verbindung des lateinischen „co-“ („mit“) mit einer Ableitung des altfränkischen „rep“ („Seil“).[8] Über verschiedene Stufen der Wortbildung (u.a. mit der Bedeutung „verknüpfen“) ist der Begriff ins Italienische gelangt. Als Lehnwort findet man ihn im 17. Jahrhundert im Französischen, in seiner französischen Schreibung („groupe“) und in der Bedeutung „Vereinigung/Gruppe“ dann seit 1708 auch in deutschen Texten. Er ist als Ausdruck der bildenden Künste zu uns gelangt. So diente er der Malerei als Bezeichnung einer künstlerisch sinnvollen Anordnung von Menschen, Figuren und/oder Gegenständen, die als nach bestimmten Gesichtspunkten zusammengefügt, d.h. als visuelle Einheit gesehen werden können. Erst im 18. und 19. Jahrhundert bekam der Begriff seine heutige soziale Bedeutung, die wir in unserer Zeit in erster Linie assoziieren, wenn wir von einer Gruppe sprechen. Wollte man diesen Bedeutungskonsens zusammenfassen, müßte man wohl etwa so formulieren: Wenn wir von einer „Gruppe“ sprechen, meinen wir im allgemeinen ein mehr oder weniger organisiertes soziales Gebilde, das von unterschiedlicher Größe und Struktur sein kann, in dem mehr als zwei Individuen in wechselseitiger Beziehung miteinander stehen und sich irgendwie zusammengehörig fühlen. Der Begriff ist mehrdeutig nutzbar.

Die Versuche, klar und eindeutig zu fassen, was man meint, wenn man im *wissenschaftlichen Zusammenhang* von einer Gruppe spricht, waren in der Geschichte ebenso zahlreich wie die Ansätze der Gruppenforschung selbst. In der Fachliteratur existieren fast so viele unterschiedliche Definitionen des Gruppenbegriffes, wie es Autoren gibt. Ich will hier nicht auf die Feinheiten dieses Bestimmungsproblems eingehen[9] und statt des-

7 Oldendorff, Grundzüge der Sozialpsychologie, Köln 1965, S. 138

8 Kluge, Etymologisches Wörterbuch der deutschen Sprache, Berlin 1975[21]

9 ausführlich behandelt bei Cartwright/Zander (Hrsg.), Group Dynamics, New York 1968, S. 46ff. und bei Kruse, Gruppen und Gruppenzugehörigkeit, in: Graumann (Hrsg.), Sozialpsychologie, Handbuch der Psychologie, Bd. 7/2, Göttingen 1972, S. 1541ff.

sen eine Auswahl signifikanter Beispiele vorstellen, die mit für die Reihe verwandter Versuche stehen mögen.
Die Essenz des sozialwissenschaftlichen Gruppenbegriffs läßt sich mit Krege folgendermaßen auf den Nenner bringen: Eine Gruppe „ist eine Mehrzahl von Personen, die in geregelten Formen interagieren."[10] Oder mit Worten Smalls: „Der Begriff ‚Gruppe' dient als gangbare soziologische Bezeichnung für irgendeine größere oder kleinere Zahl von Personen, die durch gemeinsame Beziehungen miteinander verbunden sind (...), eine Anzahl von Personen, deren Beziehungen eindrucksvoll genug sind, um unsere Aufmerksamkeit zu fordern."[11] Darin scheinen die meisten Definitionsversuche übereinzustimmen: Eine Gruppe ist ein Interaktionssystem mehrerer Individuen. Mehrere Einzelpersonen bilden dann eine Gruppe, wenn sie miteinander in Kontakt stehen, wenn sie aufeinander reagieren und wenn diese Beziehungen als regelmäßig und zeitlich überdauernd betrachtet werden können, sie also nicht beliebig oder zufällig sind. Je nach Art und Anlaß der Gruppenbildung kann die Integration der einzelnen unterschiedlich stark sein.
McDavid und Harari formulieren die sozialwissenschaftliche Definitionsbasis in ihrem Lehrbuch der Sozialpsychologie nach dem gleichen Prinzip, allerdings anspruchsvoller und mit größerer Präzision:

„Eine sozialpsychologische Gruppe ist ein organisiertes System von zwei oder mehr Individuen, die so miteinander verbunden sind, daß in einem gewissen Grade gemeinsame Funktionen möglich sind, Rollenbeziehungen zwischen den Mitgliedern bestehen und Normen existieren, die das Verhalten der Gruppe und aller ihrer Mitarbeiter regeln."[12]

Dieser Perspektive, Gruppen zu betrachten und zu definieren, ist gemeinsam, daß man die kennzeichnenden Gegebenheiten und Merkmale in erster Linie durch Verhaltensbeobachtung einzufangen versucht. Ein solcher objektiver Zugang wird, da er in seiner Fokussierung auf empirische Bestimmung von außen zwar exakt, aber auch eng und begrenzt ist, meist durch subjektive Definitionsmerkmale erweitert. Man nutzt die Möglichkeit, auch durch Aussagen von Gruppenmitgliedern selbst zu erfahren, wie und aufgrund welcher Kriterien sie sich als Angehörige einer Gruppe erleben. Vor allem das Bewußtsein der Zusammengehörigkeit dient als zusätzliches Bestimmungsindiz.
So sagt Olmsted: „Eine Gruppe kann also als Vielfalt von Individuen definiert werden, die miteinander in Kontakt stehen, aufeinander rechnen und sich irgendeiner bezeichenden Gemeinsamkeit bewußt sind."[13]

Krege erläutert: „Die Personen betrachten sich selbst als ‚Mitglieder', andere Personen als ‚Nichtmitglieder'. Wer sich als ‚Mitglied' betrachtet, erwartet von sich selbst

[10] Krege, Begriffe der Gruppendynamik, Stuttgart 1977, S. 10
[11] Small, General Sociology, Chikago 1905, S. 495
[12] McDavid/Harari, Social Psychology, New York 1968, S. 237
[13] Olmsted, Die Kleingruppe, Freiburg 1971, S. 23

und von anderen ‚Mitgliedern' Handlungen, die er von anderen Personen nicht erwartet."[14]

Über diese zwei Hauptkriterien, über die subjektive und objektive Basisbestimmung hinaus, existieren natürlich noch eine ganze Reihe weiterer Definitionsmerkmale. Homans[15] z.B. bestimmt die Gruppe über Art und Grad des Kontaktes der Mitglieder untereinander. Er nennt vier Faktoren als charakteristisch: Aktivität, Interaktion, Norm und Gefühl. Aktivitäten sind koordinierte gemeinsame Handlungen, die aus mitgebrachten Erwartungen, Zielvorstellungen und Motiven entstehen. Mit Interaktion bezeichnet er die Beziehungsaufnahme, das Miteinanderumgehen und seine Entfaltung bei einer Aktivität. Normen regulieren dieses Zusammenspiel und stecken Grenzen für die interpersonalen Beziehungen ab. Allmählich entwickelt sich ein kollektives Gefühl, ein Wir-Gefühl aller Beteiligten, das mit der Interaktionshäufigkeit in der Regel zunimmt. Es bringt uns in diesem Zusammenhang nicht weiter, noch mehr Bestimmungsstücke zusammenzutragen. Gruppen sind keine starren Objekte. Wie jeder Definitionsversuch im Bereich lebendiger Prozesse, muß auch eine übergreifende Bestimmung des Gruppenbegriffs stets bruchstückhaft bleiben. Konkretion wird man hier nur im Hinblick auf abgegrenzte Untersuchungszusammenhänge gewinnen können.

Im übrigen teile ich Saders Einschätzung, der gesagt hat:

„Wir sollten vielmehr akzeptieren, daß der Begriff der Gruppe ein (theoretischer) *Konstruktionsbegriff* ist, den wir an die Phänomene um uns herum herantragen, um etwas Ordnung in unsere Gedanken und Wahrnehmungen zu bekommen. Wenn wir dementsprechend Gruppen in unserer Umwelt nicht einfach *vorfinden*, sondern uns innerhalb gewisser Grenzen von Sprachgebrauch und Zweckmäßigkeit je nach Lage der Dinge entscheiden können, wie wir Gruppe definieren wollen, dann ist es völlig legitim, je nach Arbeitsbereich, Forschungsinteresse und Methode unterschiedliche Definitionen zu setzen."[16]

Zum Abschluß sei auf einen weiteren Bestimmungsvermerk verwiesen, hier eine offene Rahmendefinition, die alles bisher Gesagte berücksichtigt. Sie stammt von Sader und kann als seine Konsequenz aus oder Kritik an den konventionellen Definitionen des Gruppenbegriffs verstanden werden.

„Als sozialpsychologische Gruppe definieren die meisten einschlägigen Autoren eine Konfiguration von mehreren Personen dann, wenn Ansätze von *Beziehungen zwischen den Personen* bestehen und im Prinzip *eine Interaktion zwischen ihnen möglich* ist, wobei über das notwendige Ausmaß solcher Beziehungen und Interaktionen wenig Übereinstimmung herrscht."[17]

[14] Krege, Begriffe der Gruppendynamik, Stuttgart 1977, S. 10
[15] Homans, Theorie der sozialen Gruppe, Köln 1960
[16] Sader, Psychologie der Gruppe, München 1976, S. 34
[17] Sader, a.a.O., S. 40

3. Der morphologische Aspekt: Formen der Gruppenbildung

Ähnlich wie mit der Bestimmung des Gruppenbegriffs verhält es sich mit dem Klassifikationsproblem, das sich hier anschließt. Wiederum müssen wir uns mit einer vorläufigen und unvollständigen Akzentsetzung begnügen, deren Perspektiven je nach Interesse verschieden sein können. Die formale äußere Struktur einer Gruppenbildung, die Gruppenform und -art, wird üblicherweise anhand folgender Kriterien unterschieden:[18] Gruppengröße, zeitliche Erstreckung, Art der Zusammensetzung, Teilnahmekonstanz, Grad der formalen Organisation, Lebensalter der Beteiligten.

Gruppengröße

Man unterscheidet Zweiergruppe (Paargruppe, Dyade), Dreiergruppe, Kleinstgruppe (4—7), (Klein-)Gruppe (7 bis etwa 20) und Großgruppen (ab etwa 20 Personen). Ob man bei einer Dyade, der elementarsten Form menschlicher Beziehung, schon von einer „Gruppe" sprechen kann, ist umstritten. In der Dreiergruppe jedenfalls finden sich bereits exemplarisch einige der Strukturen, die auch in größeren Gruppe zu beobachten sind.

Zeitliche Erstreckung

Die Lebensdauer einer Gruppenbildung ist ein weiterer Klassifikationsfaktor. Man unterscheidet grundsätzlich zwischen „vorübergehenden" und „dauernden" (instabilen oder stabilen) Gruppen. Eine spontan zusammenkommende Gruppe, eine Ad-hoc-Gruppe, hat eine andere Dynamik als regelmäßige Gruppen oder Dauerarbeitsgruppen (z.B.im Betrieb).

Art der Zusammensetzung

Hiermit sind die verschiedenen Grade an Homogenität bzw. Heterogenität gemeint. Je mehr Merkmale die Mitglieder einer Gruppe miteinander teilen, desto größer ist die Homogenität — je weniger gemeinsame Merkmale sie besitzen, desto größer ist die Heterogenität.

Teilnahmekonstanz

Die typologische Einordnung einer Gruppe wird auch von der Häufigkeit und Regelmäßigkeit bestimmt, mit der ihre Mitglieder anwesend sind. Die Bandbreite reicht von völliger Geschlossenheit und Konstanz bis zu ständigem Mitgliederwechsel.

Grad der formalen Organisation

Der Aspekt der formalen Organisation einer Gruppe, ihr Charakter und Ausmaß, ist eine weitere relevante Variable. In stark organisierten Gruppen sind Aufgaben und Funktio-

[18] Vgl. dazu Franck, Sozialpsychologie für die Gruppenarbeit, Tübingen 1976, S. 65ff; Krege, Begriffe der Gruppendynamik, Stuttgart 1977, S. 24ff; Sader a.a.O., S. 35ff; Sbandi, Gruppenpsychologie, München 1973, S. 101ff; Sjølund, Gruppenpsychologie für Lehrer, Erzieher und Gruppenleiter, Heidelberg 1974, S. 34ff.

nen fest verteilt, in unorganisierten Gruppen sind sie weniger spezifiziert und können von Zeit zu Zeit wechseln.

Lebensalter der Beteiligten

Selbstverständlich ist auch die Altersverteilung in einer Gruppe ein wesentliches formales Kriterium und Klassifikationsmerkmal.

Unter Zuhilfenahme dieser Bestimmungssegmente ergibt sich ein Einteilungsraster der Gruppenformen. Es ist üblich, folgende Hauptkategorien zu unterscheiden:

3.1 Primär- und Sekundärgruppen

Man trennt zwischen Gruppen, die dauerhafte und persönliche Bindungen ermöglichen („Primärgruppen") und solchen Gruppen, die vergleichsweise unpersönlich und stärker formal geregelt sind („Sekundärgruppen").

Bereits Ferdinand Tönnies hat beide Aspekte anhand der Begriffe „Gemeinschaft" und „Gesellschaft" unterschieden. 1887 schrieb er:

„Gemeinschaft ist das dauernde und echte Zusammenleben, Gesellschaft nur ein vorübergehendes und scheinbares. Und dem ist es gemäß, daß Gemeinschaft selbst als ein lebendiger Organismus, Gesellschaft als ein mechanisches Aggregat und Artefakt verstanden werden soll."[19]

Ältere soziologische Schulen der USA haben diese Unterscheidung aufgegriffen und weitere Bestimmungen dafür entwickelt. Die klassische Formulierung des Primärgruppenbegriffs stammt von dem amerikanischen Soziologen Charles H. Cooley.

„Mit Primärgruppen bezeichne ich jene, die durch eine intime Face-to-Face-Verbindung und Zusammenarbeit charakterisiert sind. Sie sind primär in verschiedener Hinsicht, aber hauptsächlich dadurch, daß sie für die Bildung der sozialen Natur und der Ideale des Einzelmenschen grundlegend werden. Das Ergebnis der engen Verbindung ist im psychologischen Sinne eine Vereinigung von Einzelpersönlichkeiten zu einem gemeinsamen Ganzen, so daß man — zumindest zum Erreichen vieler Ziele — als einzelner aufgeht in dem gemeinsamen Leben und der Zielsetzung der Gruppe. Vielleicht ist der einfachste Weg, um diese Ganzheit zu beschreiben, wenn man sagt, daß hier ein ‚Wir' gebildet wird. Es schließt jene Sympathie und gegenseitige Identifikation ein, für die die Bezeichnung ‚Wir' natürlicher Ausdruck ist. Man lebt im Bewußtsein des Ganzen und findet in diesem Gefühl die höchste Genugtuung. (...) Primärgruppen sind primär in dem Sinne, daß sie dem Individuum die früheste und vollständigste Erfahrung einer sozialen Einheit geben. Sie sind es auch in dem Sinne, daß sie sich nicht im selben Maße verändern wie die komplizierten Beziehungen, sondern daß sie eine vergleichsweise dauernde Quelle werden, aus denen die letzteren entspringen ..."[20]

[19] Tönnies, Gemeinschaft und Gesellschaft, 1887, Neuauflage Darmstadt 1963, S. 5
[20] Cooley, Social Organization, New York 1909, S. 23ff.;

Gemeint sind kleine und intime Gruppenbildungen, in denen die Beziehungen intensiv sind, weil alle einander gut kennen und man vieles miteinander teilt. Die Interaktionen sind persönlich, man ist miteinander vertraut.

„Sie unterscheiden sich von anderen Gruppen nicht so sehr durch einzelne besondere Beziehungsinhalte (Gefühlsbindungen, häufiger Umgang von Angesicht zu Angesicht), sondern durch die *vielseitige Fundierung der Beziehungen in mehrfachen Aktivitäten.* Vielseitig fundierte Beziehungen setzen sich am ehesten dort an, wo Menschen gemeinsame ökonomische Interesse haben. (...) Vor allem die Familie ist in diesem Sinne der Idealtyp einer ‚Mehrzweck-Gruppe': Sie hat gemeinsame Besitztümer und Gebrauchsgegenstände (oder gemeinsame Geldsorgen), die Ehegatten essen und schlafen zusammen, ziehen Kinder auf, haben gemeinsame Freunde und Verwandte, treten zusammen in der Öffentlichkeit auf und werden von anderen als zusammengehörig behandelt."[21]

Als weitere Beispiele für Primärgruppen werden neben der Familie häufig Wohngemeinschaft, Freundeskreis, Verein oder Nachbarschaft genannt, daneben auch spezielle Lebensgemeinschaften wie Klöster oder die israelischen Kibbuzim.
Unter Sekundärgruppen versteht man dagegen größere Gruppenzusammenhänge, die den einzelnen weniger prägen, als Primärgruppen dies tun. Es sind Gruppen wie Jugendorganisationen und Gewerkschaften, Firmen, Berufsvereinigungen, die Universität und andere große Körperschaften bis hin zum Staat selbst. Die Kontakte sind hier nicht in erster Linie Selbstzweck, sondern Mittel, um je verschiedene Ziele zu erreichen. Sie sind durch Planung, Organisation oder ähnliche Umstände zusammengekommen, auf jeden Fall aber willkürlich zusammengesetzt. Sekundärgruppen können immer nur auf der Folie bereits vorhandener Erfahrungen in der Primärgruppe erlebt und verstanden werden.

3.2 Formale und informale Gruppen

Innerhalb der Primär- und Sekundärgruppen unterscheidet man formale und informale Gruppen. Kriterium ist der Grad an formaler innerer und äußerer Organisation. Schulklassen, innerbetriebliche Arbeitsgruppen, politische Parteien und Bürgerinitiativen zählt man zu den formalen Gruppen, weil sie zu einem ganz bestimmten Zweck zusammenkommen, und ein Thema, Problem oder ein bestimmtes Ziel für ihr Miteinander von zentraler Bedeutung ist. Die Atmosphäre ist meist unpersönlicher als in informalen Gruppen, und da sich die Gruppe primär über die zu erfüllende Aufgabe definiert, sind Strukturen, Rollen und Normen eher festgelegt, als daß sie sich in freier Interaktion je und je ergäben. Leitungsfunktion wird von außen an die Gruppe herangetragen oder durch Wahl verteilt, auf jeden Fall aber formal bestimmt. Da Emotionalität und Intimität

[21] Krege, Begriffe der Gruppendynamik, Stuttgart 1977, S. 26

hinter dem Problemlösungsbedürfnis zurücktreten, sind die Mitglieder relativ leicht auswechselbare Teile in der Gesamtstruktur. Für informale Gruppen gilt das Gegenteil. Sie sind beweglich und persönlich. Rollen sind weniger genau definiert. Das Zusammengehörigkeitsinteresse ist stark emotional geprägt.

3.3 Mitgliedschafts- und Bezugsgruppen

Eine Mitgliedschaftsgruppe ist eine Gruppe, der man in einem bestimmten Moment de facto angehört. Einer Bezugsgruppe fühlt man sich zwar irgendwie verbunden, zur Zeit jedoch befindet man sich in anderen Zusammenhängen; man könnte auch sagen: die Mitgliedschaft ist potentiell.
Diese Unterscheidung ist die Konsequenz aus der einfachen Beobachtung, daß jemand Teil einer Gruppe sein kann, ohne von ihr stark geprägt zu werden. Nicht alle Gruppen, deren Mitglied man ist, haben Einfluß auf unser Verhalten.

„Besonders Soziologen haben darauf hingewiesen, daß Personen ihr Verhalten und ihre Urteilsmaßstäbe nicht notwendig an Gruppen orientieren, in deren Gegenwart sie sich ausdrücklich befinden oder in denen sie ‚Mitglied' sind. Eine Gruppe, der man früher angehört hat oder der man in Zukunft angehören möchte, ist einem vielleicht wichtiger als die Leute, mit denen man gerade zusammen ist."[22]

Mitgliedschaftsgruppe und Bezugsgruppe („Referenzgruppe", „reference group") können selbstverständlich kongruent sein.
Die Unterscheidung und der Begriff „Referenzgruppe" stammt ursprünglich von H. Hyman,[23] der sie im Zusammenhang einer Studie über den sozialen Status in den dreißiger Jahren zum erstenmal gebrauchte. Im Grunde geht es hier um Fragen der Identifikation mit den Standards einer bestimmten Gruppierung, um die gewollte oder unabsichtliche Übereinstimmung mit einem sozialen Norm- und Wertesystem bzw. um die Auswirkungen dieser Tatsache für das Zusammenleben mit anderen. Die normative Funktion ist das Hauptmerkmal der Bezugsgruppe.

„Es kann z.B. eine Gruppe sein, nach der man strebt, deren Mitglied man gerne sein möchte, und deren Normen man deshalb beachtet oder denen man nachzuleben versucht. Es können auch Gruppen sein, mit denen man sich nur vergleicht und die man zur Richtschnur, zum Referenzrahmen nimmt. Im ersteren Fall spricht man von der normativen Funktion und im anderen von der komparativen Funktion der Referenzgruppe."[24]

[22] Krege, Begriffe der Gruppendynamik, Stuttgart 1977, S. 28f.

[23] Vgl. Hyman, The Psychology of Status, in: Archives of Psychology 1942, Nr. 269; Hyman, The Relation of the Reference Group to Judgements of Status, in: Benedix/Lipset (Hrsg.), Class, Status and Power, Glencoe 1957

[24] Sjølund, Gruppenpsychologie für Erzieher, Lehrer und Gruppenleiter, Heidelberg 1974, S. 36

Eine positive Bezugsgruppe ist eine Gruppe, deren Werte man (wie immer auch) übernimmt. Negative Bezugsgruppen lassen den einzelnen Einstellungen entwickeln, die konträr zur Ausrichtung der Gruppe sind.

3.4 In-group und Out-group

Auch der Umgang mit dem Fremden orientiert unser Handeln. Individuelles Verhalten gewinnt seine Ausrichtung in der Spannung zwischen Eigengruppe und Fremdgruppe. Die In-group prägt, weil man ihr angehört und weil sich hier Gefühle von Gemeinschaft, Sicherheit, Solidarität, Sympathie, Loyalität, Treue und das Bewußtsein starker gemeinsamer Identifikation entwickeln. Sozialpsychologische Forschungen haben gezeigt, daß Gruppen, je mehr sie nach innen zusammenrücken, nach außen verstärkt eine Art negativer Identität aufbauen, eine Tendenz zur Abgrenzung gegenüber faktisch vorhandenen oder imaginären Außen- und Fremdgruppen: ein Bewußtsein des „Wir" und des „Die da". Solche Spannung ist gemeint, wo man von „In-group" und „Out-group" spricht. Auch wenn real gar keine Herausforderung durch andere vorliegt und ihr Bestand keineswegs gefährdet scheint, kann eine Gruppe aggressiv nach außen agieren und Konkurrenzen aufbauen.

„Der Zusammenhalt innerhalb einer Gruppe wird größer, wenn eine außenstehende Gruppe vorhanden ist, mit der man sich streiten kann. Eine soziologische These geht geradezu davon aus, daß die Solidarität der Eigengruppe proportional dem Fremdgruppen-Antagonismus ist. (...) Gleichzeitig ist es charakteristisch, daß Gruppen, die in Fremdgruppenantagonismen verwurzelt sind, sehr wohl eine demokratische Eigengruppenorganisation haben können. Feindseligkeiten nach außen werden oft von Sympathie von innen begleitet."[25]

Dieser Zusammenhang zwischen der Kohäsionszunahme innerhalb der Eigengruppe und der Rivalität gegenüber Fremdgruppen kann zu einer Quelle von Vorurteil, Polarisierung und Feindseligkeit werden. Je nachdem welcher „Sündenbock" von einer Gruppe gerade gewählt wird, können Ethnozentrismus, Rassismus und andere Formen der Diskriminierung je verschiedene Folgen des gleichen sozialpsychologischen Prinzips sein.

4. Der strukturelle Aspekt: Elemente des Gruppengefüges

Unter dem Begriff der „Gruppenstruktur" subsumiert die Sozialpsychologie bestimmte beobachtbare Regelmäßigkeiten und Funktionszusammenhänge, die, eben weil

[25] Sjølund, a.a.O., S. 38f.

sie immer wieder auftreten, ein überschaubares Ordnungsgefüge zur Erfassung der interdependenten Beziehungen in einer Gruppe darstellen. Es geht hier um die Syntax der Gruppenbildung, d.h. um die objektive Struktur der Beziehungen der Gruppenmitglieder untereinander. Alle Gruppen sind mehrfach strukturiert. Differenzierungen entwickeln sich in verschiedene Richtungen. Als Hauptelemente nennt man üblicherweise: Kohäsion, soziometrische Struktur, Kommunikationsmuster, Rolle, Norm und Ziel. Immer wieder betont die einschlägige Literatur, daß man mit solchen Unterscheidungen natürlich jeweils nur Ausschnitte treffen kann: von einer vollständigen Beschreibung der Wirklichkeit wird man, wie immer auch, weit entfernt bleiben.

4.1 Kohäsion

Wie wir oben gesehen haben, ist die Tatsache, daß zwischen mehreren Personen Beziehungen bestehen, das erste und elementare Kennzeichen einer Gruppe. Von außen betrachtet, wird man diese Kontakte und die wechselseitige Attraktion, die mit ihnen verbunden ist, wahrscheinlich als irgendeine Form des Zusammenhaltes empfinden, als eine Art „Gruppenanziehung", die Mitglieder von Nichtmitgliedern unterscheidet und die die Gruppe nach außen hin abgrenzt. Sherif und Sherif[26] haben darauf hingewiesen, daß Individuen wahrscheinlich vor allem deshalb Gruppen bilden, damit sie sich gegenseitig den Halt geben können, den sie zur Entwicklung ihres Selbstwertgefühles und zu ihrer Entfaltung brauchen. Die Sozialpsychologie spricht hier vom Phänomen der Kohäsion oder Kohärenz und meint damit, in Anlehnung an die physikalische Bedeutung der Begriffe, den durch Anziehungskraft bewirkten Zusammenhalt der Teile eines Körpers: „die durchschnittliche Attraktivität, welche die Gruppe bei ihren Mitgliedern genießt."[27]

„Die Betonung kann hier entweder auf dem funktionalen Aspekt der Kontrolle, der Normung, des ‚Uniformitäts-Drucks' liegen oder aber auf dem emotionalen Aspekt der kollektiven Spontaneität und dem ‚Wir-Gefühl', dem Gefühl des ‚Zusammen-Seins'. Der Kohäsionsbegriff hat also eine synthetische und vereinheitlichende Bedeutung; er ermöglicht es, von oberflächlichen und sich widersprechenden Feststellungen zu einer systematischen Untersuchung der Gruppenphänomene zu gelangen."[28]

Hier liegt ein komplexes Feld der empirischen Gruppenforschung. Äußere und innere Kohäsionsfaktoren werden voneinander unterschieden und begrifflich präzisiert. Als *äußere Faktoren* gelten: Einfluß sozialer Kontrolle, hierarchische oder funktionale Abhängigkeit von einer Gruppe, räumliche, soziale und kulturelle Nähe, materielle Verfü-

[26] Sherif/Sherif, Reference Groups. Exploration into the Conformity and Deviation of Adolescents, New York 1964

[27] Irle, Lehrbuch der Sozialpsychologie, Göttingen 1975, S. 452

[28] Maisonneuve, Gruppendynamik, Stuttgart 1973, S. 22

gung; zu den *inneren Faktoren* zählen: gemeinsames Ziel, kollektive Aktion, Gruppenzugehörigkeit, Rollenverteilung und -gestaltung, Leitung und Leitungsstil.[29]
Einige in diesem Zusammenhang relevanten Interaktionsdaten werden außerdem quantitativ bestimmt und als die Summe diverser soziometrischer Indizes gemessen.

„Insgesamt ist zu sagen, daß es wohl Ansätze der quantitativen Bestimmung von Kohärenz gibt, aber wenig Einheitlichkeit und Vergleichbarkeit."[30]

Im übrigen möchte ich hier auf die Zusammenfassung Manfred Saders hinweisen,[31] der den gegenwärtigen sozialpsychologischen Kenntnisstand zu diesem Punkt übersichtlich zusammengestellt hat. Die immer noch ausführlichste Gesamtanalyse findet sich in dem Sammelreferat von Lott und Lott.[32]

4.2 Soziometrische Struktur

Die soziometrische Struktur ist die Beliebtheits- oder Freundschaftsstruktur einer Gruppe. Ihre Erörterung ist ein Unterpunkt der Kohäsionsfrage, wird jedoch meist separat behandelt, weil mit ihr eine Reihe eigener Probleme verbunden ist.
Zuneigung, Beliebtheit, Gleichgültigkeit und Ablehnung sind zwischenmenschliche Einstellungen, die für Gruppen von wesentlicher Bedeutung sind: in vielfacher Hinsicht beeinflussen sie Informationsverbreitung und Gruppenproduktivität. Je nach Lage der Dinge können sie hemmende oder treibende Kräfte im Leben einer Gruppe sein.
Die soziometrische Forschung, in den dreißiger Jahren von Jacob L. Moreno begründet,[33] hat es sich zur Aufgabe gemacht, diese spontanen und affektiven Faktoren und das Netzwerk, das sie bilden, freizulegen. Inzwischen ist der soziometrische Ansatz zu einem anerkannten Instrument der empirischen Sozialforschung geworden. Im soziometrischen Test und im Soziogramm hat man Methoden entwickelt, mit deren Hilfe man die genannten Ebenen sozialen Kontaktes differenziert beobachten und erfassen kann. Aufgrund soziometrischer Befragung (Sammlung interpersoneller Einstellungen) stellt man im *Soziogramm* die Beziehungen zwischen den Mitgliedern einer Gruppe graphisch dar.

„Man läßt zum Beispiel jedes Glied der zu untersuchenden Gruppe auf einen Zettel schreiben, wen innerhalb dieser Gemeinschaft es am liebsten hat und wen es ablehnt. Manchmal wird für jede Frage eine bestimmte Anzahl von Nennungen verlangt, zum Beispiel die drei sympathischsten und die drei unsympathischsten Kameraden; andere

29 Vgl. Maisonneuve, a.a.O., S. 23ff.
30 Sader, Psychologie der Gruppe, München 1976, S. 80
31 Sader, a.a.O., S. 63ff.
32 Lott/Lott, Group Cohesiveness as Interpersonal Attraction: A Review of Relationship with Antecedent and Consequent Variables, in: Psychol. Bull, 64, 1965, S. 259—309
33 Moreno, Die Grundlagen der Soziometrie, Köln/Opladen 1967

stellen die Zahl der Namen frei; gelegentlich wurde auch die Aufstellung einer Rangordnung sämtlicher Gruppenmitglieder nach ihrer Beliebtheit verlangt.“[34]

Anschließend wird dieses Material nach bestimmten Gesichtspunkten geordnet und ausgewertet. Die Gruppenteilnehmer werden als Punkte dargestellt, die auf sie entfallenden Sympathien oder Antipathien als Linien oder Pfeile. Im übrigen können Soziogramme von Zeit zu Zeit wiederholt werden; sie werden dann zum Beleg von Prozeßverlauf und Strukturwandel einer Gruppe.[35]

4.3 Kommunikationsmuster

Einige Kleingruppenforscher haben sich weniger für die affektiven Seiten des Gruppenlebens interessiert und ihre Arbeit stärker den objektiv-funktionalen Aspekten gewidmet. Sie konnten nachweisen, daß sich selbst in offener und freier Interaktion mit der Zeit Kommunikationsmuster entwickeln. Die klassischen Untersuchungen auf diesem Gebiet stammen von den Amerikanern Bavelas, Leavitt und von Martin Shaw.[36] Ihre Voraussetzung lautet: jede Gruppe kann auch als Netzwerk der Kommunikation und des Informationsaustausches angesehen werden. Form und Gestalt der Kommunikationsstruktur (Anzahl, Aufnahmefähigkeit und Verteilung der Kommunikationskanäle), so argumentieren sie, beeinflussen die Gruppenleistung (besonders in Hinsicht auf gemeinsame Problemlösungen) entscheidend.

„Wenn es der Natur einer Aufgabe entspricht, daß sie eher von einer Gruppe als von einem Einzelwesen vollbracht werden soll, dann entsteht das Problem der Arbeitsbeziehungen. Eine der bedeutendsten ist die der Kommunikation. Ganz abgesehen von einer sogenannten moralischen Betrachtungsweise der Kommunikationswirkungen kann man leicht demonstrieren, daß für bestimmte Aufgabengruppen jegliche Hoffnung auf Erfolg nur auf dem wirksamen Kommunikationsfluß beruht.“[37]

Wie jedes soziale Gebilde ist die Gruppe ein System eingeschränkter Kommunikation. Eingeschränkt deshalb, weil Verständigung und Informationsfluß nicht ungerichtet oder

[34] Höhn/Seidel, Das Soziogramm. Die Erfassung von Gruppenstrukturen, Göttingen 1974³, S. 9

[35] Vgl. dazu Friedrichs, Methoden empirischer Sozialforschung, Reinbek 19742; Bastin, Die soziometrischen Methoden, Bern/Stuttgart 1967; Dollase, Soziometrische Techniken, Weinheim/Basel 1973; Krüger, Soziometrie in der Schule, Weinheim 1976; Schmaltz, Das Soziogramm, in: Bäumler/Birk/Kleemann/ Schmaltz/Stoller (Hrsg.), Methoden der empirischen Sozialforschung in der Praktischen Theologie, München/Mainz 1976, S. 115—140

[36] Vgl. Bavelas, Communication Patterns in Task-Oriented Groups, in: J.Acoust.Soc.Amer., 22, 1950, S. 725—730; Leavitt, Some Effects of Certain Communication Patterns on Group Performance, in: J. abnorm.soc.Psychol., 46, 1951, S. 38—50; Shaw, Some Effects of Problem Complexity upon Solution Efficiency in Different Communication Nets, in: J.exper. Psychol., 48, 1954, S. 211—217; Ders., Communcation Networks, in: Berkowitz (Hrsg.), Advances in Experimental Social Psychology, Vol. 1, New York 1964

[37] Bavelas, a.a.O., S. 493

zufällig vonstatten gehen, vielmehr jeweils Muster bilden, und nur zwischen bestimmten Positionen im Netz möglich sind. Man hat hierzu eine Reihe von Experimenten durchgeführt, in denen man Gruppen mit verschieden manipulierten Kommunikationsstrukturen bildete, und sie in bezug auf ihr allgemeines Verhalten, hauptsächlich aber auf den Zusammenhang zwischen Struktur, Informationsfluß und Gruppeneffizienz miteinander verglich. Hier ist nicht der Platz, dies in Einzelheiten zu referieren,[38] doch sollen die wichtigsten Ergebnisse festgehalten sein.
Die exemplarisch untersuchten Kommunikationsgeflechte

Stern

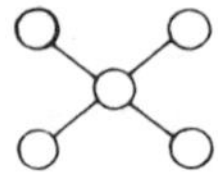

Y

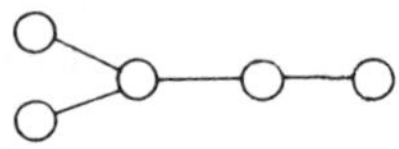

Kette

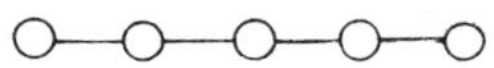

und Kreis,

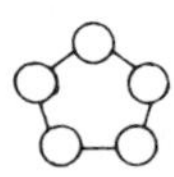

in welchen je fünf Teilnehmer Informationen (meist nonverbal) weiterleiten sollten, zeigten signifikante Differenzen in puncto Gruppenaktivität, in der subjektiven Zufriedenheit der Teilnehmer wie in der Fähigkeit, gestellte Aufgaben zu erkennen und zu lösen. Der *Stern*, ein zentralisiertes Kommunikationsnetz mit einer koordinierenden Mittelpunktsperson, erwies sich als weniger aktiv, dafür aber als gut und dauerhaft organisiert. Schnelligkeit und Genauigkeit der Informationsweitergabe waren hier am größten. Die Gruppenmitglieder blieben allerdings eher unzufrieden und fühlten sich tendenziell unbefriedigt. Der *Kreis* ist das genaue Gegenstück. Er ist ein völlig dezentrales System, ohne Führer, unorganisiert, langsam und von geringer Präzision. Die Mitglieder dieser Gruppe fühlten sich jedoch bei ihren Interaktionen am wohlsten und zeigten die größte Zufriedenheit. Auch hinsichtlich der Flexibilität war der Kreis allen anderen Konstellationen überlegen: die Teilnehmer konnten sich schnell einer Veränderung der Aufgabenstellung anpassen. *Y und Kette* zeigten sich als gemäßigt zentralisierte Gebilde. Probleme konnten hier mittelmäßig effizient gelöst werden, jedoch mit relativ hohem Zeitaufwand. Die Gruppenstruktur erwies sich als stabil.

Zentralisierte Netze, so scheint es, können Aufgaben im allgemeinen schneller bewältigen als dezentrale Strukturen. Jedoch spielt auch die Art der Aufgabe dabei eine Rolle:

[38] Eine gute Zusammenfassung und einen Überblick gibt Lindgren, Einführung in die Sozialpsychologie, Weinheim Basel 1973, S. 386—390

Probleme, die Informationssammlung verlangen, werden besser in offenen Netzwerken gelöst, während für Aufgaben, die Synthesen erfordern, zentralisierte Strukturen vorteilhafter sind.[39] Effiziente Gruppenleistung und Gruppenzufriedenheit sind erstaunlicherweise nicht positiv linear; die Zusammenhänge sind komplexer. Unter Umständen kann z.B. die Zufriedenheit der Gruppenleistung geopfert werden.
Zufriedenheit kommt vor allem über Gleichberechtigung und Handlungsmöglichkeit zustande. Mitglieder im Zentrum einer Gruppe fühlen sich in der Regel subjektiv besser als Teilnehmer an der Peripherie.
Olmsted summiert:

„So scheint es, daß der Mensch dann sein Bestes gibt, wenn er frei ist und gleichzeitig eine nicht zu drängende Aufgabe zu lösen hat."[40]

In alltäglichen Gruppenbildungen sind die Vorgänge natürlich um einiges vielfältiger und komplizierter. Trotzdem konnten diese in den fünfziger Jahren durchgeführten Experimente die grundlegende Bedeutung der Kommunikationsstruktur für das Leben von Gruppen nachweisen. Spätere Entwicklungen in Gruppendynamik, Gruppenpädagogik und Gruppenpsychotherapie haben sie miteinbezogen und auf ihnen aufgebaut.

4.4 Position, Status und Rolle

In jeder Gruppe lassen sich nach einiger Zeit bestimmte *Positionen* unterscheiden. Die einzelnen nehmen je verschiedene soziale Plätze im Gefüge der Gruppe ein, d.h. sie lassen sich im Verhältnis zu anderen Mitgliedern bestimmte Funktionen und Aufgaben zuweisen, sei es durch mitgebrachte Dispositionen und Stellungen (allgemein-gesellschaftliche Position) oder durch Übernahme in der Gruppe unbesetzter Verhaltensmuster.
Je nachdem wieviel Einfluß und Macht damit verbunden ist, spricht man vom höheren und niedrigeren *Status* einer Person.[41] Der Status ist der durch Vergleich mit anderen Mitgliedern zustandegekommene Rangplatz eines einzelnen in der Prestigehierarchie einer Gruppe. Er kann von der Selbsteinschätzung erheblich abweichen und wird in unterschiedlichen Gruppen verschieden sein.
Außerdem werden den Positionen seitens der Gruppe bestimmte Erwartungen und Ansprüche entgegengebracht. Der einzelne reagiert darauf — spontan und auf dem Hintergrund seiner Lebensgeschichte — mit seinem äußeren Erscheinungsbild, mit seinem Auftreten und Verhalten: nach und nach lassen sich verschiedene *Rollen* erkennen. Jede Gruppe kann darum auch als ein

[39] Vgl. Heise/Miller, Problem Solving by Small Groups Using Various Communications Nets, in: J.abnorm.soc.Psychol., 46, S. 327—336

[40] Olmsted, Die Kleingruppe, Freiburg 1971, S. 111

[41] Einige Autoren (z.B. Linton, The Cultural Background of Personality, New York/London 1945) setzen Status und Person gleich. Heute ist dies jedoch unüblich.

„Gefüge von funktionalen und hierarchisch differenzierten und aufeinander bezogenen Verhaltensnormierungen betrachtet werden, die — zu sozialen Rollen und damit zu Rechten und Pflichten zusammengefügt — überhaupt erst Gleichförmigkeit, Regelmäßigkeit und damit Berechenbarkeit und Voraussehbarkeit der sozialen Handlungsbeiträge (...) ermöglichen."[42]

Eine allgemein akzeptierte Definition des Rollenbegriffs haben Hartley und Hartley gegeben. Demnach kann man unter einer „Rolle" „... die strukturierte Gesamtheit aller Erwartungen verstehen, die sich auf die Aufgaben, das Benehmen, die Gesinnungen, Werte und Wechselbeziehungen einer Person richten, die eine spezifische Gruppenposition innehat und in der Gruppe eine bestimmte Funktion erfüllen muß."[43]
Zahlreiche sozialpsychologische Untersuchungen beschäftigen sich mit der Entstehung von Rollen in der Gruppe.[44] Neben den individuellen Verhaltensweisen der Rollenträger wird im allgemeinen die notwendige Funktionsdifferenzierung als Hauptgrund für die Etablierung von Rollenstrukturen angesehen. Rollendifferenzierung ist auch Aufgabenverteilung. Das Rollenmuster ist das Aufgaben- oder Verantwortlichkeitsmuster einer Gruppe: diejenige Spezialisierung ihrer Mitglieder, die nötig ist, damit die Gruppe ihre Arbeit sinnvoll (d.h. arbeitsteilig und kooperativ) gestalten kann, damit ihre Kohäsion erhalten bleibt, und ausgesprochene oder unausgesprochene Ziele erreicht werden. Es sind also Inhalt, Aufgabe, Ziel und Zweck, die über das Wie der Rollenverteilung wesentlich mitentscheiden.
Mit verschiedenen Methoden der empirischen Sozialforschung, vor allem durch Beobachtung, hat man versucht, übergreifende Gesetzmäßigkeiten in Rollenmustern aufzudecken und geeignete Klassifikationsschemata zu entwickeln. Brocher[45] z.B. unterscheidet zwischen Aufgabenrollen, Erhaltungsrollen und dysfunktionalen Rollen. Ähnlich teilen Benne und Sheats[46] ein. Sie sprechen von:

— Rollen, die sich auf die Gruppenaufgabe beziehen;

[42] Hartfiel, Wörterbuch der Soziologie, Stuttgart 1976², Art. „Rolle", S. 581
[43] Hartley/Hartley, Die Grundlagen der Sozialpsychologie, Berlin 1969², S. 342
[44] Das rollentheoretische Paradigma wird von den Sozialwissenschaften nicht nur im Rahmen der Gruppe gebraucht. Es ist eines *der* theoretischen Elementarkonzepte der *allgemeinen* Sozialpsychologie und wurde im Kontext allgemeingesellschaftlicher Fragen entwickelt und ausgearbeitet. Als Standardzusammenfassungen gelten: Sarbin, Role Theory, in: Lindzey (Hrsg.), Handbook of Social Psychology, Bd. 1, Cambridge/Mass. 1954, S. 223—258; Biddle/Thomas (Hrsg.), Role Theory, New York 1966; Sader, Rollentheorie, in: Graumann (Hrsg.), Handbuch der Psychologie, Bd. 7, Göttingen 1969, S. 204—231. Vgl. auch Dahrendorf, Homo sociologicus. Ein Vergleich der Geschichte, Bedeutung und Kritik der Kategorie der sozialen Rolle, Opladen 1972¹¹; Popitz, Der Begriff der sozialen Rolle als Element der soziologischen Theorie, Tübingen 1972³. In meiner Darstellung beziehe ich mich auf die *spezielle* Anwendung der Rollentheorie in der Kleingruppenforschung.
[45] Brocher, Gruppendynamik und Erwachsenenbildung, Braunschweig 1979¹⁴, S. 137ff.
[46] In: Hartley/Hartley (Hrsg.), Die Grundlagen der Sozialpsychologie, Berlin 1969², S. 287

— Rollen, die sich auf den sozialen Bestand der Gruppe beziehen;
— Rollen, die sich auf die Bedürfnisse des Individuums in der Gruppe beziehen.

An Bales'[47] Schema der Rollendifferenzierung in Gruppen zeigt sich, daß die entwickelten Kategorien oft nur mit Schwierigkeiten voneinander zu trennen sind und daß sie insgesamt mehr allgemeine Anhaltspunkte als tatsächlich beobachtbare Gesetzmäßigkeiten darstellen. Um zu einer angemessenen Beschreibung des Rollenverhaltens zu kommen, hat Bales die Äußerungen von Teilnehmern in unstrukturierten Problemlösungsgruppen anhand einer zwölfstufigen Skala erfaßt, kategorisert und ausgewertet.

Er führt folgende Interaktionsmöglichkeiten an:

— Zeigt Solidarität, hebt den Status anderer, hilft und belohnt.
— Zeigt eine Lösung von Spannung, scherzt, lacht, zeigt Befriedigung.
— Stimmt zu, zeigt passive Annahme, versteht, wirkt mit, willigt ein.
— Gibt anderen Hinweise, Anleitung, wobei er ihre Autonomie voraussetzt.
— Gibt seine Meinung, sein Urteil, seine Analyse bekannt; bringt ein Gefühl, einen Wunsch zum Ausdruck.
— Gibt Orientierung, Information, Wiederholung, Bestätigung.
— Bittet um Orientierung, Information, Wiederholung, Bestätigung.
— Bittet um Äußerung von Meinungen, Beurteilungen, Analyse, Gefühlen.
— Bittet um Hinweise, Anleitung, mögliche Aktionsweisen.
— Widerspricht, zeigt passive Ablehnung, Förmlichkeit, verweigert Hilfe.
— Zeigt Gespanntheit, bittet um Hilfe, zieht sich zurück.
— Zeigt Feindseligkeit, mindert den Status anderer, verteidigt oder behauptet sich.

Jede Person kann Träger mehrerer Rollen sein oder ihr einmal übernommenes Rollenmuster im Gruppenprozeß (mehrmals) wechseln. Da der Rollenbegriff immer auch ein von anderen *erwartetes* Verhalten einschließt, liegt der Gedanke nahe, daß solche Anforderungen an den Rollenträger oft nicht ohne Schwierigkeiten zu bewältigen sind. Man spricht deshalb von Rollenkonflikten[48] und meint damit das Anpassungsproblem zwischen gegensätzlichen bzw. auch sich widersprechenden Verhaltenserwartungen. Bleibt zu erwähnen, daß mit dem Interesse am Einhalten eines bestimmten Verhaltens mitunter Druck verbunden sein kann — positive und negative Sanktionen wie Lob und Billigung, Strafe und Tadel.

Besondere Aufmerksamkeit widmete die sozialwissenschaftliche Forschung in ihrer Geschichte der Rolle des *Gruppenführers*. Das Phänomen der Führung zählt zu den oft behandelten Themen der sozialpsychologischen Literatur, immer wieder hat man es in natürlichen und experimentellen Milieus untersucht.

[47] Bales, Interaction Process Analysis, Cambridge/Mass. 1950. Vgl. auch Luft, Einführung in die Gruppendynamik, Stuttgart 1972, S. 32
[48] Vgl. Hartley/Hartley (Hrsg.), Die Grundlagen der Sozialpsychologie, Berlin 1969^2, S. 366

„Die Diskussion über die Führerrolle betrifft das Verhalten von Personen in bestimmten Positionen der Gruppe, die eine Lokomotion der Gruppe in Richtung auf die Gruppenziele fördern, die Aktivitäten zeigen, die zum Zusammenhang der Gruppe beitragen, indem Bedürfnisse der Gruppenmitglieder befriedigt werden, und die schließlich die Gruppe nach außen vertreten. Der Position der mit Führung befaßten Personen kommt in der Gruppe der höchste Status zu."[49]

Damit wirkt Führung offensichtlich auf zwei Ebenen: zum einen fördert sie die Gruppenarbeit im Hinblick auf die Aufgabenlösungen (instrumenteller Aspekt), zum anderen unterstützt sie die Kohäsion und achtet auf die emotionalen Belange der Teilnehmer (sozio-emotionaler Aspekt). Untersuchungen von Bales[50] haben beide Führungsfunktionen empirisch bestätigt. De facto können sie auf verschiedene Personen verteilt sein. Einen umfangreichen Katalog zum besseren Verständnis der Führerrolle haben Krech, Crutchfield und Ballachey[51] vorgelegt.
Sie unterscheiden vierzehn Kennzeichen:

1. Der Führer als derjenige, der die Entscheidungen der Gruppe ausführt.
2. Der Führer als Plänemacher.
3. Der Führer als derjenige, der die Politik (die Art und Weise, wie die Gruppe im Hinblick auf das Ziel vorwärts kommt) bestimmt.
4. Der Führer als Experte.
5. Der Führer als Vertreter der Gruppe nach außen.
6. Der Führer als derjenige, der die internen Beziehungen der Gruppenmitglieder kontrolliert.
7. Der Führer als derjenige, der Lohn und Strafe zuteilt.
8. Der Führer als Schiedsrichter und Vermittler.
9. Der Führer als Vorbild.
10. Der Führer als Gruppensymbol.
11. Der Führer als Stellvertreter individueller Verantwortung.
12. Der Führer als Theoretiker der Gruppe; als derjenige, der die Ideologie bestimmt.
13. Der Führer als Vaterfigur.
14. Der Führer als Sündenbock.

Diese und vergleichbare Aufzählungen beschreiben mögliche allgemeine Gesichtspunkte der Führerrolle — spezielle Eigenschaften einer „Führerpersönlichkeit" können daraus nicht erhoben werden. Zeitweise hat sich die Sozialpsychologie mit den Mitteln der Gruppenforschung und mit aufwendigen empirischen Untersuchungen sehr darum bemüht, solche Persönlichkeitsmerkmale zu isolieren — Eigenschaften, die Menschen ir-

[49] Bergius, Sozialpsychologie, Hamburg 1976, S.236

[50] Bales, Interaction Process Analysis, Cambridge/Mass. 1950. Siehe auch Hofstätter, Gruppendynamik, Reinbek 1972[15], S. 140ff.

[51] Krech/Crutchfield/Ballachey, Individual in Society, London 1962, S. 428—432

gendwie besonders dazu prädestinieren, Führung zu übernehmen.[52] Das sog. *Eigenschaftsparadigma des Führungsverhaltens* (bzw. die Suche danach) hat in der Geschichte der Sozialpsychologie immer wieder eine bedeutsame Rolle gespielt. Seit etwa der Jahrhundertwende, also seit Beginn der empirischen Gruppenforschung, existieren zahlreiche Untersuchungen und Experimente zum Problem der Führung und des Geführtwerdens aus dem Blickwinkel einer solchen Eigenschaftstheorie, die die Persönlichkeit von Führern erfahrungswissenschaftlich zu bestimmen suchten. Die Daten wurden im wesentlichen in Laborgruppen gesammelt.

„Dabei entsprach es der Denkrichtung und den impliziten Paradigmen der Zeit, nach Individualeigenschaften zu suchen, in denen sich Führer von Nichtführern unterscheiden. Auch die pragmatischen Interessen von Auftraggebern - im wesentlichen Industrie und Militär — gingen naheliegenderweise dahin, mit möglichst einfachen Testverfahren rasch ermitteln zu können, ob und in welchem Ausmaß ein Bewerber Führungsqualitäten besitzt. Diese Untersuchungen wurden vor allem auch durch die beiden Weltkriege vorangetrieben. Die Ergebnisse waren rundherum enttäuschend. Obgleich hier ein enormer Forschungsaufwand investiert worden ist (...), kam man über wacklige Wahrscheinlichkeitsaussagen nicht hinaus: Führer zeichnen sich in etlichen Untersuchungen durch höhere Intelligenz aus, aber es gibt auch Untersuchungen ohne signifikante Unterschiede und sogar gegenläufige Ergebnisse; bei Anpassungsfähigkeit, Extraversion, Dominanztendenz, Maskulinität, geringem Konservativismus und Sensitivität liegt es ähnlich."[53]

Es bleibt an diesen älteren Forschungsergebnissen also vorrangig festzuhalten, daß Führungseigenschaften nicht generalisierbar sind, daß es *die* Führungseigenschaften nicht gibt bzw. nicht geben kann, weil die relevanten Einflüsse, Variablen, Faktoren, Verhaltensweisen und Randbedingungen einfach zu vielfältig sind. Wenn überhaupt, so können sie nur in eng begrenzten situativen Kontexten erhoben werden.
Verschiedene Wissenschaftler haben seither versucht, mit neuen Theorien an die sozialpsychologische Bestimmung des Führungsverhaltens heranzugehen; das sog. Konstellations- oder Interaktionsparadigma[54] und Fiedlers Kontingenzmodell der Führungseffizienz[55] gelten als die zentralen neueren Beiträge auf diesem Gebiet.

52 Vgl. den Literaturüberblick von Stogdill, Personal Factors Associated with Leadership: A Survey of the Literature, in: J.Psychol., 1948, 15, S. 35—71; s. außerdem: Mann: A Review of the Relationship between Personality and Performance in Small Groups, in: Psychol. Bull, 56, 1959, S. 241—270 und Gibb, The Principles and Traits of Leadership, in: J. abnorm.soc.Psychol., 42, 1947, S. 267—284

53 Sader, Psychologie der Gruppe, München 1976, S. 158

54 Vgl. Gibb, Leadership, in: Lindzey/Aronson (Hrsg.), Handbook of Social Psychology, Band 4, Cambridge/Mass. 1954, S. 205—282; Ders., Eine interaktionelle Betrachtung des Entstehens von Führung, in: Kunczik (Hrsg.), Führung — Theorien und Ergebnisse, Düsseldorf/Wien 1972; Lukaszyk, Zur Theorie der Führerrolle, in: Grochla (Hrsg.), Organisationstheorie, 1. Teilband, Stuttgart 1975

55 Fiedler, The Contingency Model: A Theory of Leadership Effectiveness, in: Secord/Backman, Problems in Social Psychology, New York 1976, S. 278—289; Ders., Validation and Exten-

Der interaktionstheoretische Ansatz gibt einer empirischen Analyse, die sich auf beobachtbare Dimensionen einzelner Verhaltensweisen beschränkt, gegenüber der globalen Einschätzung des Charismas von Personen den Vorzug. Führung wird als Interdependenz mehrerer verschiedener Indizes erklärt, wie Einflußnahme, Effizienz in bezug auf das zu erreichende Ziel, Soziabilität, Bemühen um emotional befriedigende Beziehungen etc.

Auch Fiedlers Kontingenzmodell reduziert die Vielzahl möglicher Variablen. Es sind drei Dimensionen, die er für zentral hält und auswählt, um die Führungsfunktion (bzw. deren Effektivität) zu beschreiben:

— Die Positionsmacht des Führers in der Organisation der Gruppe,
— die Struktur der Aufgabe (der Grad ihrer Strukturiertheit),
— die Beziehungen zwischen dem Führer und den Geführten (also das Gruppenklima).

Die Kontingenz, das Zusammenkommen dreier Werte dieser Dimensionen, bestimmt — so Fiedler — den Erfolg von Gruppenarbeit. Über standardisierte Feststellungen, Skalierung durch geschulte Beobachter und mit einem komplizierten Meßsystem, dem sog. LPC-Score[56], versucht er, die persönlichkeitsspezifischen Leitlinien eines Führers beim Verfolgen seiner Ziele zu erheben. Sein Modell ist ein Ansatz, über die Auflistung empirisch validierter Kategorien hinauszukommen und die wichtigsten Situationsdeterminanten in ihrer Komplexität zu operationalisieren. Inwieweit ihm das gelungen ist, gilt allgemein als umstritten.[57]

4.5 Normen

An die gruppeneigenen Rollen, in der Sozialpsychologie als Verhaltens*dispositionen* verstanden, knüpfen Normen als Verhaltens*anforderungen* an. Normen sind Verhaltensstandards, die an die Rollenträger herangetragen werden. So wird die Tatsache formuliert, daß sich die Handlungen eines Menschen nie aus sich selbst erschließen, daß sie ihren Sinn und Wert vielmehr erst in der Auseinandersetzung mit den Handlungen anderer erlangen. Handlung erschließt sich jeweils durch sozialen Kontakt, d.h. über die Um-

sion of the Contingency Model of Leadership Effectiveness: A Review of Empirical Findings, in: Psychol. Bull 76, 1971, S. 128—148; Ders./Chemers/Maher, Der Weg zum Führungserfolg, Stuttgart 1979

56 „Fiedler geht davon aus, daß Einstellungen und Verhalten des Führers die Gruppenleistung bestimmen. Die Einstellungen des Führers spiegeln sich in der Beurteilung seiner Mitarbeiter wider. Deshalb läßt Fiedler den Gruppenführer seine Mitarbeiter durch ein Polaritätsprofil beurteilen (Eigenschaftspaare wie sympathisch — unsympathisch, fleißig — faul u.ä.) und berechnet aus diesen Einstufungen Maßzahlen über die Einstellung des Führers zu seinen Mitarbeitern. Der LPC-Wert (least preferred co-worker) dient als Maßzahl der personen- und leistungsorientierten Haltung. Ein hoher LPC-Wert entspricht dabei dem personenorientierten (‚demokratischen'), ein niedriger dem leistungsorientierten Führungsstil." Wellhöfer, Grundstudium Sozialpsychologie, Stuttgart 1976, S. 91f.

57 Vgl. Bungard, Sinn und Unsinn der LPC-Skala — Zur Kritik des Kontingenzmodells von Fiedler, in: Gruppendynamik, 15, 1984, S. 59—74

stände, in denen sie vollzogen wird. Die Frage nach der sozialen Gültigkeit des Handelns ist die Frage nach der Norm.

Normen „... regeln, auf welche Weise sich jedes Mitglied eines sozialen Gebildes (...) in welcher Situation und in welcher Weise gegenüber welchem anderen Mitglied verhalten soll."[58]

Oder wie Homans es salopper ausdrückt, sind

„Gruppennormen Ideen in den Köpfen der Gruppenmitglieder, die etwas darüber aussagen, was von einem bestimmten Gruppenmitglied unter bestimmten Umständen getan oder nicht getan werden sollte."[59]

Insofern gehören sie zu den konstituierenden Strukturelementen eines jeden Sozialgefüges sowie zu den Grundformen menschlichen Zusammenlebens überhaupt.
Normen resultieren aus Kommunikation, und sie ermöglichen sie. Sie dienen der Orientierung des einzelnen, indem sie seinen Fragen nach gut oder schlecht, richtig und falsch ein mehr oder minder festgefügtes Bezugsfeld bieten. So wirken sie angstreduzierend und gleichen Unsicherheiten aus. Normen helfen einer Gruppe, sich überhaupt als solche zu erleben, sich zu identifizieren und zu definieren. Sie besitzen nach innen konfliktreduzierende, nach außen abgrenzende Funktion. Oft werden sie zur eigenen Meinung internalisiert und als solche auch außerhalb des Gruppenkontextes anderen gegenüber vertreten. In Anlehnung an Festinger[60] spricht Leon Mann von zwei Hauptgründen für die Entstehung gruppenspezifischer Normensysteme:

„Erstens liefert die Gruppe dem einzelnen den Bezugsrahmen für das Verständnis seiner Umwelt, ohne das er nicht auskommt. In ihrem Verstehensdrang versuchen Menschen besonders dann ihre Meinungen zu validieren, d.h. auf Richtigkeit hin zu überprüfen, wenn sich die Ansichten nicht am Kriterium der objektiven Wirklichkeit überprüfen lassen. In solch einem Falle liefert die Gruppe eine Art sozialer Wirklichkeit, die auf gegenseitige Übereinstimmung gegründet ist (...). Zweitens ist ein gewisser Grad an Uniformität vonnöten, wenn die Gruppe überleben und ihre Ziele erreichen will. Die Kontrolle und die Koordination der Normen, die das Verhalten der Mitglieder steuern, kann daher die Kontinuität und den Erfolg der Gruppe fördern."[61]

Wie weit die normative Regulierung in einer Gruppe ausgebildet ist, hängt jeweils von mehreren Faktoren ab:
— Von der Gruppenform selbst (in formalen Gruppen wird sie in der Regel differenzierter sein als in informalen Gruppen),
— von Ziel und Zweck, von der Aufgabe einer Gruppe,

[58] Hartfiel, Wörterbuch der Soziologie, Stuttgart 1976², S. 488, Art. „Norm"
[59] Homans, The Human Group, New York 1950, besonders S. 121—127
[60] Festinger, Informal Social Communication, in: Psychol. Review, S. 271—282
[61] Mann, Sozialpsychologie, Weinheim/Basel 1972, S. 63

— vom normativen System des jeweiligen kulturalen Kontextes,
— von den Vorerfahrungen des einzelnen mit gegenwärtigen und früheren Gruppen,
— von individuellen Fähigkeiten und Motivationen.

Zahlreiche Arbeiten beschäftigen sich mit der Frage des Normennachweises[62] bzw. mit dem Problem, Normen empirisch zu verifizieren.

Drei Bestimmungsvariablen stehen dabei im Vordergrund.

— Auffällige Ähnlichkeiten bzw. Gleichartigkeit des Handelns einzelner im Gruppenkontext.
— Beobachtungen der Konvergenz oder Angleichung der individuellen Reaktionen in neuen oder unstrukturierten Situationen, in denen keine objektive Notwendigkeit dazu besteht.
— Sanktionen (Belohnungen oder Strafen), mit welchen Verhaltenskontrolle ausgeübt wird.

Wo in Gruppen auseinanderstrebende Normen existieren oder konkurrierende Normsysteme kollidieren, kann es zu Normenkonflikten, zu Abweichungen vom geforderten Verhalten und zu den verschiedenen Ausformungen sozialer Kontrolle kommen.[63]

4.6 Ziele

Eine Übersicht über die Systematik der sozialpsychologisch relevanten Strukturelemente der Gruppe wäre unvollständig, blieben die Fragen der gruppeneigenen Zielsetzungen unerwähnt: Zielorientierung gilt als allgemeine Eigenschaft sozialen Handelns — insofern strukturiert sie auch jedes Miteinander in Gruppen.

Auffällig ist, daß der Zielbegriff in der gängigen sozialpsychologisch orientierten Gruppenliteratur eine eher untergeordnete Rolle spielt und häufig nur marginal vorkommt. Möglicherweise deshalb, so kann man vermuten, weil sich hier am allerwenigsten generalisieren läßt: wie Gruppen mit ihren Zielen umgehen, ist kaum *allgemein* zu fassen, rein formale Erwägungen bleiben stets allzu inkonkret. Ziele sind immer auch Inhalte, und darüber ist schlecht abstrahierend zu reden.

Die Sozialwissenschaft spricht von Gruppenzielen, um damit die Phänomene einer gemeinsamen Ausrichtung zu erklären, die weder als individuelle Intentionen noch als deren Summe betrachtet werden können.

„Das Ziel einer Gruppe kann nicht einfach als die Summe der Ziele der einzelnen Gruppenmitglieder verstanden werden, auch nicht, wenn diese Ziele sehr ähnlich, ja sogar dieselben sind. Das Ziel einer Gruppe ergibt sich vielmehr in dem Moment, in dem die Motivationen der einzelnen Gruppenmitglieder annähernd auf einen gemeinsamen

62 Vgl. Mayo, The Social Problems of an Industrial Civilisation, Boston 1946; Creedman/Hawley/Landecker/Miner/Miner, The Principles of Sociology, New York 1952; Sherif/Sherif, An Outline of Social Psychology, New York 1956; Jackson, Structural Characteristics of Norms, in: Biddle/ Thomas (Hrsg.), Role Theory, London 1966

63 Ausführlich referiert in: Mills, Soziologie der Gruppe, München, 1971^3, S. 112ff.

Nenner gebracht werden können. Sie können z.B. durch einen Kompromiß aller Gruppenmitglieder, durch einen Mehrheitsbeschluß oder auch von einer Person bestimmt werden. Inwieweit in den letzten beiden Fällen von einem Gruppenziel gesprochen werden kann, wird davon abhängen, wie sehr die einzelnen Gruppenmitglieder der Entscheidung der Mehrheit oder eines einzelnen Gruppenmitgliedes zustimmen können. Ein Gruppenziel wird dann Ziel der Gruppe bleiben, solange diese Zustimmung besteht."[64]

Hier sind zwei weitere Aspekte angedeutet — Unterpunkte zum Problem des Gruppenzieles —, die mit ihm unmittelbar verbunden sind und seine Bedeutung konkretisieren: Entscheidung und Effektivität.
Jede Situation der Aufgabenlösung ist eine Entscheidungssituation, weil in ihr immer mehrere Möglichkeiten des Handelns und Reagierens enthalten sind. Ob Gruppenmitglieder ein Ziel miteinander allmählich selbst entwickeln oder ob sie versuchen, sich auf einen gemeinsamen Weg zu einem bereits vorgegebenen Ziel zu einigen — immer sind Entscheidungsprozesse im Spiel.[65] Sbandi[66] vermutet den wichtigsten Faktor, der zum Akzeptieren eines Gruppenzieles und der dazugehörigen Entscheidungen führt, in den Vorteilen, die sich der einzelne vom Erreichen des Gruppenzieles für sich selbst verspricht. Im Anschluß an Experimente von Horwitz[67] schreibt er:

„Die Unterschiede, mit denen die Gruppenmitglieder eine Gruppenentscheidung akzeptieren, sind relativ groß. Diejenigen, die das Gruppen-Ziel mehr akzeptieren, zeigen auch mehr Bedürfnis, das Ziel zu erreichen; diejenigen, die sich nur fügen, zeigen wenig Bedürfnis-Spannung in Richtung auf dieses Ziel, und diejenigen, die die Gruppenentscheidung ablehnen, bleiben bei ihrer Motivation. D.h., wenn ein Gruppenziel ganz von den Gruppenmitgliedern akzeptiert wird, wird in der Gruppe eine starke Kraft wirksam, die das Verhalten der Gruppenmitglieder beeinflußt. Wenn das Gruppenziel von einem Großteil der Mitglieder nicht akzeptiert wird, ist zu erwarten, daß die Anstrengungen wenig koordiniert sein werden und sich mehr einzel-motiviertes Verhalten zeigt."[68]

Wie und in welchem Ausmaß eine Gruppe ihre Ziele erreicht — schnell oder langsam, direkt oder auf Umwegen etc. —, bleibt neben der Entscheidungsfrage von der Leistung ihrer Kommunikation, von der Wirksamkeit ihrer Strategien zur Aufgabenerfüllung und von der Gruppeneffektivität abhängig.

64 Sbandi, Gruppenpsychologie, München 1973, S. 109f.

65 Die verschiedenen gruppenrelevanten Dimensionen von Entscheidungsprozessen faßt Sader, Psychologie der Gruppe, Stuttgart 1976, S. 112—156 zusammen. Es würde zu weit führen, hier näher darauf einzugehen.

66 Sbandi, Gruppenpsychologie, a.a.O., S. 112

67 Horwitz, in: Cartwright/Zander (Hrsg.), Group Dynamics. Research and Theory, London 1960², S. 370—394

68 Sbandi, a.a.O., S. 112

5. Der dynamische Aspekt: Funktionsmodelle der Gruppe

Jede Gruppe ist ein dynamisches Gebilde: sie entsteht, sie verändert und entwickelt sich, sie ist eine Totalität vielförmiger dynamischer Abläufe und Zustandsänderungen. Unter verschiedenen Perspektiven hat die Sozialpsychologie diese Seite des Gruppenlebens in *Gruppenmodellen* zu fassen versucht. Sie dienen der Veranschaulichung, indem sie helfen, auseinanderlaufende Sachverhalte in ein kohärentes Ganzes einzuordnen, um sie unter vereinfachenden d.h. vom Einzelfall abstrahierten Annahmen der analytischen Betrachtung zugänglich zu machen.
Gruppenmodelle haben hypothetischen und heuristischen Charakter. Da sie in Analogien beschreiben, sind ihre Terme nicht unbedingt operationalisierbar: sie sind systematische Verstehensversuche, die über Datensammlung und -analyse hinausgehen.
Funktionsmodelle sind theoretische Ansätze, die die Gruppennatur und ihre systematische Ganzheit in Anlehnung an physikalische, biologische, kybernetische u.a. Analogien ordnen und gliedern. Ihre Begriffe sind eher im Interesse einer Soziologie der Gruppe gebildet.
Aus einer Reihe von theoretischen Ansätzen, die in den letzten Jahren zunehmende Differenzierung erfahren haben, identifiziert Mills[69] sechs Grundmodelle. Er beschreibt diese konzeptionellen Rahmenvorstellungen der Gruppe so, daß ihre Reihenfolge eine Hierarchie im entwicklungslogischen Sinn ausdrückt: von einfachen zu komplexen, von statischen zu dynamischen, von geschlossenen zu offenen, von Modellen mit kleiner zu Modellen mit größerer Reichweite.

5.1 Das mechanische Modell

Das mechanische Modell begreift die Gruppe als Kräftespiel. In physikalisch-mechanischen Analogien wird sie als eine Art Interaktionsmaschine verstanden, deren Handlungseinheiten sich nach bestimmten logisch-rationalen Regeln wechselseitig beeinflussen. Handlungen können im Sinn dieses Ansatzes als Funktionen klassifiziert werden. Ihr Zusammenspiel folgt universalen, kognitiv faßbaren und im wesentlichen unveränderlichen Gesetzesmäßigkeiten: „Gruppenverhalten ist wie ein Spiel, das so oft gespielt wird, bis man Spiel und Spieler gut genug kennt um vorauszusagen, was geschehen wird."[70]
Das mechanische Gruppenmodell ist u. a. deshalb interessant, weil hier eine Grundrichtung klassischer Wissenschaft, die wissenschaftstheoretische Position der empirisch-analytischen Naturwissenschaften, in den Bereich sozialwissenschaftlicher Gruppenforschung hineinvermittelt ist. Erklärungen aus Subjektivität, Emotion und Werthaltung

69 Mills, Soziologie der Gruppe, München 1971³, S. 22—43
70 Mills, a.a.O., S. 24

werden weitgehend ausgeschaltet: das Forschungsobjekt „Gruppe" soll seinen Funktionszusammenhang durch systematische Analyse objektiv beobachtbarer Gegebenheiten selbst zeigen. Auf diesem Hintergrund sucht man nach verallgemeinerungsfähigen Aspekten: die Entdeckung universaler Gruppeneigenschaften, das Erstellen einer Ordnung und Systematik zwischenmenschlicher Beziehungen in der Gruppe ist das Ziel. Robert F. Bales' Arbeiten zur Interaktionsanalyse[71] sind das bekannteste Beispiel dieser Tradition der Theorienbildung im Sinn eines pragmatisch-mechanischen Modells. Bales versucht, Interaktionen zwischen Individuen in Gruppen so zu klären, daß deren nicht-zufällige Anteile sichtbar werden. Dabei versteht er die gesamte Gruppenaktivität als Problemlösungsprozeß. Die sog. Interaktionsanalyse ist die standardisierte Methodik seines Untersuchungsansatzes, die bei einer systematischen und sorgfältigen Beobachtung der Kommunikation in der Gruppe einsetzt. Das empirisch beobachtete Verhalten wird mit Hilfe eines Klassifikationsschemas so geordnet, daß exakte Aufschlüsse über das Gruppengeschehen und die Gruppenstruktur möglich werden und man zu einem übersichtlichen Bild der Gruppe gelangen kann. Mit der Absicht, „Kategorien zu finden, die den empirischen Inhalt der menschlichen Beziehungen auf der Basis dieses Inhalts selbst ordnen"[72], hat Bales dazu aus dem riesigen Repertoire an Interaktionsmöglichkeiten zwölf Kategorien gebildet, die ihm als Prozeßnormen und Beobachtungskriterien dienen. Sein Ansatz ist insofern „mechanisch", als ihn hauptsächlich die inhaltsunabhängigen Variablen (im Sinn einer empirischen *Prozeß*analyse) interessieren und anderen Determinanten der Interaktion unberücksichtigt bleiben.
Genau das ist dann auch die Hauptkritik, die mechanisch orientierten Gruppenmodellen[73] gegenüber vorgebracht wird: sie seien zwar nützlich, „weil sie enthüllen, daß unsere zwischenmenschlichen Beziehungen geordneter und systematischer ablaufen, als wir annehmen",[74] ihr Empirismus und Formalismus jedoch könne die dynamischen Aspekte — Entwicklung und Wachstum einer Gruppe — nur schlecht erklären, weil die ganze Seite der subjektiven Prozeßvariablen (Vorstellungen, Einstellungen, Normen, Werte, Emotionen) und wesentliche kollektive Phänomene (Gruppenatmosphäre etc.) unbeachtet blieben.

5.2 Das Organismusmodell

Das Organismusmodell versucht den Prozeßcharakter des Gruppengeschehens in biologischen Analogien einzufangen: „Die Gruppe ist ein Organismus. Sie formt sich, wächst und reift."[75]

[71] Vgl. Bales, Interaction Process Analysis, Cambridge/Mass. 1950
[72] Maisonneuve, Gruppendynamik, Stuttgart 1973, S. 46
[73] Neben Bales z.B. die mathematisch-logische Gruppenanalyse nach Christie, Luce und Macy; vgl. Christie/Luce/Macy, Information Handling in Organized Groups, in: Coppinger/McCloskey (Hrsg.), Operations Research for Management, Bd. 2, Baltimore 1956.
[74] Mills, a.a.O., S. 25
[75] Mills, a.a.O., S. 26

Eine solche Deutung formuliert das Eingeständnis, daß Gruppen offensichtlich viel weniger gradlinig funktionieren als dies die mechanischen Konzepte nahelegen. Wie jeder Körper, so ist auch die Gruppe ein sinnvoll gegliedertes Wesen, selbständig und doch vielfältig abhängig, ein lebendiges Ganzes, das eine nur ihm eigentümliche Entwicklung durchläuft.

„Wie beim Organismus besteht der Gruppenzweck, der gewöhnlich ungenannt bleibt, in der Selbsterhaltung; wie dort dient die Orientierung nach außen dem Schutz vor äußeren Gefahren und der Ausnutzung der Umwelt für die eigenen Bedürfnisse."[76]

Die Stärke dieses Modells liegt in der Abkehr von individualistischen Erklärungsmustern. Eine Gruppe ist mehr als die Summe oder das Produkt ihrer Teile. Die prinzipielle Abhängigkeit der einzelnen vom Gruppenganzen wird betont. Modelle, die in Organismusanalogien argumentieren, beachten besonders die Entwicklungs- und Wachstumsprozesse von Gruppen und die Bedingungen, die zu ihnen beitragen. Sie erklären sie vor dem Hintergrund des gesamten Wirkungszusammenhangs und suchen nach den allgemeinen Gesetzen, durch die das Entstehen, Werden, Wachsen, Reifen und das Ende einer Gruppe verstanden werden kann.
Der Ansatz wurzelt in biosoziologischen Vorstellungen.[77] Als seine Hauptvertreter gelten Trasher[78], Moreno[79], McDougall[80] und Cattell[81] [82]. Theoretiker, die Gruppen organismusanalog auffassen, gebrauchen mitunter Begriffe wie „group mind" und „syntality", um bestimmte kollektive Eigenschaften und Wesenszüge zu beschreiben. W. McDougall, einer der ersten Wissenschaftler, die den Begriff „Sozialpsychologie" gebrauchten[83] — Freud hat sich mit ihm in „Massenpsychologie und Ich-Analyse"[84] auseinandergesetzt — spricht von „group mind"[85] und versteht darunter die emotionale

[76] Mills, a.a.O., S. 26

[77] „Sammelbegriff für alle Ansätze in der soziologischen Theoriebildung, (a) die beim Entwurf ihrer Wissenschaftssprache und Begriffssystematik biologistisch-organizistische Analogien bevorzugen, (b) die zur Erklärung sozialer Phänomene des menschlichen Daseins auf pflanzliche und tierische Lebens- und Verhaltensvorbilder rekurrieren, oder die (c) die Abhängigkeit der Struktur und zukünftigen Entwicklung sozialer und kultureller Phänomene von biologischen Faktoren besonders hervorheben." Hartfiel, Art. „Biosoziologie", in: Ders., Wörterbuch der Soziologie, Stuttgart 1976^2, S. 92

[78] Trasher, The Gang, Chikago 1927

[79] Moreno, Contributions of Sociometry to Research Methodology in Sociology, in: Amer.Sociol.Review, 12, 1947, S. 287—292

[80] McDougall, Psychology, the Study of Behaviour, New York 1980

[81] Cattell, The Scientific Analysis of Personality, New York 1965

[82] Näheres dazu in Däumling/Fengler, Nellessen/Svennsson, Angewandte Gruppendynamik, Stuttgart 1974, S. 21

[83] Vgl. McDougall, Introduction to Social Psychology, London 1908

[84] Freud, Massenpsychologie und Ich-Analyse, 1921, Gesammelte Werke XIII, London 1940, S. 71—161

[85] McDougall, The Group Mind, Cambridge 1920

Verbundenheit der Gruppenmitglieder untereinander, eine Art Kollektivbewußtsein im Sinne einer „Gruppen-Seele", eine eigenständige Größe, die sich auf die Gruppe als Ganzes bezieht. Ähnliche Grundgedanken und eine inhaltlich verwandte Konzeption stehen hinter dem Syntalitätsbegriff, wie er bei Cattell[86] zu finden ist. Mit „syntality" (einem in Analogie zu „personality" geprägten Kunstwort) bezeichnet jener zusammenfassend die Eigenschaften, welche eine Gruppe als Handlungseinheit charakterisieren: die „Persönlichkeit" eines Gruppen-Organismus, die sich aus den Persönlichkeitsmerkmalen ihrer einzelnen Mitglieder, der Gruppenstruktur wie dem externen und internen Verhalten der Gruppenganzheit zusammensetzt.

Zweifellos bereichert das Organismus-Modell ein Verständnis der Gruppenfunktion gerade dadurch, daß es die überindividuellen Aspekte besonders akzentuiert. Man wird hier jedoch darauf zu achten haben, daß naiv-grobe Entsprechungen zum biologischen Feld, der Gedanke der naturbestimmten Gruppenentwicklung und die Hypothese der Gruppenpersönlichkeit auf empirisch wahrnehmbare Prozesse bezogen bleiben und nicht allzu verschwommene Dimensionen annehmen.[87]

5.3 Das Konfliktmodell

Kern dieses Modells ist der Gedanke: eine Gruppe gleicht „... einer Arena, in der sich eine endlose Serie von Konflikten abspielt, Gruppenerfahrung ist die Erfahrung vom Konflikt."[88] In Zusammenfassung entsprechender Theorien begründet Mills seine Annahme mit der natürlichen, d.h. strukturell vorgegebenen Begrenzung der Möglichkeiten (Einfluß zu nehmen, Macht auszuüben, Zuneigung und Anerkennung zu erlangen etc.), wie sie in jedem Miteinander Realität sind. Konflikte in Gruppen sind häufig Kämpfe um Wert, Status, Macht und Mittel — Auseinandersetzungen, in denen Interessengegensätze einander verletzen, sich ausschalten oder neutralisieren. Nie gibt es genug von dem, wonach jeder verlangt. Darum führt kein Weg an der Spannung bzw. Kollision zwischen subjektivem Wunsch/ Bedürfnis/Interesse und sozialer Verhaltensnorm vorbei.

Ein anderer Faktor, der Konflikte zu determinieren vermag, ist die Zielorientierung einer Gruppe: um Aufgaben erfüllen zu können, braucht jede Gruppe die Koordination der divergenten Motivationen und Antriebe ihrer Mitglieder, also die Einschränkung des individuellen Freiheitsraumes der Teile zugunsten der Handlungsfähigkeit des Ganzen. Konflikte sind auch deshalb unvermeidbar, weil Status- und Positionsunterschiede jede Gruppe intern strukturieren: einige Mitglieder sind angesehener als andere, und solche Ungleichheit innerhalb der Prestigehierarchie fördert Auseinandersetzungen.

86 Cattell, New Concepts for Measuring Leadership in Terms of Syntality, in: Hum.Rel., 4, 1951, S. 161—184

87 Weitere Kritikpunkte siehe Mills, a.a.O., S. 27

88 Mills, a.a.O., S. 27

Theorien, die die dynamischen Abläufe in Gruppen mittels dieses Modells zu fassen suchen, erklären die Entwicklung des Gruppenprozesses als beständiges Fortschreiten von Konflikt zu Konfliktlösung zu neuem Konflikt usw. Sie betonen, daß die Zustandsänderungen einer Gruppe Funktionen ihrer Auseinandersetzungen sind. Oft weisen sie ausdrücklich auf die positive Rolle der Konflikte für Kommunikation und Interaktion hin:

„Konflikt kann dazu dienen, trennende Elemente in einer Beziehung zu beseitigen und Einheit wiederherzustellen. Insoweit Konflikt eine Lösung von Spannungen bedeutet, hat er stabilisierende Funktion und wird eine integrative Komponente der Beziehung."[89]

Das Konfliktmodell existiert nicht. Es finden sich jedoch einige Gruppentheorien, die diesen Aspekt grundlegend mitberücksichtigen. Bions Arbeiten zur Gruppenentwicklung z.B. enthalten Elemente einer gruppenbezogenen Konflikttheorie.[90]
Überhaupt sind es gerade die psychoanalytisch ausgerichteten Ansätze, die ein besonderes Interesse an der Kategorie des Konfliktes für die zwischenmenschliche Interaktion haben. Die Psychoanalyse betrachtet die Konflikte seit ihren Anfängen als konstitutiv für die menschliche Existenz und machte sie schon früh zu einem zentralen Theorem ihrer Neurosenlehre.[91] Da die Freudsche Tradition die Gruppenphänomene in enger Analogie zur Struktur und Entwicklung des Individuums zu verstehen sucht, ist es einleuchtend, daß ihr Konfliktkonzept auch Eingang in die Gruppentheorie gefunden hat.

„Freuds Bild von der Gruppe (Urhorde — Vatermord — Brüderhorde) ist wie seine Vorstellung vom Individuum ganz sicher ein Konfliktmodell und seine Auffassung von der nicht überwundenen mehrschichtigen autoritär-hierarchischen Gruppenstruktur wird wohl noch lange eine brauchbare Hypothese für "natürliche„ Gruppen sein."[92]

Darüber hinaus spricht auch die Rollentheorie von der grundlegenden Notwendigkeit des Konfliktes für das Funktionieren sozialer Systeme,[93] [94] darum kann man auch ihre Erklärungen der Gruppe als Ansatz im Sinn eines Konfliktmodells verstehen. Begriffe

89 Coser, Theorie sozialer Konflikte, Neuwied/Berlin 1973

90 Siehe Kapitel 6.1.1

91 „Man spricht in der Psychoanalyse von Konflikt, wenn sich im Subjekt gegensätzliche innere Forderungen gegenüberstehen. Der Konflikt kann manifest sein (zum Beispiel zwischen einem Wunsch und einer moralischen Forderung, oder zwischen zwei sich widersprechenden Gefühlen), oder lantent und dabei in entstellter Form im manifesten Konflikt zur Darstellung kommen, oder sich in Symptombildung, Verhaltensstörungen, Charakterstörungen etc. äußern. Die Psychoanalyse betrachtet den Konflikt als konstitutiv für den Menschen, und dies unter verschiedenen Perspektiven (...)." Laplanche/Pontalis, Art. „Konflikt", in: Dieselb., Das Vokabular der Psychoanalyse, Frankfurt 1977, Bd.1, S. 256ff.

92 Däumling/Fengler/Nellessen/Svensson, Angewandte Gruppendynamik, Stuttgart 1974, S. 22

93 Vgl. z.B. Gebhardt, Rollenanalyse als kritische Soziologie, Neuwied/Berlin 1971

94 Siehe Kapitel 4.4

wie „Rollendiskordanz“ und „Rollenkonflikt“ zählen zu ihren zentralen Konstrukten, mit denen sie sich über menschliches Handeln verständigt.[95]
Insgesamt wird man die Konfliktmodelle der Gruppe kritisch befragen können, ob ihre Betrachtungsweisen unter Umständen nicht dazu neigen, die Bedeutung von Zuneigung, Freundschaft, Vertrauen, Respekt und ähnlichen Verhaltensdispositionen (d.h. den ganzen konfliktfreien Bereich) zu vernachlässigen.[96]

5.4 Das Gleichgewichtsmodell

Die Grundidee des Homöostasemodells schließt an den Konfliktgedanken an.

„Die Gruppe bildet ein Gleichgewichtssystem. Jeder Störung von innen oder außen wird durch entgegengesetzte Kräfte begegnet, so daß das System in den Zustand zurückkehrt, in dem es sich vor der Störung befand.“[97]

Wie bei anderen Gruppenmodellen, so ist auch hier die Verwandtschaft zu Vorstellungskomplexen außerhalb der Sozialwissenschaften nicht zu übersehen: die Gruppe erscheint als ein geordnetes Ganzes, das danach strebt, Spannungen zu lösen, um mehr oder weniger stabile Gleichgewichtsverhältnisse herzustellen, wiederherzustellen oder beizubehalten. Damit bieten sich mehrere Analogien an.
An *ökonomischen* Entsprechungen orientiert Homans[98] seine sogenannte „Austauschtheorie“. Soziale Vorgänge sind nach seinem Verständnis Prozesse homöostatischer Regulation im Sinn einer Transaktion materieller bzw. immaterieller Güter, in deren Zusammenhang Kosten und Nutzen individuell abgewogen werden, sei es absichtlich oder unbewußt. Interaktionsziel ist das Herstellen gerechter Verteilung (distributive justice), d.h. der relative Ausgleich zwischen Belohnung und Strafe und die Gleichrangigkeit aller Status-Attribute (Status-Kongruenz) im System. Homans' Variante eines sozialen Gleichgewichtsmodells, das sich ausdrücklich auch auf Gruppen bezieht, argumentiert von der Annahme der motivierenden Kraft von Lohn und Strafe her. Unschwer sind Skinner und das Reiz-Reaktions-Schema des Behaviorismus als eine der Wurzeln dieser Denkfigur zu erkennen.

95 „Das Individuum ist stets Inhaber mehrerer Positionen und sieht sich deshalb auch verschiedenen Rollenerwartungen gegenüber. Sobald diese Rollenerwartungen nicht miteinander vereinbar sind, spricht man von einem Rollenkonflikt (...). Rollenkonflikte sind nicht immer technische Fehler im System, Unzulänglichkeiten oder ähnliches, sondern es ist angemessener, sie als notwendige Formen der Auseinandersetzung mit der Wandlungen gesellschaftlicher Bedingungen anzusehen. Rollenkonflikte stören nicht nur vorhandene Ordnungen und Strukturen, sondern sind ein Durchgangsstadium zur Schaffung neuer, angemessener Ordnungen.“ Wellhöfer, Grundstudium Sozialpsychologie, Stuttgart 1976, S. 53f.

96 So Mills, a.a.O., S. 29

97 Mills, a.a.O., S. 29

98 Homans, Theorie der sozialen Gruppe, Opladen 1969

Ein anderes Beispiel eines Gleichgewichtsmodells hat Bales[99] vorgelegt. In seinem Ansatz sind es *physikalische* Vorstellungen, die im Hintergrund mitschwingen.
Er nimmt an, so resümiert Mills,[100]

„... daß die verstärkte Anstrengung, das Gruppenziel zu erreichen, die Solidarität schwächt und infolgedessen verstärkte Anstrengungen um den Gruppenzusammenhalt auslöst, und daß dann diese Schwergewichtsverlagerung, da die Rekonsolidierung die Energie von der Zielerreichung ablenkt, eine erneute Konzentration auf das Ziel zur Folge hat. So geht es weiter, bis ein Punkt erreicht ist, an dem sich beide Tendenzen ausgleichen oder sich, genauer gesagt, ein bewegliches Gleichgewicht herstellt; beweglich, weil sich im Verlauf des Prozesses sowohl die Zieldistanzierung wie die Solidarisierung ändern können."

Im Kontext ihrer Arbeiten zur Themenzentrierten Interaktion (TZI)[101], einem pädagogisch-therapeutischen Gruppenverfahren aus dem Bereich der sog. „Humanistischen Psychologie"[102], hat Ruth C. Cohn eine Modellvorstellung der Gruppe entwickelt, die ebenfalls deutlich vom Gleichgewichtsgedanken geprägt ist. Im Hintergrund stehen biologische Vorstellungen[103] — die Physiologie der Homöostase wurde zur Grundlage der Deutung und Strukturierung von Interaktionsprozessen. Fehlentwicklungen in Situationen der Gruppenarbeit sind diesem Denkmodell zufolge Anzeichen und Ergebnis eines gestörten Gleichgewichtes im Gruppenorganismus. Wie in jedem Organismus, finden auch in allen gut funktionierenden Gruppen homöostatische Prozesse statt — so lautet Cohns Voraussetzung —, Regulierungsvorgänge zur Erhaltung relativer Konstanz bzw. dynamischer Balance *der* Funktionen, die für ein optimales Miteinander von Bedeutung sind.
Üblicherweise wird dieses Konzept durch folgende Grafik erläutert:

Die Dreieckspunkte ICH, WIR und ES sowie die umgebende Kugel (GLOBE) bilden vier Aspekte, die in jeder Gruppe in enger Beziehung zueinander stehen. Mit *ICH* ist der

99 Bales, Personality and Interpersonal Behavior, New York 1970; Ders., Adaptive and Integrative Changes as Sources of Strains in Social Systems, in: Hare/Borgatta/Bales (Hrsg.), Small Groups, New York 1955, S. 127—131

100 Mills, a.a.O., S. 29

101 Vgl. Cohn, Von der Psychoanalyse zur Themenzentrierten Interaktion, Stuttgart 1984[6]

102 Vgl. Kapitel 6.3

103 Vor allem vermittelt durch Kurt Goldsteins organismische Psychologie und den sog. „Holismus"; vgl. Goldstein, Der Aufbau des Organismus, Haag 1934

einzelne gemeint, der subjektive Faktor, das autonome und interdependente Individuum mit seiner personalen und sozialen Identität. *WIR* steht für die Ebene der Interaktion, für die Gesamtheit der Individuen und für ihre Beziehung zueinander. *ES* bezeichnet das Thema, den Inhalt, die gemeinsame Aufgabe oder Zielsetzung, zu deren Bearbeitung die Gruppe zusammengekommen ist. *GLOBE* nennt Cohn den objektiven Faktor, das soziale, politische, ökonomische, historische etc. Umfeld, in dem die Gruppe arbeitet. Ruth Cohns Hypothese für das Gelingen von Gruppenarbeit ist nun folgende: befinden sich ICH, WIR, ES in dynamischer Balance miteinander und wird der GLOBE adäquat berücksichtigt, kann eine Gruppe der Verwirklichung lebendigen Lernens weitgehend nahekommen, weil kognitives, subjektiv-affektives und interpersonales Lernen zusammenfließen. Vergleicht man Cohns Konzept mit ähnlichen Ansätzen, so liegt ein Vorteil ihres Modells darin, daß es über eine rein heuristische Zweckbestimmung hinausgeht, indem es den Gleichgewichtsgedanken (das Ideal der dynamischen Balance) als Grundausrichtung für das Verhalten des Gruppenleiters wählt und ihn (über eine entsprechende Methodologie) für die Strukturierung von Gruppenprozessen nutzbar macht.

5.5 Das strukturell-funktionale Modell

Dieses Gruppenmodell[104] ist die Übertragung der strukturell-funktionalen Theorie (einem von Parsons u.a. entwickelten Theoriesystem generalisierter Annahmen über die Struktur und Funktion sozialer Systeme)[105] auf Gruppenzusammenhänge. Ähnlich wie das Gleichgewichtsmodell begreift das strukturell-funktionale Modell die Gruppe als ein sich selbst regulierendes System wechselseitig aufeinander bezogener Handlungen. Die Begriffe ,,Struktur" und ,,Funktion" stehen dabei im Mittelpunkt.

,,Die ständige, systematische Rückbeziehung jedes sozialen Problems auf den Zustand des sozialen Systems als Ganzes ist der leitende Gedanke dieser Theorie. Jede Handlung wird auf ihren strukturellen Stellenwert *im* und ihren funktionalen Beitrag *für* das System analysiert."[106]
Auf ein Verständnis der Gruppe bezogen, bedeutet dies den Versuch, sie als ein *zielorientiertes System* zu verstehen, dessen *Bestand problematisch* ist, weil es *permanentem Wandel* unterliegt.

,,Sie ist ein veränderliches und transistorisches Ganzes von Handlungen, Normen, Ideen und Techniken, die (meist unbewußt) auf die Anforderungen der Umgebung und die personalen und sozialen Bedürfnisse abgestellt sind."[107]

[104] Mills, a.a.O., S. 31ff.

[105] Parsons, The Social System, Glencoe 1951

[106] Hartfiel, Art. ,,Strukturell-funktionale Theorie" in: Ders., Wörterbuch der Soziologie, Stuttgart 1976², S. 649

[107] Mills, a.a.O., S. 31

Ständig steht die Gruppe vor der Aufgabe, die Gefahr des drohenden Funktionsverlustes zu erkennen und einer Desintegration vorzubeugen: in ihren Aktivitäten wird sie sich den wechselnden Forderungen anpassen müssen. Damit hat jede Gruppe vier Grundprobleme zu lösen: (Umwelt-)Anpassung, Zielverwirklichung, Integration und Strukturerhaltung. [108]

Anpassung:	Eine Gruppe wird mit der Zeit zerfallen, wenn sie sich gewandelten Umweltbedingungen nicht anzupassen vermag. Wo der Umweltbezug gestört ist, sind soziale Kooperation und schöpferische Funktionsübernahme unmöglich.
Zielverwirklichung:	Im weiteren ist es für die Stabilität einer Gruppe von nicht unerheblicher Bedeutung, ob und wie sie Hindernisse im Zusammenhang der Zielverwirklichung umgehen kann. Eine Gruppe, die ihre Zielorientierung verliert, wird in ihrem Bestand gefährdet sein.
Integration:	Gruppeninterne Gegensätze müssen einander angeglichen werden. „Wenn ein Teil der Gruppe andere zu zerstören droht, muß die Gruppe schützend eingreifen und die antagonistischen Teile zur Zusammenarbeit bringen; sie muß Unterschiede zwischen Starken und Schwachen, Leistungsfähigen und Untüchtigen, Aktiven und Passiven usw. überbrücken; sie muß ihre Einheit in Symbolen verkörpern, die die Einzelteile zusammenhalten.“ [109]
Strukturerhaltung:	Jede Gruppe steht vor der Aufgabe, solche Verhaltensmuster beizubehalten, die sich als sinnvoll erwiesen haben. Gruppen entwickeln in der Regel ein Interesse daran, ihren Mitgliedern gerade angesichts widersprüchlicher Außenanforderungen Stabilität, Rückhalt, Bindung und Nähe zu vermitteln.

Eine Gruppe, der es gelingt, sich in diesem Sinne zu entwickeln, wird Befriedigung erleben — so lautet die These des strukturell-funktionalen Modells. Darum sollten die Funktionsträger einer Gruppe ihr Handeln an diesen Strukturerfordernissen ausrichten, wenn sie verhindern wollen, daß die Interaktion innerhalb der Gruppe wie zwischen Gruppe und Umwelt fehlschlägt. Gruppenleitung ist somit zweifach ausgerichtet:
— Sie lenkt Prozesse um, wenn diese das vorgegebene Ziel zu verfehlen drohen (oder sie verstärkt sie, wenn die Zielorientierung stimmt);
— sie korrigiert die negativen Auswirkungen von Anpassung, Integration und Strukturerhaltung, die jede Zielausrichtung mit sich bringt.

Wie das Gleichgewichtsmodell, impliziert auch das strukturell-funktionale Verständnis der Gruppe für die Leitung die Aufgabe, das Fließgleichgewicht im System zu gewährleisten und Fixierungen ausgleichend entgegenzuwirken.

[108] Vgl. Parsons/Bales/Shiles, Working Papers in the Theory of Action, Glencoe 1953
[109] Mills, a.a.O., S. 32

Kritiker des hier vorgestellten Ansatzes bestreiten, daß ein strukturell-funktionales Modell der Gruppe Kategorien wie Herrschaft, Konflikt und Wandel genügend berücksichtigt bzw. generell hinreichend zu fassen vermag. Mit dem starken Interesse an Integration, Stabilität, Ausgleich und Funktionalität, so lautet der Vorwurf, betont diese Theorie den status quo (den einmal erreichten Stand einer Gruppe) über die Maßen: die strukturell-funktionale Theorie sei grundlegend konservativ ausgerichtet, da sie die Bestandsproblematik zum zentralen Prinzip ihres Funktionsmodells der Gruppe mache. Demgegenüber nennt Mills[110] einige entscheidende Vorteile dieses Modells, die nach seinem Dafürhalten hauptsächlich im Bereich einer gelungenen Zusammenschau individueller Motivation, affektiver Bindung und Gruppenbestand und in der Beachtung des Wunsches nach Bedürfnisbefriedigung und Zufriedenheit liegen.

5.6 Das kybernetische Wachstumsmodell

Hier nun ist der Fokus ganz auf die *Möglichkeiten* einer Gruppe gelegt: auf ihre Fähigkeit, sich zu wandeln und an Erfahrungen zu wachsen, d.h. den einmal erworbenen Bestand zu erweitern und Ziele selbständig zu definieren oder jeweils neu zu suchen. ,,Kybernetisch" drückt dabei aus, daß jede Gruppe auch als selbstregulierendes System, als Regelkreis vorgestellt werden kann, in dem Informationen verschiedener Art aufgenommen, übertragen und verarbeitet werden.
Auch diese Entsprechung ist eher grob und schematisch. Da das Gedankengebäude der Kybernetik[111] ursprünglich für die technische Selbstregulierung der Vorgänge in mechanischen Systemen entwickelt wurde, bleibt ihr Ansatz auf die Vielfalt der Gruppenphänomene nur bedingt übertragbar. Trotzdem ist er interessant, denn wie kein anderer betont er jene Qualitäten einer Gruppe, die über Bestandssicherung hinausgehen: das Vermögen, Prozesse autonom zu steuern, sich selbst zu regulieren und zu reproduzieren. Solche Handlungspotenzen werden nach diesem Verständnis durch Rückkopplungsvorgänge im System (Feedback) entfaltet.
,,Feedback", ein Zentralbegriff der kybernetischen Terminologie, bezeichnet die Prozesse der Selbstkorrektur im Regelkreis, d.h. die ,,zielgerichtete Selbststeuerung eines technischen, biologischen oder sozialen Systems durch Rückmeldung der Ergebnisse oder Ausgangsgrößen (output) bzw. über Veränderung und Einwirkung auf die Eingangsgrößen (input)."[112] Im sozialen Kontext meint man damit üblicherweise einen bestimmten Teilaspekt der Metakommunikation, nämlich ,,Information darüber, wie A das Verhalten einer anderen Person B wahrnimmt und/oder erlebt, und/oder eine Infor-

[110] Mills, a.a.O., S. 33f.

[111] Vgl. Flechtner, Grundbegriffe der Kybernetik, Stuttgart 1972

[112] Schmitz/Wienold, Art. ,,Rückkopplung", in: Fuchs/Klima/Lautmann/Rammstedt/Wienold (Hrsg.), Lexikon der Soziologie, Opladen 1978², S. 659

mation darüber, welche Reaktionen dieses Verhalten bei A auslöst auf der Verhaltensebene und/oder auf der Gefühlsebene und/oder auf der Beziehungsebene". [113]
In dreierlei Art und Weise kann Feedback auf das Gesamt eine Gruppe wirken: [114]

a) Als Selbstkontrolle, d.h. als Rückkopplung zur „Kurskorrektur" im Sinn nützlicher Handlungsregulation auf dem Weg zum Gruppenziel: „so, wie ein Autofahrer Seitenwind durch Gegenlenken ausgleicht". [115]
b) Als Selbstausgleich, d.h. als Rückkopplung zum *Ausgleich der Gruppenstruktur* selbst.
c) Als Selbstbeobachtung, d.h. als Rückkopplung, die dadurch, daß sie in einer Reihe mit anderen Rückkopplungen steht, für die Gruppe insgesamt *prozeßanalytische Funktion* übernimmt: als Rückmeldung, die der Gruppe zur Selbstwahrnehmung und Distanz gegenüber sich selbst verhilft.

Indem solche Rückmeldungsprozesse einer Gruppe detaillierte Informationen über den Stand ihrer Zielverwirklichung, über ihre Ressourcen und Handlungsalternativen liefern, unterstützen sie Selbststeuerung und die Fähigkeit zu autonomer Entscheidung. Damit fördern sie das Gruppenwachstum. [116]
Einen Vorteil des kybernetischen Wachstumsmodells bildet offensichtlich seine Stärke im Bereich der Deskription und Analyse der mit der Gruppenfunktion verknüpften Informationsprozesse. Um die Funktion von Gruppen verstehen zu können, genügt der Blick auf das formale Ganze, genügen auch personenzentrierte Erklärungen nicht. Das *Was* spielt neben dem Wie eine entscheidende Rolle, und so ist es für ein besseres Verständnis der Gruppe unerläßlich, auch die Strukturen und Prozesse des Informationsaustausches theoretisch zu fassen, denn sie „haben eine wesentliche Funktion für die Arbeitsfähigkeit, für Erfolg und Mißerfolg und die Zufriedenheit der Mitglieder." [117] Genau dies versucht das kybernetische Wachstumsmodell zu leisten: „Es lenkt die Aufmerksamkeit des Beobachters auf die konkrete Handlung und die darin enthaltene Information — den augenblicklichen Zustand des Systems, seine Vergangenheit, seine Beziehungen zur Umwelt usw. Das ist für die Entwicklung eines theoretischen Modells ein wichtiger Schritt, denn es sind eben die Situationsanforderungen des konkreten Handlungsmoments, denen sich das Gruppenmitglied gegenübersieht und mit denen es fertigwerden muß." [118] Ein anderer Vorteil dieses Modells liegt vermutlich darin, daß es sich

[113] Lehmenkühler/Roscher, Feedback in sozialer Interaktion, psychologische Diplomarbeit (unveröff.), Münster 1975, S. 100
[114] Vgl. Mills, a.a.O., S. 34ff. und Däumling/Fengler/Nellessen/Svensson, Angewandte Gruppendynamik, Stuttgart 1974, S. 23f.
[115] Däumling/Fengler/Nellessen/Svensson, a.a.O., S. 23
[116] Vgl. dazu Mills' Indizes: Mills, a.a.O., S. 37f.
[117] Sader, Psychologie der Gruppe, München 1976, S. 90
[118] Mills, a.a.O., S. 40

darum bemüht, die Entwicklungsvorgänge und -fortschritte von Gruppensystemen konzeptionell mit zu fassen.[119]

Wie wir sehen konnten, orientieren sich die klassischen Funktionsmodelle an den Grundrastern konventioneller Sozialwissenschaft. Sie übertragen deren allgemeine Erklärungsmuster auf die besondere Situation der Gruppe. Ihre Ansätze sind hilfreich. Vor allem wenn man sie nebeneinander betrachtet, verweisen sie auf die Vielfalt in der Dynamik der Gruppenfunktion. Gleichzeitig werden aber auch die Begrenzungen solcher Modelle deutlich. Die Tendenz, ihre Paradigmen als monokausale Erklärungen zu benutzen und ihren Erklärungsanspruch in Richtung sozialwissenschaftlicher Universaltheorie zu verlängern — wie dies in der entsprechenden Literatur immer wieder geschieht —, hinterläßt den Eindruck, als wolle man komplexe Handlungsprozesse auf einige wenige Gesetzmäßigkeiten reduzieren, um ihre Dynamik einem streng nomologischen Wissenschaftsverständnis anzugleichen. Die sozialwissenschaftlich gebräuchlichen Funktionsmodelle machen lediglich *einige* der Aspekte bewußt, die den Handlungszusammenhang „Gruppe" bestimmen. Keinesfalls verkörpern sie spezielle gruppenbezogene Anwendungen universaler Theorien, die einheitliche, umfassende und rational-objektive Rekonstruktionen der Wirklichkeit liefern können. Man wird sich davor hüten müssen, den Erklärungsanspruch solcher Modelle zu überziehen. Dennoch vermitteln sie entwicklungsfähige Interpretamente, deren Sinn in der Regel jedoch vorrangig im systematischen Verstehensversuch und weniger im Methodologisch-Praktischen liegt.

6. Der reflexive Aspekt: Hauptströmungen der Gruppentheorie

Wir haben die Gruppenforschung als eine Reihe wissenschaftlicher Orientierungen im Feld menschlichen Gruppenverhaltens kennengelernt und uns einen Überblick über ihre Grundeinteilungen verschafft. Nun gibt es einige Wissenschaftstraditionen, die ganz besonderen Einfluß auf dieses Gebiet ausüben konnten, Theoriebildungen, die die Gruppenforschung — sei sie soziologischer oder psychologischer Provenienz — mit ihrer Sichtweise stark geprägt haben. Ohne ihre Beiträge ist der Gesamtzusammenhang nicht vorstellbar.
Drei Richtungen, denen man besondere Relevanz zuschreiben kann, sollen nachfolgend skizziert sein.

[119] Zur Kritik dieses Ansatzes vgl. Sader, a.a.O., S. 99ff.

6.1 Freud und die Psychoanalyse

Ohne Zweifel sind die psychoanalytischen Auffassungen der Gruppe zu den Basiskonzepten der Gruppentheorie zu zählen. Freuds Einsicht in die Erlebniswelt des Individuums hat den Boden für ein Verständnis der unbewußten Dynamik der intersubjektiven Prozesse bereitet, das später zur Grundlage der modernen Verfahren der analytischen Gruppenpsychotherapie geworden ist.
Selbst dort, wo heute diskutiert wird, ob die Psychoanalyse nicht im Grunde als Sozialwissenschaft zu verstehen sei, bestreitet niemand ihre ursprüngliche Subjektzentrierung. Freuds Erkenntnisinteresse war zunächst vorrangig auf den einzelnen gerichtet — hier liegen seine wesentlichen Entdeckungen. Die frühe Entfaltung der psychoanalytischen Erkenntnis hat überwiegend die intrapsychischen, d.h. die individualgenetischen und individualpathologischen Aspekte der subjektiven Struktur betont. Trotzdem hat Freud die sozialpsychologische Frage nicht einfach ignoriert. Wo er sie aufgreift, bezieht er sich allerdings weniger direkt auf den Bereich der Gruppe als auf allgemeine kulturphilosophische Zusammenhänge. Vor allem der Frage nach den soziokulturellen Bedingungen individuellen Handelns hat er seine Aufmerksamkeit geschenkt. Die Gruppe, so muß man sagen, spielt in Freuds Entwurf ursprünglich eine untergeordnete Rolle.

„Dem Schöpfer der Psychoanalyse lag ihre Anwendung in Kleingruppen noch fern. Er hat sich jedoch in seiner 1921 erschienenen Schrift über ‚Massenpsychologie und Ich-Analyse' mit den Einflüssen der Masse oder Gruppe auf das Seelenleben des einzelnen theoretisch auseinandergesetzt. Dabei kam er zu dem Ergebnis, daß es nicht berechtigt sei, von der Individualpsychologie der Psychoanalyse eine Sozialpsychologie als eigene Disziplin abzugrenzen. Er betrachtete die Sozialbeziehungen des einzelnen, dessen Beziehungen zu seiner Gruppe, als Weiterführungen von Entwicklungen, deren Anfänge er in den Beziehungen des Kindes zu seinen frühen Beziehungspersonen sah und deren zwangsläufige Wiederholung durch Mechanismen bestimmt sei, wie er sie durch die Psychoanalyse entdeckt hatte."[120]

Freud hat keine umfassende Theorie analytischer Sozialpsychologie entworfen, doch hat er sich mit zunehmendem Alter verstärkt mit gesellschaftlichen Sachverhalten und Fragen der Kulturentwicklung befaßt. Mehr und mehr berücksichtigte er den sozialen Horizont in seinem Verständnis des Individuums und zog die psychodynamische Sichtweise auch zur Erklärung der Kollektivphänomene heran.
In einem Brief an Ferenczi schreibt Freud am 5. November 1911 bezüglich seines damals wachsenden Interesses an sozialpsychologischen und gesellschaftlichen Fragen:

„Mitunter ist mir, als hätte ich nur eine kleine Liaison anknüpfen wollen und entdeckte in meinem Alter, daß ich ein neues Weib heiraten muß".[121]

[120] Heigl-Evers, Einleitung, in: Heigl-Evers (Hrsg.), Psychoanalyse und Gruppe, Göttingen 1971, S. 5

[121] Jones, Das Leben und Werk von Sigmund Freud, Band II, Bern 1960, S. 415

Seine vier in „Totem und Tabu" zusammengefaßten Aufsätze aus dem Jahre 1913 nennt er im Vorwort...

„...einen ersten Versuch von meiner Seite, Gesichtspunkte und Ergebnisse der Psychoanalyse auf ungelöste Probleme der Völkerpsychologie anzuwenden."[122]

In „*Massenpsychologie und Ich-Analyse*"[123] gewinnt seine Position Konturen. In der Auseinandersetzung mit Le Bons Massenpsychologie („Psychologie des foules") und McDougalls Überlegungen zur Organisation der Masse („The Group Mind")[124] hat Freud Perspektiven aufgezeigt und Impulse gegeben, die bis heute nachwirken. „Massenpsychologie und Ich-Analyse" ist ein Versuch, die sozialpsychologischen Mechanismen verschiedener Kollektivphänomene mittels psychoanalytischer Kategorien zu deuten. An Kirche und Heer erläutert Freud, welche Kräfte seiner Meinung nach in Kollektiven wirksam werden und welche emotionalen Prozesse sie zusammenhalten. Der einzelne, so seine These, entwickelt in der Einheit „Masse" affektive Einstellungen, die man als „Gefühlsbindung nach zwei Richtungen" beschreiben kann: libidinöse Bindungen[125] — zum einen an den *Führer*, zum anderen an die *Mitglieder* des Kollektivs. Diese doppelte Gefühlsdisposition schafft und garantiert den Bestand jedes Massenphänomens, sie ist die Quelle der Kohäsion und der eigentliche Grund dafür, daß die Eigeninteressen der einzelnen im Kollektiv zurücktreten. Da die Bindung der Mitglieder untereinander (zumindest in wesentlichen Teilen) durch die Bindung jedes einzelnen an den Führer zustandekommt oder vermittelt ist, erhält dieser im Sinn einer Elternfigur erhöhte Bedeutung. Am Beispiel der Kirche veranschaulicht Freud seinen Gedanken.

„In der Kirche — wir können mit Vorteil die Katholische Kirche zum Muster nehmen — gilt wie im Heer, so verschieden beide sonst sein mögen, die nämliche Vorspiegelung (Illusion), daß ein Oberhaupt da ist — in der katholischen Kirche Christus, in der Armee

[122] Freud, Totem und Tabu, 1913, Gesammelte Werke (G.W.)IX, London 1940, S. 3

[123] Freud, Massenpsychologie und Ich-Analyse, 1921, G.W. XIII, S. 71—161

[124] LeBon, Psychologie der Massen, Leipzig 1932^{5}. Französische Erstausgabe: Paris 1895; McDougall, The Group Mind, Cambridge 1920

[125] „Libido ist ein Ausdruck aus der Affektivitätslehre. Wir heißen so die als quantitative Größe betrachtete — wenn auch derzeit nicht meßbare — Energie solcher Triebe, welche mit all dem zu tun haben, was man als Liebe zusammenfassen kann. Den Kern des von uns Liebe Geheißenen bildet natürlich, was man gemeinhin Liebe nennt und was die Dichter besingen, die Geschlechtsliebe mit dem Ziel der geschlechtlichen Vereinigung. Aber wir trennen davon nicht ab, was auch sonst an dem Namen Liebe Anteil hat, einerseits die Selbstliebe, andererseits die Eltern- und Kindesliebe, die Freundschaft und die allgemeine Menschenliebe, auch nicht die Hingebung an konkrete Gegenstände und an abstrakte Ideen. Unsere Rechtfertigung liegt darin, daß die psychoanalytische Untersuchung uns gelehrt hat, alle diese Strebungen seien der Ausdruck der nämlichen Triebregungen, die zwischen den Geschlechtern zur geschlechtlichen Vereinigung hindrängen, in anderen Verhältnissen zwar von diesem sexuellen Ziel abdrängt oder in der Erreichung desselben aufgehalten werden, dabei aber doch immer genug von ihrem ursprünglichen Wesen bewahren, um ihre Identität kenntlich zu erhalten (...)." Freud, Massenpsychologie und Ich-Analyse, a.a.O., S. 98

der Feldherr —, das alle einzelnen der Masse mit der gleichen Liebe liebt. An dieser Illusion hängt alles; ließe man sie fallen, so zerfielen sofort, soweit der äußere Zwang es gestattet, Kirche wie Heer. Von Christus wird diese gleiche Liebe ausdrücklich gesagt: Was ihr getan habt einem unter diesen meinen geringsten Brüdern, das habt ihr mir getan. Es steht zu den einzelnen der gläubigen Masse im Verhältnis eines gütigen älteren Bruders, ist ihnen ein Vaterersatz. Alle Anforderungen an die einzelnen leiten sich von dieser Liebe Christi ab. Ein demokratischer Zug geht durch die Kirche, eben weil vor Christus alle gleich sind, alle den gleichen Anteil an seiner Liebe haben. Nicht ohne tiefen Grund wird die Gleichartigkeit der christlichen Gemeinde mit einer Familie heraufbeschworen und nennen sich die Gläubigen Brüder in Christo, das heißt Brüder durch die Liebe, die Christus für sie hat. Es ist nicht zu bezweifeln, daß die Bindung jedes einzelnen an Christus auch die Ursache ihrer Bindung untereinander ist.“[126]

Mittels zweier Annahmen führt Freud sein Verständnis der affektiven Prozesse, wie er sie mit der Führerperson verknüpft sieht, weiter. Über die Begriffe des „Ichideals“ und der „Identifizierung“ — Theoreme, die er in diesem Zusammenhang weiter differenziert — erläutert er ihre Wirkung. Wir können Freuds Gedanken, der gebotenen Kürze und Konzentration wegen, hier nicht näher ausführen, wollen jedoch festhalten, daß er die Masse hinsichtlich ihrer libidinösen Konstitution auf diesem Hintergrund als eine Anzahl von Individuen versteht, „die ein und dasselbe Objekt an die Stelle ihres Ichideals gesetzt und sich infolgedessen in ihrem Ich miteinander identifiziert haben“.[127] Genaugenommen teilt sich dieser Vorgang nach seinem Verständnis in drei Ebenen:
— In die gefühlsmäßige Bindung an das Über-Ich eines Führers,
— in die Verankerung dieses Über-Ichs als Ichideal der Mitglieder und
— in die Identifizierung aller (der an das gemeinsame Ichideal Gebundenen) untereinander.

Neben diesen psychodynamischen Erklärungen der Massenkohäsion zieht Freud zur weiteren Erläuterung kulturtheoretische Erwägungen heran, wie er sie in „Totem und Tabu“ zuvor bereits entfaltet hatte. Unter der Überschrift „Die Masse und die Urhorde“ parallelisiert er die massendynamischen Prozesse (v.a. solche, die mit dem Führer zu tun haben) mit bestimmten hypostasierten sozialpsychologischen Phänomenen in der Frühgeschichte der Menschheit.

„Die menschlichen Massen zeigen uns wiederum das vertraute Bild des überstarken einzelnen inmitten einer Schar von gleichen Genossen, das auch in unserer Vorstellung von der Urhorde enthalten ist. Die Psychologie dieser Masse, wie wir sie aus den oft erwähnten Beschreibungen kennen — der Schwund der bewußten Einzelpersönlichkeit, die Orientierung von Gedanken und Gefühlen nach gleichen Richtungen, die Vorherrschaft der Affektivität und des unbewußten Seelischen, die Tendenz zur unverzüglichen Ausführung auftauchender Absichten —, das alles entspricht einem Zustand von Regression

126 Freud,.Massenpsychologie und Ich-Anlayse, a.a.O., S. 102
127 Freud, Massenpsychologie und Ich-Analyse, a.a.O., S. 128

zu einer primitiven Seelentätigkeit, wie man sie gerade der Urhorde zuschreiben möchte. Die Masse erscheint uns als ein Wiederaufleben der Urhorde.“ [128]

Wie in den archaischen Formen der menschlichen Gemeinschaftsbildung, so steht auch das Individuum in der Masse im Bann der übermächtigen bzw. als übermächtig phantasierten Führer-/ Vaterpersönlichkeit.

„Der Führer der Masse ist noch immer der gefürchtete Urvater, die Masse will immer noch von unbeschränkter Gewalt beherrscht werden, sie ist im höchsten Grad autoritätssüchtig, hat nach LeBons Ausdruck den Durst nach Unterwerfung. Der Urvater ist das Massenideal, das an Stelle des Ichideals das Ich beherrscht.“ [129]

Inwieweit eine solche prähistorisch-anthropologische Begründung der Massenpsychologie wissenschaftlich zu rechtfertigen ist, inwieweit archaisches Erfahrungsgut im Kollektivleben tatsächlich zum Tragen kommt und eine Rolle spielt, kann hier nicht diskutiert werden. Später ist diese Seite von Freuds Zugang zum sozialpsychologischen Gegenstand immer wieder Zielpunkt der Kritik geworden.
Mit Recht ist zu erwähnen,[130] daß Freud in „Massenpsychologie und Ich-Analyse“ zwar vom LeBonschen Massenbegriff ausgeht (der Masse im engeren Sinn als anonyme, unkontrollierbare und suggestible Menschenansammlung begreift), daß er ihn jedoch umfassender für im Grunde alle Formen menschlicher Kollektivität gebraucht hat. Freud überschreitet den von ihm vorgegebenen Begriff, indem er nichtorganisierte, informelle Gruppen ebenso wie institutionelle Gebilde in seine Überlegungen miteinbezieht.

„Es gibt sehr flüchtige Massen und höchst dauerhafte; homogene, die aus gleichartigen Individuen bestehen, und nicht-homogene; natürliche Massen und künstliche, die zu ihrem Zusammenhalt auch einen äußeren Zwang erfordern; primitive Massen und gegliederte, hochorganisierte.“ [131]

Unter dem Stichwort „Morphologie der Massen“ [132] beschreibt Freud in etwa das, was wir heute „Formen der Gruppenbildung“ nennen.[133] So öffnet er die Geschlossenheit der psychoanalytischen Konzeption zum erstenmal deutlich für die sozialpsychologische Frage.
Das Fundament, das Freud speziell im Hinblick auf ein psychoanalytisches Verständnis der *Gruppe* gelegt hat, ist durch folgende *Grundgedanken* bestimmt:
1.) Durch die theoretische Verschränkung von Individual- und Sozialpsychologie;

[128] Freud, Massenpsychologie und Ich-Analyse, a.a.O. S. 136f.
[129] Freud, Massenpsychologie und Ich-Analyse, a.a.O. S. 142
[130] Vgl. Sbandi, Sozialpsychologie, München 1973, S. 70
[131] Freud, Massenpsychologie und Ich-Analyse, a.a.O. S. 101
[132] Freud, Massenpsychologie und Ich-Analyse, a.a.O. S. 101
[133] Vgl. Kapitel 3

2.) durch die Vorstellung von der Wirksamkeit unbewußter Motive in interpersonalen Prozessen;
3.) durch die These von der prägenden Bedeutung der (frühen) Primärgruppenerfahrungen für alle späteren Beziehungen.

Ad 1.) Freuds Ausführungen zu diesem Zusammenhang sind aufschlußreich, weil darin der Leitgedanke der tiefenpsychologischen Sozialpsychologien formuliert ist. Alle folgenden Ansätze, die von psychoanalytischer Seite vorgelegt wurden, sind letztendlich Ausdifferenzierungen dieser Prämisse.
Freud schreibt:

„Der Gegensatz von Individual- und Sozial- oder Massenpsychologie, der uns auf den ersten Blick als sehr bedeutsam erscheinen mag, verliert bei eingehender Betrachtung sehr viel von seiner Schärfe. Die Individualpsychologie ist zwar auf den einzelnen Menschen eingestellt und verfolgt, auf welchen Wegen derselbe die Befriedigung seiner Triebregungen zu erreichen sucht, allein sie kommt dabei nur selten, unter bestimmten Ausnahmebedingungen, in die Lage, von den Beziehungen dieses einzelnen zu anderen Individuen abzusehen. Im Seelenleben des einzelnen kommt ganz regelmäßig der andere als Vorbild, als Objekt, als Helfer und als Gegner in Betracht, und die Individualpsychologie ist daher von Anfang an auch gleichzeitig Sozialpsychologie in diesem erweiterten, aber durchaus berechtigten Sinne. Das Verhältnis des einzelnen zu seinen Eltern und Geschwistern, zu seinem Liebesobjekt, zu seinem Lehrer und zu seinem Arzt, also alle Beziehungen, welche bisher vorzugsweise Gegenstand der psychoanalytischen Untersuchung geworden sind, können den Anspruch erheben, als soziale Phänomene gewürdigt zu werden, und stellen sich dann in Gegensatz zu gewissen anderen, von uns narzißtisch genannten Vorgängen, bei denen die Triebbefriedigung sich dem Einfluß anderer Personen entzieht oder auf sie verzichtet.“ [134]

Freud weigert sich, Individual- und Sozialpsychologie eigengesetzlich abzugrenzen und voneinander isoliert zu betrachten. Beide Bereiche konvergieren nach seiner Vorstellung in hohem Maß. Er sieht sie in ihren Gegenstandsgebieten unmittelbar aufeinander bezogen, darum löst er die Spannung zwischen ihnen weitgehend auf. Freud spricht hier aus, was latent in seinem gesamten Werk zu spüren ist und was Marcuse einmal so ausgedrückt hat:

„Freuds Psychologie des Individuums ist ihrem eigentlichen Wesen nach Sozialpsychologie.“ [135]

Im Grunde gilt ein strenger Gegensatz von Individual- und Sozialpsychologie für keine seiner Arbeiten.

134 Freud, Massenpsychologie und Ich-Analyse, a.a.O. S. 71
135 Marcuse, Triebstruktur und Gesellschaft, Frankfurt 1965, S. 21

Man wird dieser Verhältnisbestimmung nur dann gerecht, wenn man sie auf dem Hintergrund des Stellenwertes zu verstehen sucht, den Freud der Psychologie insgesamt im Rahmen der Wissenschaften zuschreibt.

„Streng genommen gibt es (...) nur zwei Wissenschaften, Psychologie, reine und angewandte, und Naturkunde (...). Denn auch die Soziologie, die vom Verhalten des Menschen in der Geschichte handelt, kann nichts anderes sein als angewandte Psychologie.“[136]

Freud begreift die Psychologie als universale Basiswissenschaft, die als solche viele, im Grunde alle anderen Wissenschaftsgebiete mit umfaßt — allein die Naturwissenschaften stehen ihr gleichberechtigt zur Seite: in diesen kommt die objektive, äußere Realität zur Sprache, also der Teil der Wirklichkeit, der unmittelbar beobachtet und eindeutig quantifiziert werden kann. Die Psychologie hingegen beschäftigt sich mit dem Subjekt, mit seinen Lebensäußerungen und seiner Seinsweise in der Welt. Sie ist „universal“ oder „übergreifend“, weil sie alle Ausdrucksformen menschlicher Existenz thematisiert (so auch die gesellschaftlichen) und in ihrem Bemühen Subjekt und Objekt dabei nicht auseinanderreißt, sondern beide Bereiche aufeinander bezieht und ihre Interaktion systematisch vermittelt.
Man kann diese wissenschaftstheoretische Gewichtung in der (frühen) Entwicklung der Psychoanalyse begründet sehen. Freud war zunächst damit beschäftigt, die psychopathologischen Symptome, die ihm begegneten — die Psychoanalyse begann als erklärungswissenschaftliches Modell innerhalb der Physiologie —, in ihren Sinnzusammenhang einzuordnen und aus diesem zu verstehen. Er entwickelte seinen Ansatz als selbstreflexive Erkenntnismethode, die ihren Ausgang an der Interpretation der Phantasien des Patienten nimmt. Erst auf der Folie dieses Filters stellt sich für ihn die sozialpsychologische Frage: als Frage nach dem Bedingungszusammenhang von Selbsterleben und äußerer Realität, wie er dies in „Massenpsychologie und Ich-Analyse“ beschreibt. Sobald er seine Theorie des Subjekts annähernd abgeschlossen hatte, begann er, den sozialpsychologischen Hintergrund seines Entwurfs auszuleuchten. Dabei konstituierte er seine Ansichten — aufgrund seines wissenschaftstheoretischen Vorverständnisses und der Entwicklungsgeschichte seiner Position — als zur Individualpsychologie gehörig, als Teil von ihr.

„Sozialpsychologie wurde ihm zum rein quantitativen Kriterium; war für ihn identisch mit Massenpsychologie.“[137]

Sicher hat er hierin weniger ein abgeschlossenes System vorgelegt als wesentliche Grundrichtungen aufgezeigt, in die seine Nachfolger theoretisch und praktisch weiterar-

[136] Freud, Neue Folge der Vorlesungen zur Einführung in die Psychoanalyse, 1933, G.W.XV, S. 194

[137] Schülein, Freuds Sozialpsychologie, in: Heigl-Evers (Hrsg.), Die Psychologie des 20. Jahrhunderts, Band VIII, Lewin und die Folgen, Zürich 1979, S. 80

beiten konnten. Alles in allem aber wurde sein Verweis auf die Verschränkung von Individual- und Sozialpsychologie zur methodologisch bestimmenden Perspektive aller späteren psychoanalytisch orientierten Konzeptionen der Gruppe.

Ad 2.) Alle interpersonalen Prozesse repräsentieren den Austausch zwischen Bewußtem und Unbewußtem — so lautet der zweite Grundsatz der Interpretation der Gruppe seitens der Psychoanalyse. Schon Freud selbst zählte die Annahme unbewußter seelischer Vorgänge zu den Hauptstücken der Psychoanalyse und zu den Grundlagen ihrer Theorie. Die wissenschaftlich-systematische Untersuchung der unbewußten Dimension psychischen Geschehens kann als Proprium dessen, was Psychoanalyse sein will, verstanden werden: man spricht von Freuds Werk auch als von der „Entdeckung des Unbewußten" schlechthin. Wir wollen und können an dieser Stelle keine Zusammenfassung dieses Teils der Freudschen Theorie versuchen. Sie würde den Rahmen unserer Abhandlung bei weitem sprengen.[138] Vielmehr soll hier die Frage interessieren, inwieweit sie im psychoanalytischen Verständnis der Gruppe, wie es sich bei Freud selbst abzeichnet, zum Tragen kommt.
Die These: *Das Unbewußte,*[139] jene Zusammenfassung aller dem aktuellen Bewußtsein unzugänglichen Inhalte, welche sich qua Verdrängung „trotz ihrer Intensität und Wirksamkeit dem Bewußtsein fernhalten",[140] *determiniert* — ob man dies anerkennt oder nicht — das *soziale Verhalten*. Obwohl es das eigentliche und reale Psychische ist, bleibt das Unbewußte

„...uns nach seiner inneren Natur so unbekannt wie das Reale der Außenwelt, und nur durch die Daten des Bewußtseins ebenso unvollständig gegeben wie die Außenwelt durch die Angaben unserer Sinnesorgane."[141]

[138] Vgl. dazu als zentrale Passagen in Freuds Werk: Freud, Einige Bemerkungen über den Begriff des Unbewußten in der Psychoanalyse, 1912, G.W.VIII, a.a.O. S. 430—439; Ders., Das Unbewußte, 1915, G.W.X, a.a.O., S. 264—303; Ders., Some Elementary Lessons in Psycho-Analysis, 1940, G.W.XVII, a.a.O., S. 141–147. Oder die entsprechenden Kapitel in den zahlreichen Einführungen in die Psychoanalyse z.B.: Bally, Einführung in die Psychoanalyse Sigmund Freuds, Hamburg 1961, S. 96—110; Elhardt, Tiefenpsychologie, Stuttgart/Berlin/Köln/Mainz 1978[6], S. 9—20; Schraml, Einführung in die Tiefenpsychologie, Stuttgart 1974[5], S. 53—62. Zur Entwicklungsgeschichte des Begriffs bei Freud s. Lorenzer, Intimität und soziales Leid, Frankfurt 1984, S. 164—176

[139] „Das Unbewußte ist bei Freud in erster Linie ein topischer und dynamischer Begriff, der sich aus der therapeutischen Erfahrung ergeben hat. Diese hat gezeigt, daß Psychisches nicht auf das Bewußte reduzierbar ist und das gewisse ‚Inhalte' erst nach Überwindung von Widerständen dem Bewußtsein zugänglich werden. (...) Im weitesten Sinn kann man das Unbewußte als einen besonderen „seelischen Ort" annehmen, den man sich nicht wie ein zweites Bewußtsein, sondern als ein System von Inhalten, Mechanismen und vielleicht mit einer spezifischen ‚Energie' vorstellen muß." Laplanche/Pontalis, Das Vokabular der Psychoanalyse, Frankfurt 1977, S. 563

[140] Freud, Einige Bemerkungen über den Begriff des Unbewußten in der Psychoanalyse, 1912, a.a.O., S. 563

[141] Freud, Die Traumdeutung, 1900, G.W.II/III, a.a.O., S. 617

Die unbewußten Vorgänge sind an und für sich verschlossen und nicht erkennbar, ihre Unerkennbarkeit definiert sie ja gerade als unbewußt. Gemeint sind psychische Vorgänge, Vorstellungen oder Vorstellungskomplexe, die man nicht bemerkt, deren Existenz aber aus anderen Anzeichen, z.B. aus der Traumtätigkeit, erschlossen werden kann. Freud vergleicht die Inhalte des Unbewußtem mit einer „psychischen Urbevölkerung" und sieht in ihnen vor allem Triebrepräsentanzen — Wunschregungen aus der Kindheit —, die unbeeinflußt nebeneinander stehen und die ihre Besetzung abführen wollen. Als Lehre vom Unbewußten hat die Psychoanalyse ihr Proprium, wie schon angedeutet, eigentlich bereits von Anfang an als ein Vermitteltes (d.h. nicht als ein Natürlich-Vorgegebenes) begriffen und untersucht, wie und in welchem Umfang es sich im Schnittpunkt von sozialem Feld und Triebtendenz bildet.
Mit der Kategorie der *Verdrängung* beschreibt Freud die psychodynamische Wirkung jener Anpassungs- oder Vermittlungsleistung, die der einzelne qua Sozialisation vollbringen muß, um sein Leben zu reproduzieren.

„Ihr Wissen (besteht) nur in der Abweisung und Fernhaltung vom Bewußten."[142]

Sie ist das gesellschaftlich vermittelte Schicksal des werdenden Triebes, das die mit ihm verbundenen Gedanken, Bilder und Erinnerungen in das Unbewußte verweist und dort festhält.

„Die Verdrängung geschieht in den Fällen, in denen die Befriedigung eines Triebes — der durch sich selbst Lust verschaffen kann — im Hinblick auf andere Forderungen Gefahr läuft, Unlust hervorzurufen."[143]

Diese mit dem Triebausdruck unvereinbaren Forderungen werden mit den gesellschaftlichen Ansprüchen und kulturalen Notwendigkeiten identifiziert, die angesichts der libidinösen Vorstellungskomplexe, die den Trieb ausmachen, Verbotscharakter und Verbotsfunktion erhalten. Menschliche Natur und gesellschaftliche Forderung befinden sich in einem fließenden Anpassungsverhältnis: weil bestimmte Triebrepräsentanzen sozial nicht tolerabel sind, werden sie abgespalten und konstituieren das Unbewußte. Weil menschliche Natur und gesellschaftliche Forderung nicht lückenlos ineinander aufgehen, entsteht die Verdrängung und damit jenes Reservoir unbewußter Vorstellungen, das auch das Sozialverhalten determiniert. Das Unbewußte ist also keineswegs zur Un-wirksamkeit bestimmt. Es setzt sich immer wieder durch, bringt Symptome und Ersatzbildungen hervor, durchsetzt das Alltagsleben und macht es zur stetigen „Wiederkehr des Verdrängten."[144]
Auch Gruppenzusammenhänge sind demnach keine tabula rasa, auch sie sind unbewußt konstituiert. Der einzelne bringt seine unbewußten Dispositionen in jede Gruppe ein. Jede Gruppe schafft Gelegenheiten und Bedingungen, die die unbewußten Bereitschaften

142 Freud, Die Verdrängung, 1915, G.W. X, a.a.O., S. 250
143 Laplanche/Pontalis, Das Vokabular der Psychoanalyse, Frankfurt 1977^3, S. 582
144 Freud, Die Verdrängung, a.a.O., S. 257

des einzelnen aktivieren. Das Verhältnis von Individuum und Gruppe wird von der Psychoanalyse so einer grundlegenden Neubestimmung unterzogen, aus der heraus sich stufenweise ein ganz eigener Deutungszusammenhang interaktionaler Prozesse entwickelt hat. Das Neue — die psychodynamische Sichtweise — öffnete das gruppentheoretische Verständnis und dehnte es über die manifeste Ebene, auf die Ebene der unbewußten Phantasien aus.

Ein psychoanalytisch orientiertes Modell wird demnach immer zwei Handlungsebenen im Gruppengesamt unterscheiden:

— Eine erkennbare Schicht im Verhalten der einzelnen zueinander, die tendenziell realitätsorientiert ist und die sich auf der bewußten Ebene vollzieht.
— Eine latente Seite der Interaktion, die deren unbewußte Mechanismen und Prozesse umfaßt.

Tatsächliche Interaktion und latenter Impuls verhalten sich wie ein horizontales und ein vertikales Bezugssystem, wie Ursache und Wirkung zueinander.

Tobias Brocher illustriert diesen Ansatz in „Gruppendynamik und Erwachsenenbildung"[145] und führt aus:

„Was wir innerhalb der Gruppe als Dynamik bezeichnen, geschieht auf zwei Ebenen: die erkennbare Dynamik des Verhaltens der einzelnen Gruppenmitglieder zueinander und dem Gruppenleiter gegenüber, die häufig mit den Entwicklungsstadien des Menschen verglichen wird, ist die zunächst an der Oberfläche unmittelbar spürbare Seite. Die unausgesprochenen Erwartungen, Befürchtungen und Hoffnungen, die das Verhalten der einzelnen Gruppenmitglieder unbewußt determinieren, stellen die zweite Ebene dar, der für uns eine größere Bedeutung zukommt. An der Oberfläche handelt es sich um die sichtbaren Erscheinungen des äußeren Konfliktes: Die Teilnehmer erproben ihre Beziehungen zueinander, versuchen ihre persönlichen Interessen durchzusetzen, kämpfen um ihren Status, um die Rangfolge und bieten ihre bisherige Kenntnis an. Die Beziehungen wechseln zwischen Abhängigkeitsgefühl und Unabhängigkeitswünschen, bis die Unvermeidbarkeit der Interdependenz, die wechselseitige Abhängigkeit voneinander, begriffen und angenommen ist."

Im Unterschied zu anderen Paradigmen akzentuiert die Psychoanalyse im Hinblick auf die Gruppe also besonders die Relevanz der unbewußten Motivationen und Antriebe und räumt ihnen hohen Rang ein. Die Bedeutung dieses Ansatzes, der hinsichtlich der Gruppe bei Freud selbst noch ein rein theoretischer geblieben ist, liegt vor allem darin, daß er die Konsequenz heteronomer Sozialisationskontexte in den psychischen Tiefenschichten aufgewiesen hat und verdeutlichen konnte, wie sich jene ursprünglich äußeren Einwirkungen in psychische Wirkungszusammenhänge umsetzen und auf welche Art und Weise sie die interaktionalen Prozesse damit bestimmen. Hier schließt die dritte Grundhypothese an.

[145] Brocher, Gruppendynamik und Erwachsenenbildung, Braunschweig 1979[14], S. 30

Ad 3.) Um die latenten Wirkungszusammenhänge der Gruppe zu verstehen, nimmt die Psychoanalyse, der ihr eigentümlichen Zusammenschau von Individual- und Sozialpsychologie gemäß, ihre Theorie der psychogenetischen Entwicklung zu Hilfe. Wenn die Vermutung stimmt, daß die Gruppeninteraktion in ihrer latenten Schicht in bestimmter Hinsicht nichts anderes als die Wiederholung früh erworbener Muster ist, so müßten die innerspychischen Bereitschaften des einzelnen in der Gruppe v.a. durch die Auseinandersetzung mit ihrer biographischen Genese verstanden werden können. Die Psychoanalyse hat hierzu reichhaltiges Material vorgelegt.
Auch die Ursprünge dieses Gedankengangs sind bei Freud selbst zu finden.
In „Massenpsychologie und Ich-Analyse" schreibt er:

„Das Verhältnis des einzelnen zu seinen Eltern und Geschwistern, zu seinem Liebesobjekt (...), also alle die Beziehungen, welche bisher vorzugsweise Gegenstand der psychoanalytischen Untersuchung geworden sind, können den Anspruch erheben, als soziale Phänomene gewürdigt zu werden (...). Unsere Erwartung wird somit auf zwei andere Möglichkeiten hingelenkt: daß der ‚soziale Trieb' kein ursprünglicher und unzerlegbarer sein mag und daß die Anfänge seiner Bildung in einem engeren Kreis, wie etwa dem der Familie, gefunden werden können."[146]

Die Familie oder der familienähnliche Verband ist die elementare Gruppenerfahrung des Menschen. Sie erst gibt die Möglichkeit, in einer Gruppe zu fungieren und auf andere Menschen bezogen zu sein. Der Mensch ist kein isoliertes Einzelwesen, von Anfang an lebt er in den vielfältig differenzierten Beziehungen eines primären Gruppenzusammenhangs, der wie jeder andere eine ganz eigene Struktur besitzt. Die Kohäsion, die Grade an Zu- und Abneigung, die Kommunikationsmuster und die Rollen sind spezifisch verteilt, so daß sich daraus für den einzelnen ein individuelles Netz interpersonaler Ausrichtungen ergibt, das ihn sein ganzes Leben begleitet.[147] In den Primärgruppenbeziehungen der Ursprungsfamilie entwickeln sich Grundformen zwischenmenschlichen Zusammenspiels, die als unausgesprochene Wünsche, Hoffnungen, Erwartungen, Vorstellungen und Ängste in das Verhalten des einzelnen und so auch in jede Gruppe unbewußt eingehen.

„Jedes Individuum entwickelt sich innerhalb einer Primärgruppe. Dies wird im allgemeinen die Familie sein. Sowohl die unvollständige Familie wie die Kinderheimkonstellation stellen eine Gruppe dar. Bereits Georg Simmel wies als Soziologe sehr früh auf die Dyade von Mutter und Kind als einer primären Gruppe hin. René Spitz, Anna Freud, John Bowlby u.a. haben die spezifische Bedeutung der primären Gruppenbeziehung und deren Modellcharakter für alle späteren psychosozialen Beziehungen dargestellt. Der

[146] Freud, Massenpsychologie und Ich-Analyse, a.a.O., S. 73f.

[147] Die neuere psychoanalytisch orientierte Familienforschung hat intensiv über diese Zusammenhänge gearbeitet. Vgl. dazu Richter, Patient Familie, Reinbek 1970; Stierlin, Das Tun des einen ist das Tun des anderen, Frankfurt 1971; Richter/Strotzka/Willi (Hrsg.), Familie und psychische Krankheit, Reinbek 1976.

Art der frühen Objektbeziehungen kommt eine entscheidende Bedeutung für die Prägung der Ich-Entwicklung zu. Aus den ersten menschlichen Kommunikationserfahrungen entsteht letzlich Urvertrauen oder Urmißtrauen. Beide sind Ausdruck eines jeweils individuell spezifischen Verlaufs der ersten Objekterfahrungen. Die Bedeutung dieser entwicklungspsychologischen Zusammenhänge ist in ihren Konsequenzen für die Gesellschaft vielfach dargestellt worden.“[148] [149]

Die Gesetzmäßigkeiten und Rollenmuster in der Gruppe sind demnach Spiegel der Primärgruppenerfahrung und -konflikte ihrer Mitglieder; sie sind in den verinnerlichten Interaktionen fundiert. Gerade die Kleingruppe schafft ein Feld affektiver Konzentration und emotionaler Wechselbeziehungen, wie es der Familie verwandt scheint. In psychoanalytischer Sicht ist Gruppendynamik gleichsam die Funktion und Reproduktion der Erfahrungen, die die einzelnen aus ihren Primärgruppen mitbringen.

„Beim Eintritt in eine neue Gruppe wiederholt sich unbewußt das Modell der frühen Sozialbeziehungen so lange, bis eine befriedigende und angstfreie Kommunikationsmöglichkeit der Gruppenmitglieder untereinander und gegenüber dem Gruppenleiter gefunden ist. Der entscheidende Anteil der Dynamik besteht nun gerade darin, daß sich für jedes Gruppenmitglied in der Kommunikation mit den anderen bestimmte Aspekte ursprünglicher Objektbeziehungen und -erfahrungen wiederholen. Von einem Gruppenmitglied aus gesehen bedeutet dies, daß sich bei ihm bestimmten Teilnehmern gegenüber Sympathien oder Antipathien bilden, während andere zunächst gleichgültig erscheinen oder überhaupt begrenzt wahrgenommen werden. (...) So sachbezogen und neutral wir also nach außen hin auch erscheinen mögen, wir können nicht verhindern, daß bestimmte Voreinstellungen und Gefühle aus früheren, meist vergessenen Erfahrungen auf neue Menschen und Situationen übertragen werden. Ebenso können eigene, verdrängte Inhalte, die uns selbst unangenehm sind, auf andere Menschen projiziert werden, so daß sie dort am anderen übermäßig scharf wahrgenommen werden. Kennzeichen für diese teils vorbewußten, teils unbewußten dynamischen Beziehungen ist die Beteiligung des Affektes, der nur objektiv betrachtet in keinem Verhältnis zum Anlaß steht.“[150]

Indem die Psychoanalyse die Gruppeninteraktion aus der Lebensgeschichte zu rekonstruieren versucht, formuliert sie eine Metatheorie des Konstitutionszusammenhangs der Gruppe unter der Perspektive und dem Primat des Psychischen. Als therapeutische

148 Brocher, Gruppendynamik und Erwachsenenbildung, a.a.O., S. 31

149 Vgl. dazu Spitz, Die Ursprünge der menschlichen Kommunikation, Stuttgart 1960; Ders., Vom Säugling zum Kleinkind, Stuttgart 1967; Anna Freud, Das Ich und die Abwehrmechanismen, München 1964; Bowlby, Grief and Mourning in Infancy and Early Childhood, in: Psychoanalytic Study of the Child, Vol.XV, New York 1960; Ahler, Symbiose und Individuation, Stuttgart 1972; Freud, Das Unbehagen in der Kultur, 1930, G.W.XIV, a.a.O., S. 419—506; Erikson, Kindheit und Gesellschaft, Stuttgart 1957; Mitscherlich, Auf dem Wege zur vaterlosen Gesellschaft, München 1953; Mead/Wolfenstein, Childhood in Contemporary Cultures, Chikago 1955

150 Brocher, Gruppendynamik und Erwachsenenbildung, a.a.O., S. 32

Methode hat sie darüber hinaus Verfahren entwickelt, die es dem einzelnen in einem speziell konstruierten Gruppenkontext — der analytischen Therapiegruppe — ermöglichen sollen, sich einen Zugang zu seinen unbewußten Konflikten zu verschaffen, „zu jenen Konflikten, die zu Kompromissen von Krankheitswert geführt haben." [151]

Es dürfte hinreichend deutlich geworden sein, wo die Schwerpunkte und Grundorientierungen der psychoanalytischen Hermeneutik der Gruppe liegen. Die Freudschen Bestimmungen wurden ansatzweise systematisiert, so daß die Varianten ihrer Operationalisierung — die verschiedenen Ansätze analytischer Gruppendynamik und Gruppentherapie — in ihrer theoretischen Fundierung an gegebener Stelle nachvollzogen werden können. Wie wir sehen konnten, ist es Freuds Verdienst, einem psychodynamischen Interpretationsrahmen menschlicher Pluralität die Grundrichtung gewiesen zu haben. Andere haben sein Theoriefundament aufgenommen, weiterverfolgt und in engem Konnex zu diesem die unbewußte Dynamik der Gruppenprozesse im eigentlichen (nicht im massenpsychologischen oder kulturtheoretischen Sinn) herausgearbeitet. Hier sind an hervorragender Stelle die Arbeiten Wilfred Bions zu nennen. Da seine Hypothesen für die sozialpsychologische Theorie der Gruppe weitreichende Bedeutung erlangt haben, sollen sie zur Konkretisierung der psychoanalytischen Gruppenauffassung anschließend kurz referiert sein.

6.1.1 Bions Grundannahmen

Bions Arbeiten sind für die Sozialpsychologie von erheblicher Relevanz, weil sie die emotionalen Determinanten der Gruppenprozeßentwicklung zum erstenmal gründlich erschließen und umfassend bündeln[152] — Faktoren also, die sich einem rein rationalen Verständnis entziehen. Da Bion dabei psychoanalytisch argumentiert, zählt seine Theorie zu den Grundlagen eines tiefenpsychologisch fundierten Konzeptes der Gruppe.
Wilfred Bion, der als Psychiater und Psychoanalytiker an der Londoner Tavistock-Klinik arbeitete, konnte dort intensive Erfahrungen mit Therapiegruppen verschiedener Größe sammeln. Die emotionalen Grundmuster, die er in den relativ unstrukturierten Gruppen erleben und beobachten konnte, ordnete er nach bestimmbaren Regelmäßigkeiten darin. So gelangte er allmählich zu einer Systematik der Prozeßentwicklung in Gruppen, die sich später auch außerhalb gruppentherapeutischer Zusammenhänge als nützlich erweisen sollte. Interessant (und für die Anfänge der Gruppenforschung charakteristisch) ist der sozialgeschichtliche Ort seiner Arbeiten. Bion begann seine Untersuchungen im Rehabilitationszentrum eines psychiatrischen Militärhospitals, in welchem er die Aufgabe hatte, Patienten durch gruppentherapeutische Behandlung „wieder in die Lage zu verset-

[151] Heigl-Evers/Heigl, Struktur und Prozess in der analytischen Gruppenpsychotherapie, in: Heigl-Evers (Hrsg.), Die Psychologie des 20.Jahrhunderts, Band VIII, Lewin und die Folgen, Zürich 1979, S.778

[152] Vgl.Bion, Experiences in Groups and Other Papers, London 1961 Deutsch: Erfahrungen in Gruppen und andere Schriften, Stuttgart 1971

zen, zu ihren militärischen Pflichten zurückzukehren."[153] [154] Hauptsächlich jedoch hat Bion an der Londoner Tavistock-Klinik geforscht.

In der Nachfolge Freuds übertrug er einige Prinzipien der psychoanalytischen Theorie der intrapsychischen Vorgänge in den sozialpsychologischen Rahmen, genauer gesagt, postulierte er die relative Affinität der Gruppenentwicklung mit der Psychogenese des Individuums, wie sie die Psychoanalyse zu rekonstruieren versucht. Bion rezipiert Freud unter anderem über die Weiterentwicklung des psychoanalytischen Ansatzes, die Melanie Klein vorgelegt hat.[155] Mit ihr teilt er die Vorstellung,

„...daß Gruppenerlebnisse bei erwachsenen Individuen die frühen psychotischen Ängste reaktivieren können, die sie in ihren kindlichen Beziehungen zur Mutter und zu anderen Bezugspersonen in ihrem Kindheitsmilieu erlebten."[156]

Im Hintergrund steht Freuds Theorie des Unbewußten, die Bion deutlicher als Freud selbst auf das Leben der Gruppe bezieht. Bion betrachtet die Gruppe als personähnliche Ganzheit, als Quasi-Person, die wie jedes menschliche Individuum auf verschiedenen Ebenen erlebt und handelt. Er postuliert eine Art Gruppenmentalität, die — so seine Hypothese — wesentlich davon geprägt ist, daß die Gruppe auch auf einer unbewußten („protomentalen") Ebene handelt.

Der Prozeß wird aus zwei (voneinander zu unterscheidenden, jedoch interdependenten) Bereichen gespeist:

1. auf der Ebene der Arbeitsgruppe,
2. auf der Ebene irrationaler Grundannahmen.

Diese Grundbestände, die nach Bions Ansicht jedes Gruppenverhalten bedingen, sind ihrem Wesen nach

[153] Lawrence, Die Methode der offenen Systeme für das Gruppenbeziehungstraining des Tavistock-Instituts, in: Heigl-Evers (Hrsg.), Die Psychologie des 20.Jahrhunderts, Band VIII, Lewin und die Folgen, Zürich 1979, S. 659

[154] Vor allem in den Vereinigten Staaten und in England erlebte die Gruppenforschung im Zuge des Zweiten Weltkrieges (und in den Folgejahren) einen rapiden Aufschwung — nicht nur im Theoretischen, sondern auch auf der Ebene neuer gruppendynamischer Anwendungskonzepte. Oft standen militärpragmatische Überlegungen im Vordergrund: man war am möglichst reibungslosen Zusammenspiel einzelner Truppenteile interessiert, wollte die Verlustrate senken, psychopathologisches Verhalten in Streßsituationen eindämmen und psychische Zusammenbrüche vermeiden lernen. Vgl. Brocher, Gruppendynamik in der Erwachsenenbildung, in: Heigl-Evers (Hrsg.), Die Psychologie des 20.Jahrhunderts, Band VIII, Lewin und die Folgen, Zürich 1979, S. 703—709

[155] Bion, a.a.O., S. 141 und S. 198 Melanie Klein, deren Werk in der nachfreudschen Psychoanalyse einen wichtigen Platz einnimmt, hat sich besonders mit den unbewußten Phantasien und den ersten Objektbeziehungen des Kleinkindes beschäftigt. Vgl. Klein, Das Seelenleben des Kleinkindes, Stuttgart 1962; Dies., Die Psychoanalyse des Kindes, München 1973; Dies., Seelische Urkonflikte, München 1974

[156] Lawrence, a.a.O., S. 662 Vgl. auch Klein, Our Adult Word and Other Essays, London 1963

„...verschiedene Zustände in der Gruppe, die sich durch das Ausmaß von Ich-Regression der Gruppenteilnehmer unterscheiden (...).“ [157]

Mit der Ebene der *Arbeitsaufgabe oder Arbeitsgruppe* bezeichnet Bion die bewußte, rationale oder sachorientierte Dimension im Leben der Gruppen. Regressive Phänomene[158] sind hier selten bzw. nicht zu beobachten, ist doch der direkte Bezug zur objektiven Wirlichkeit das zentrale Merkmal dieses Interaktionsaspektes. Vorherrschend geht es um Aufgabenlösung.

„Kurz gesagt: eine Arbeitsgruppe steht in Berührung mit der Wirklichkeit, und die Mitglieder fühlen sich beteiligt, weil sie die Ziele der Gruppe teilen können. Die Gruppe geht ans Werk, indem sie Hypothesen auf einer wissenschaftlichen Basis testet. Eine solche Gruppe fördert Reife und Verständnis bei ihren Mitgliedern. Sie existiert wahrscheinlich nicht in solcher Reinkultur, aber sie liefert einen Anhaltspunkt für die Analyse des unbewußten Lebens der Gruppen mit bestimmten Grundannahmen.“ [159]

Bions Verdienst liegt vor allem darin, daß er in seinem Modell zeigt, wie stark die Prozeßentwicklung einer Gruppe von irrationalen und dem Bewußtseinsfeld nicht gegenwärtigen Inhalten abhängt. Jener Bereich der *Grundannahmen*, wie Bion dieses Fundament der emotionalen Ausrichtung nennt, ist Ausdruck von oder Reaktion gegen

„... eine Urangst, die hervorgerufen wird, wenn Menschen in einer Gruppe sind. Diese Urangst setzt die Auffassung der Gruppe als Mutter voraus und entsteht durch primitive Lösungsphantasien.“ [160]

Grundannahmen („basic assumptions“) sind mögliche regressive Zustände einer Gruppe im Prozeß ihrer Entwicklung. Sie sind kollektive psychische Schemata oder Einstellungen, zwischen welchen das emotionale Leben der Gruppe vor allem in den Anfangsstadien oszilliert. Im wesentlichen beziehen sie sich auf die Aspekte der Intimität und der Orientierung gegenüber Autorität. Das Konzept setzt die Existenz einer Leitungsperson voraus. Bion identifiziert drei Arten von Grundannahmen: die der Abhängigkeit („de-

157 König, Arbeitsbeziehungen in analytischen Gruppen, in: Heigl-Evers (Hrsg.), Die Psychologie des 20. Jahrhunderts, Band VIII, Lewin und die Folgen, Zürich 1979, S. 793

158 „In einem psychischen Vorgang, der eine Bedeutung von Durchlaufen oder von Entwicklung enthält, bezeichnet man mit Regression ein Zurück von einem bereits erreichten Punkt aus bis zu einem vor diesem gelegenen Punkt. Topisch gesehen vollzieht sich die Regression nach Freud entlang einer Folge von psychischen Systemen, die von der Erregung normalerweise in einer vorgegebenen Richtung durchlaufen werden. Zeitlich gesehen setzt die Regression eine genetische Reihenfolge voraus und bezeichnet die Rückkehr des Subjekts zu Etappen, die in seiner Entwicklung bereits überschritten sind (libidinöse Stufen, Objektbeziehungen, Identifizierungen etc.). Formal gesehen bezeichnet die Regression den Übergang zu Ausdrucksformen und Verhaltensweisen eines vom Standpunkt der Komplexität, der Strukturierung und der Differenzierung aus niedrigeren Niveaus.“ Laplanche/Pontalis, Das Vokabular der Psychoanalyse, Frankfurt 1977[3], 2. Band, S. 436

159 Lawrence, a.a.O., S. 660

160 Sbandi, Gruppenpsychologie, München 1973, S. 84

pendency"), die von Kampf-und-Flucht („flight-fight") und die der Paarbildung („pairing").

a) *Abhängigkeit*
In der allerersten, in der unsichersten Phase der Gruppenentwicklung orientieren sich die Teilnehmer vorrangig am Leiter und suchen in seiner Person (oder in der Idee, die er repräsentiert) die Sicherheit und den Schutz, die der Gruppenorganismus zu dieser Zeit (noch) nicht geben kann. Die Gruppenmitglieder nehmen unbewußt an,

„…daß ihr Leiter allmächtig sei und alles wisse. Sie behaupten hartnäckig ihre völlige Abhängigkeit von ihm."[161]

Der Modus der Leiterfixierung bestimmt die Interaktion. Widerspricht der Leiter den Erwartungen, die an ihn herangetragen werden, wie das in einigen Formen des gruppendynamischen Laboratoriums der Fall ist, kann unter Umständen ein anderes („erfahrenes") Mitglied, eine Autorität außerhalb, eine Aufgabe oder Methode die gleiche Funktion erfüllen. Andererseits ist auch eine Ausrichtung denkbar, die Bion „Gegenabhängigkeit" („counter-dependency") nennt: der sich „versagende" Leiter wird angegriffen, aus der enttäuschten Abhängigkeitserwartung entstehen Wut und Aggression, Rebellion und Aufsässigkeit.[162]
Die entwicklungspsychologische Parallele dieser Grundannahme ist das Stadium der frühesten Kindheit, die präödipale Zeit[163], in der das Kleinkind auf die enge Beziehung zu einem Erwachsenen angewiesen ist, dem es sich ausgeliefert fühlt und den es in seiner Phantasie mit Allmacht ausstattet. Seine Wünsche sind ungeteilt egoistisch, seine Grundeinstellung ist die des Passiv-Versorgtwerdens. Bleibt ihm diese Zuwendung versagt, kann das Kind in seiner primären Hilflosigkeit allenfalls mit ohnmächtiger Wut reagieren.

b) *Kampf-und-Flucht.*
Hiermit ist gemeint, daß das Handeln einer Gruppe zeitweise Ausdruck einer spontanen und unbewußten Grundkonstellation sein kann, die sich um die Antinomie von Kampf und Flucht dreht. Explizit oder implizit beschäftigt sich die Gruppe mit Fragen der Macht und des Einflusses, des Wettbewerbs und der Führung. Es scheint, als versuchten die Mitglieder

„…einen Kampf aller Teilnehmer untereinander und gegen den Gruppenleiter zu eröffnen in der Annahme, durch diesen Kampf könne eine Verminderung der Mitgliederzahl

161 Brocher, Gruppendynamik und Erwachsenenbildung, Braunschweig 1979[14], S. 57
162 Vgl. Antons, Praxis der Gruppendynamik, Göttingen 1976[4], S. 213
163 Vgl. als Überblick zur psychoanalytischen Entwicklungs- und Phasenlehre: Elhardt, Tiefenpsychologie, Stuttgart/Berlin/Mainz 1978[6], S. 62—98 oder Erikson, Identität und Lebenszyklus, Frankfurt 1979[5], S. 55 ff.

erreicht und dadurch die Befriedigung des einzelnen Mitglieds relativ vergrößert werden.“[164]

Bion postuliert also im Verlauf der Gruppenentwicklung eine spontane Angriffsbewegung, die primärprozeßhafte Züge trägt, d.h. sie ist rational zunächst unverständlich und steht in keinem Verhältnis zur tatsächlichen Bedrohlichkeit der Situation oder des Objekts. Sie kann gegen die verschiedensten Aspekte des Gruppenlebens (Leiter, andere Teilnehmer, Thema, Aufgabe, Struktur, Ziel etc.) gerichtet sein. Häufig ist diese Einstellung jedoch nicht eindeutig, sondern ambivalent. Sie kann sich geradezu ins Gegenteil verkehren und mit konträren Interaktionsmodi verknüpft sein. Die Gruppe agiert dann, als sei sie auf der Flucht vor einer diffusen Bedrohung und Gefahr. Ausweichendes Verhalten oder relative Handlungsunfähigkeit sind die vorherrschenden Reaktionsmuster, die zu diesem zweiten Aspekt der gleichen Grundannahme gehören.

„Die gesamte Gruppe oder einzelne Mitglieder der Gruppe versuchen, sich der gestellten Aufgabe durch Flucht zu entziehen. Die Gruppe wird physisch (durch Hinausgehen, Heimfahren) oder psychisch (durch innere Emigration) verlassen, die Problematik der Situation wird verneint, man entzieht sich auf ein anderes Thema oder in abweichendes Verhalten, ohne zu versuchen, mit der unangenehmen Befindlichkeit fertig zu werden oder sie zu ändern.“[165]

Dieses als grundsätzlich angenommene Muster ist neben der Annahme der „Abhängigkeit“ die zweite Ausprägung einer präödipalen Gruppensituation.[166] Sie entspricht dem frühkindlichen Trotz der analen Phase[167] und den ersten Rückzugsbedürfnissen und -phantasien, die mit diesem Entwicklungsschritt verbunden sind.

c) *Paarbildung*.

Sobald die Abhängigkeits- und Kampfproblematik von einer Gruppe ausgedrückt, bearbeitet oder gelöst werden konnte, ist es möglich, andere, neue Gefühlsqualitäten zu erleben. Waren mit der vorigen Grundannahme Emotionen wie Wut und Haß verbunden, geht es hier nun um Zuneigung und Zugehörigkeit, um Interesse und Zuwendung. Bion spricht von Hoffnung und Zukunftsaussichten als vom Charakteristikum der „pairing group“. In der Gruppe entsteht eine Tendenz, Zweierkoalitionen einzugehen. Die Mit-

164 Brocher, a.a.O., S. 57

165 Antons, Praxis der Gruppendynamik, Göttingen 1976^4, S. 214

166 Vgl. Ohlmeier/Sandner, Selbsterfahrung und Schulung psychosozialer Kompetenz in psychoanalytischen Gruppen, in: Heigl-Evers (Hrsg.), Die Psychologie des 20. Jahrhunderts, Band VIII, Lewin und die Folgen, Zürich 1979, S. 818 f.

167 „Nach Freud zweite Stufe der Libidoentwicklung, die man annähernd zwischen das zweite und vierte Jahr legen kann; sie wird durch eine Organisation der Libido unter dem Primat der analen erogenen Zonen charakterisiert. Die Objektbeziehung hat Bedeutungen, die an die Defäkationsfunktion (Ausscheiden — Zurückhalten) und an den symbolischen Wert der Fäces gebunden wird. Man sieht hierin eine Äußerungsform des Sadomasochismus in der Beziehung zur Entwicklung der Muskelbeherrschung.“ Laplanche/Pontalis, Das Vokabular der Psychoanalyse, Frankfurt 1977^3, 1. Band, S. 62 f.

glieder fördern einander, unterstützen sich, und suchen nach Wegen zu Kooperation und Kompromißbildung. Alle sind in der kollektiven Annahme verbunden, die Gruppe sei zusammengekommen, um einen neuen Leiter oder eine neue Idee hervorzubringen. Pendant ist die ödipale Situation im Entwicklungsweg des Kindes. Dem Zusammenschluß der Gleichrangigen — der unbewußt auch die Verleugnung von Rivalität bedeuten kann und möglicherweise eine unbestimmte Angst vor dem Gruppenleiter ausdrückt — entspricht die Phase der Bindung an den gegengeschlechtlichen Elternteil in der Psychogenese des Individuums, die öpidale[168] „Paarbildung" z.B. mit der Mutter gegen den Vater, deren Bewältigung nach psychoanalytischem Verständnis „...eine grundlegende Rolle in der Strukturierung der Persönlichkeit und der Ausrichtung des sexuellen Wunsches des Menschen spielt."[169]
Das, was in Gruppen geschieht, kann sicher nur dort voll verstanden werden, wo man solche ambivalenten und offensichtlich schwer fassbaren Gefühlsbereiche mitthematisiert. Bions Ansatz, der in empirischen Beobachtungen klinischer Praxis wurzelt, war in der Geschichte der Sozialpsychologie einer der wesentlichen Schritte in diese Richtung. Sein Modell vermag — sofern man das psychoanalytische Paradigma zu teilen bereit ist — zu zeigen, wie stark die Dynamik der Gruppenprozesse aus den Einstellungen lebt, die Menschen aus ihrer Primärgruppe mitbringen. Sein Modell ist kein Gruppenentwicklungsmodell im eigentlichen Sinn. Bion beschreibt Zustände kollektiver Abwehr in mehr oder minder regredierten Gruppen und weniger den geradlinigen Fortschritt allgemeiner Stufen, Schritte oder Stadien des Gruppenprozesses in entwicklungslogischer Reihenfolge. Er verdeutlicht damit einige, allerdings wesentliche Aspekte der unbewußten Dynamik der Gruppe und legt mit den Grundstein, auf dem fast alle späteren Phasenmodelle und Prozeßtheorien aufgebaut haben.[170]

[168] Unter der „ödipalen Problematik" versteht die Psychoanalyse die „organisierte Gesamtheit von Liebes- und feindseligen Wünschen, die das Kind seinen Eltern gegenüber empfindet. In seiner sogenannten positiven Form stellt sich der Komplex dar, wie wir ihn aus der Ödipussage kennen: Todeswunsch gegenüber dem Rivalen als Person gleichen Geschlechts und sexueller Wunsch gegenüber der Person des entgegengesetzten Geschlechts. In seiner negativen Form stellt er sich umgekehrt dar: Liebe für den gleichgeschlechtlichen Elternteil und eifersüchtiger Haß für den gegengeschlechtlichen. In Wirklichkeit finden sich beide Formen in unterschiedlichem Grade in dem sogenannten vollständigen Ödipuskomlex. Nach Freud wird der Ödipuskomplex zwischen dem dritten und fünften Jahr auf seinem Höhepunkt erlebt, zur Zeit der phallischen Phase; sein Untergang kennzeichnet den Eintritt in die Latenzperiode. In der Pubertät erfährt er eine Wiederbelebung und wird mit mehr oder weniger Erfolg durch einen besonderen Typus der Objektwahl überwunden." Laplanche/Pontalis, a.a.O., 2. Band, S. 351

[169] Laplanche/Pontalis, a.a.O., 2. Band, S. 351

[170] Z.B. das Bennis-Shepard-Modell (vgl. Bennis/Shepard, A Theory of Group Development, in: Hum.Rel., 9, 1956, S. 415—439) oder Klaus Vopels idealtypisches Modell der Gruppenentwicklung (vgl. Vopel, Handbuch für Gruppenleiter, Hamburg 1978², S. 83 ff.) und Schutz Theorie des Prozesses der Encountergruppe (vgl. Schutz, Encounter, Hamburg 1977, S. 58 ff.). Thelen (Methods for Studying Work and Emotionality in Group Operation, Chikago 1954) hat Bions Ansatz in der praktischen Gruppenbeobachtung formalisiert.

6.2 Lewin und die Feldtheorie

Vielleicht mehr als jeder andere, hat Kurt Lewin die sozialpsychologische Kleingruppenforschung durch grundlagentheoretische Reflexion beeinflußt und bereichert. Im Unterschied zu Freud konnte er die praktischen Konsequenzen seiner wissenschaftlich-theoretischen Ausrichtung hinsichtlich der Gruppe vielfach selbst ziehen. „Freud, der Kliniker, und Lewin, der Experimentator"[171] — das gilt auch im Hinblick auf die Gruppe.
Bereits 1953 bemerkte Max Horkheimer:

„Der Name von Kurt Lewin wird immer untrennbar mit der Vorstellung verbunden sein, daß man es vermöge, die Sozialpsychologie mit der Lösung praktischer Probleme in Zusammenhang zu bringen. (...) Lewins Begriffe und Methoden, die auf die Gestalttheorie zurückgehen, deren wichtigste er aber in Amerika entwickelt hat, werden notwendig auch der deutschen Wissenschaft Impulse geben, ja ihr unentbehrlich werden."[172]

Heute, gut dreißig Jahre später, kann man nur bestätigen, wie recht Horkheimer damals mit seiner Einschätzung hatte: Lewins Werk konnte der Gruppendynamik einen festen Platz innerhalb der Human- und Sozialwissenschaften etablieren. Er hat ihre Anwendungsformen begründet, und viele heute geläufige Methoden (gruppendynamisches Laboratorium, gruppenpädagogische Verfahren, Sensitivitytraining u.a.) ruhen auf den Fundamenten, die er mit seiner Arbeit gelegt hat. Am bekanntesten wurden seine Experimente und Untersuchungen zum Einfluß verschiedener Führungsstile und Einstellungen von Führern auf die Gruppeneffizienz. Dazu im folgenden Näheres.

Eine genaue Bestimmung der Führungsrolle[173] impliziert die Frage nach dem Wie ihrer Ausfüllung durch den Rollenträger: nach der Art und Weise der Gestaltung von Führung im Kontext der Entstehung und Begründung von Autorität. Lewin hat diese Frage als einer der ersten gestellt. Experimente und Theorien zum *„Führungsstil"* in Gruppen sind seither eng mit seinem Namen und seiner Arbeit verknüpft.
Lewin, der die Wechselwirkung zwischen dem Führungsstil eines Leiters und dem Sozialverhalten einer Gruppe untersuchte, gilt mit seinem empirisch-experimentellen Ansatz als Beispiel für den Fortschritt der sozialpsychologischen Forschung von monokausalen Erklärungsmustern zu stärker generalisierenden Thesen.[174] In einer Reihe von

[171] So C. Tolman in einer Gedenkrede, die er 1947 auf dem Kongreß der American Psychological Association anläßlich des Todes von Kurt Lewin hielt. Zit. in Marrow, Kurt Lewin — Leben und Werk, Stuttgart 1977, S. 9

[172] Horkheimer, Vorwort, in: Lewin, Die Lösung sozialer Konflikte, Bad Nauheim 1953, S. 7 f.

[173] Vgl. Kapitel 4.4

[174] Die Untersuchungen wurden unter Lewins Leitung vor allem von Roland Lippitt und Ralph White seit den dreißiger Jahren an der Iowa Universität und später am Research Center for Group Dynamics am Massechusetts Institute of Technology durchgeführt. Die griffigste Zusammenfassung bietet: Lippitt/White, An Experimental Study of Leadership and Group Life, in: Swanson/Newcomb/Hartley (Hrsg.), Readings in Social Psychology, New York 1952. S. an-

Versuchen verglichen er und seine Mitarbeiter die Wirkungen unterschiedlicher Führungsstile auf die Leistung und das Klima einer Gruppe. In Klubs von elfjährigen Jungen variierten sie planmäßig den Führungsstil, um daraus Informationen über die Veränderung in der Reaktion von Individuum und Gruppe zu erhalten.
Seit diesen Experimenten ist es üblich, zwischen dem „demokratischen" (sozial-integrativen, kooperativen, partizipatorischen), dem „laissez-faire" (passiven, permissiven, abdikativen) und dem „autoritären" (autokratischen, dominanten, stark lenkenden) Führungsstil zu unterscheiden. Wir können die Untersuchungen von Lewin, Lippitt und White hier nicht im einzelnen schildern, trotzdem sei auf ihre wesentlichen Ergebnisse hingewiesen.

— Der *„autoritäre"* Leiter, der die Gruppe vor allem über Anordnungen, Befehle und andere Arten von sozialem Druck zu bestimmten versuchte, lenkte betont direktiv und gab den Gruppenmitgliedern wenig Gelegenheit zu freier Entfaltung.

Die Gruppen reagierten mit einem höheren Maß an psychischer Spannung und Streß,

„...das sich besonders in der Beziehung der Kinder zueinander äußert; zu beobachten sind Aggressionen, Dominanzstreben und Reizbarkeit. Die Reaktionsweisen auf Anordnungen des Führers sind entweder Unterwürfigkeit oder Aggression. (...) Die Schuld an Fehlern wird andern in die Schuhe geschoben (Sündenböcke). Es wird ein häufer Gebrauch der Worte ‚ich', ‚mir', ‚mein', beobachtet. Die Struktur der Gruppe und der Untergruppen ist relativ starr; gemeinsame Gruppenaktionen sind selten. Es besteht bei den Jungen der Wunsch nach Beendigung der Tätigkeit; ferner werden individuelles Besitzstreben und egoistisches Verhalten beobachtet." [175]

— Der *„Laissez-faire-Typ"* des Leiters zeigte im Gegensatz dazu geringe Initiative, er verzichtete auf Einfluß und Autorität. Er verhielt sich passiv und ließ die Gruppenmitglieder tun, was immer sie wollten. Ganz selten nur brachte er eigene Vorschläge ein.

Diese Form der Leitung wirkte sich vor allem auf die Gruppenleistung aus: sie sank. Zwar war die Aktivität in der Gruppe hoch, jedoch wenig konstruktiv und insgesamt eher ziellos. Oft konnte beobachtet werden, daß ein Teilnehmer die vakante Leitungsposition übernahm, die er dann meist autoritär ausfüllte.

sonsten: Lewin/Lippitt/White, Pattern of Aggressive Behaviour in Experimental Created „Social Climates", in: Soc.Psychol., 10, 1939, S. 271—299; White, An Analysis of Conversation in Autocratic and Democratic Atmospheres, in: Psychol. Bull., 37, 1940, S. 476 ff.; Lippitt/White, The „Social Climate" of Childrens Groups, in: Barker/Kuonin/Wright (Hrsg)., Child Behaviour and Development, New York 1943; White/Lippitt, Autocracy an Democracy, An Experimental Inquiry, New York 1960. S. auch: Lippitt, Kurt Lewin und die Anfänge der Gruppendynamik, in: Heigl-Evers (Hrsg)., Die Psychologie des 20. Jahrhunderts, Band VIII, Lewin und die Folgen, Zürich 1979, S. 621—624

[175] Wellhöfer, Grundstudium Sozialpsychologie, Stuttgart 1976, S. 88 f.

— Toleranz und das Bemühen um Verständnis kennzeichneten den *„demokratischen"* Leiter. Er ermutigte die Gruppenmitglieder bei der Lösung ihrer Aufgabe, beriet und kooperierte aktiv. Anordnungen wurden gegeben, jedoch erläutert. Auf Kritik wurde interessiert eingegangen.

Hier kam es in der Gruppe zu einem Klima der Zusammenarbeit, Freundlichkeit und gegenseitiger Hilfsbereitschaft. War in der autoritär geführten Gruppe die Arbeitsleistung höher, so zeigte die Gruppe mit demokratischer Leitung deutlich größere Qualität und Originalität im Hinblick auf die Arbeitsergebnisse. Dabei kam es seltener zu Aggressionen, Gleichgültigkeit und Unzufriedenheit.

Wellhöfer faßt die generellen Ergebnisse, die man an den Experimenten von Lewins Team entnehmen kann, wie folgt zusammen:

— „Die Art der Gruppenführung steht in engem Zusammenhang zum Erleben und Verhalten der Kinder.

— Die Art des Führungsstils erweist sich als weitgehend persönlichkeitsunabhängig, d.h. ein und dieselbe Person kann verschiedene Führungsstile erlernen und praktizieren und dabei die gleiche Wirkung erzielen.

— Der Führungsstil, den die Kinder in der Vergangenheit erfahren haben, beeinflußt sie eine gewisse Zeit gegenüber einem die Gruppe neu übernehmenden Führer."[176]

So kritisch man Lewins Untersuchungen heute auch betrachten kann,[177] stellen sie doch einen entscheidenden Schritt in der empirischen Gruppenforschung dar. Später gab es dazu eine Reihe von Folgeuntersuchungen. In der Bundesrepublik etwa arbeiteten U.

176 Wellhöfer, a.a.O., S. 88

177 Aus heutiger Sicht wirft man Lewin v.a. ein undifferenziertes politisch-ideologisches Interesse am Nachweis der Vorteile demokratischer Strukturen, zu geringe Operationalisierung der gewählten Bezeichnungen für die Führungsstile und Nichtberücksichtigung vieler entscheidender Variablen (Art der Gruppenaufgabe, Persönlichkeit der Gruppenmitglieder, Aktivität der Leiter u.a.) vor. Vgl. Bastine, Gruppenführung, in: Graumann (Hrsg.), Handbuch der Psychologie, Göttingen 1972, S. 654ff. Antoine Oldendorff bemerkt in diesem Zusammenhang: „Die sozialwissenschaftlichen Betrachtungen sind trotz des ehrlichen Bemühens der Gelehrten um saubere Objektivität selten ganz frei von politisch-ideologischen Unterströmungen. In den Vereinigten Staaten ist ‚Demokratie' sogar mehr als eine politische Unterströmung; man könnte sie dort beinahe als eine Religion bezeichnen; auf jeden Fall ist sie ein ‚way of life', eine praktische Lebensphilosophie. Man kann sich nur schwer dem Eindruck entziehen, daß die vorausgesetzte Überzeugung von der Richtigkeit der demokratischen Verhältnisse, Lebensgewohnheiten und Ideale eine gewisse Rolle beim Entwurf verschiedener Laboratoriumsexperimente gespielt hat. Vergleicht man etwa die charakteristischen Züge der drei Führungsstile bei Lewin und seinen Mitarbeitern, dann sind die Merkmale des autoritären Stils sowohl ihrem Inhalt als auch ihrer Form nach so, daß der Versuchsleiter, der diese Rolle spielt, fast nie in der Lage ist, die Sympathie und die Mitarbeit seiner Gruppe zu gewinnen. Man kann ‚autoritär' auch anders definieren. (...) Wir wollen damit keineswegs den Wert und die Richtigkeit des Ergebnisses der genannten Experimente anzweifeln. Wir wollen nur noch einmal mit Nachdruck darauf hinweisen, daß die Ergebnisse sich nur auf *diesen* Führungsstil in *dieser* konkreten Situation und für *diese* Kategorie — Lebensalter, Geschlecht, Nationalität — von Gruppenmitgliedern beziehen." Oldendorff, Grundzüge der Sozialpsychologie, Köln 1965, S. 197 f.

Walz und R. und A. Tausch über den Kausalzusammenhang zwischen Führungsstil (Tausch: „Erziehungsstil") und Unterrichtsformen in der Schule.[178]

Doch zurück zu Lewin selbst. Lewins wissenschaftliche Heimat ist die *Gestalttheorie*. Diese, Anfang des Jahrhunderts von Wertheimer (1880—1942), Koffka (1886—1941) und Köhler (1887—1967) in Berlin begründete Schulrichtung der Psychologie betonte die Gestalthaftigkeit allen menschlichen Erlebens, d.h. dessen relationale Determination: die Eigenschaften und die Qualität der Teile hängen von ihrer Beziehung *zum* und ihrer Funktion *im* Ganzen ab.[179] Die Gestaltpsychologie argumentierte im Sinn einer Ganzheitstheorie des Organismus, betonte die nichtadditive Zusammensetzung von Wahrnehmung, Erleben und Verhalten, lehnte die Suche nach innermenschlichen Antriebskräften ab und „bemühte sich um eine ‚galileische Naturbeschreibung', nach der ja der Stein nicht aus eigenem Antrieb nach unten zur Erde strebt, sondern von dieser angezogen wird."[180]

„Die ‚Berliner' glaubten diese Gestalthaftigkeit durch ein Prinzip der Isomorphie von physikalischen, physiologischen und psychologischen Abläufen erklären zu können. Köhler leitete aus dieser Isomorphie sogar die Möglichkeit ab, durch psychologische Forschung etwa über die formale Struktur von Naturprozessen erfahren zu können."[181]

Ursprünglich stammt der Ansatz aus wahrnehmungspsychologischen Zusammenhängen. Man hatte herausgefunden, daß der Mensch Gegenstände nicht als unzusammenhängende Bruchstücke wahrnimmt, sondern daß er sie selbstätig zu einem sinnvollen Ganzen organisiert: diskontinuierliche visuelle Reizung kann (z.B. beim Stroboskop) ein Bild kontinuierlicher Bewegung ergeben. Die Wahrnehmung ordnet den punktuellen physischen Reiz zu einer Ganzheit, die mehr als die Summe oder das Produkt ihrer Teile ist.

„Jene Teile des Wahrnehmungsfeldes, die einander ähnlich oder benachbart sind, sich zusammen bewegen oder eine ‚gute Gestalt' bilden, werden als zusammengehörig, als Einheit aufgefaßt."[182]

178 Vgl. Walz, Soziale Reifung in der Schule, Hannover 1960; Tausch/Tausch, Erziehungspsychologie, Göttingen 1963

179 Vgl. Wertheimer, Experimentelle Studien über das Sehen von Bewegungen, in: Zeitschrift für Psychologie, 61, 1912, S. 161—265; Ders., Untersuchungen zur Lehre von der Gestalt, in: Psychologische Forschung, 1, 1922, S. 47—65 und 4, 1923, S. 301—350. Vgl. Koffka, Principles of Gestalt Psychology, London 1955^4. Vgl. Köhler, Gestalt Psychology, New York 1947; Ders., Die Aufgabe der Gestaltpsychologie, Berlin/New York 1971

180 Wellhöfer, Grundstudium Sozialpsychologie, Stuttgart 1976, S. 47 Vgl. auch Lewin, Der Übergang von der aristotelischen zur galileischen Denkweise in Biologie und Psychologie, in: Erkenntnis, 1, 1931, S. 421—466

181 Thomae, Psychologie in der modernen Gesellschaft, Hamburg 1977, S. 39

182 Michael Wertheimer, der Sohn Max Wertheimers, über die phänomenologische Begründung der Gestaltpsychologie der Arbeit seines Vaters. Vgl. Michael Wertheimer, Kurze Geschichte der Psychologie, München 1971, S. 169

Sinneswahrnehmungen werden, so dieser Grundsatz, erst durch ihre Organisation definiert.
Dieser Gedanke wurde nun aus dem phänomenologisch-kognitiven Bereich auf die Ebene der menschlichen Natur übertragen und führte zu der These, der Mensch sei in Strukturen und Ganzheiten organisiert, die der einzelne als solche, d.h. als eigene komplexe Gebilde, erlebe; die menschliche Natur könne darum nur als Funktion dieser Strukturen und Ganzheiten, aus denen sie zusammengesetzt ist, verstanden werden. Lewins Arbeit stellt nun den Versuch dar, die physikalische Denkweise der frühen Gestalttheorie und -psychologie — deren „enge Verknüpfung zwischen dem Aufspüren des Gesetzes und der Prüfung der Situation, in der dieses Gesetz wirkt"[183] — auf die Untersuchung konkreter psycho-sozialer Zusammenhänge anzuwenden.
Kurt Lewin, 1890 in Mogilno in der damaligen Provinz Posen geboren, studierte und promovierte am psychologischen Institut der Universität Berlin, wo er ab 1921 dann als Assistent und Privatdozent u.a. gemeinsam mit Wolfgang Köhler arbeitete. Hier lernte er die Prinzipien der Gestalttheorie kennen — Ansätze, die er später in eigener Weise fortschreiben sollte. 1933 emigrierte Lewin in die Vereinigten Staaten.[184] Lewins vielfältiges Werk[185], das in seiner Spannweite von Fragen der Verhaltensforschung bis hin zu sozialpolitischen Erörterungen reicht, kann hier nicht, auch nicht in Zusammenschau, referiert werden. Wieder soll nur interessieren, welcher besondere Beitrag zum Thema „Gruppe" gefunden wurde, welches der spezielle Beitrag Lewins zur sozialpsychologischen Theorie der Gruppe ist. Lewins Beitrag zur Gruppenforschung liegt in der von ihm entwickelten *„Feldtheorie"*[186] begründet. Diese ist sein Ansatz psychologisch-theoretischer Grundausrichtung — Lewins eigene Fortschreibung der Gestalttheorie.

„Während sich die Begründer der Gestaltpsychologie auf kognitive Prozesse wie Lernen, Denken, Intelligenz und Wahrnehmung konzentrierten, wendete Kurt Lewin (...)

[183] Maisonneuve, Gruppendynamik, Stuttgart 1973, S. 15

[184] Vgl. zur Biographie Lewins: Allport, The Genius of Kurt Lewin, in: Journ. of Personality, 16, 1947, S. 1—10; Marrow, Kurt Lewin — Leben und Werk, Stuttgart 1977; Metzger, Daten zu Leben und Werk von Kurt Lewin, in: Heigl-Evers (Hrsg.), Die Psychologie des 20. Jahrhunderts, Band VIII, Lewin und die Folgen, Zürich 1979, S. 17—19

[185] Einen guten Einblick bieten: Lewin, Die Lösung sozialer Konflikte, Bad Nauheim 1953. Ders., Feldtheorie in den Sozialwissenschaften, Bern 1963; Eine ausführliche Lewin-Bibliographie mit einem Anhang zu den wichtigsten Veröffentlichungen seiner Mitarbeiter findet sich bei Marrow, a.a.O., S. 256ff.

[186] Vgl. Lewin, Feldtheorie in den Sozialwissenschaften, Bern 1963; Cartwright, Lewinian Theory as a Contemporary Framework, in: Koch (Hrsg.), Psychology, a Study of Science, New York 1959, S. 7—91; Deutsch, Field Theory in Social Psychology, in: Lindzey (Hrsg.), Handbook of Social Psychology, Cambridge/Mass. 1968², S. 181—222; Solle, Der feldtheoretische Ansatz, in: Graumann (Hrsg.), Handbuch der Psychologie, Band VIII, Sozialpsychologie, Göttingen 1969, S. 133—179; De Rivera, Field Theory as Human-Science: Contributions of Lewin's Berlin Group, New York 1976; Lang, Die Feldtheorie von Kurt Lewin, in: Heigl-Evers (Hrsg.), Die Psychologie des 20. Jahrhunderts, Band VIII, Lewin und die Folgen, Zürich 1979, S. 51—57

die Prinzipien der dynamischen Selbstverteilung, der Umstrukturierung des Feldes und der Einsicht auf Motivation, Persönlichkeit und soziale Prozesse an."[187]

Lewins Rekonstruktion der Gestalttheorie will sich im Hinblick auf die Richtung ihrer Forschungsunternehmen jeweils mit der unverkürzten konkreten Situation befassen. Wie die Physik, so sollte sich nach Lewins Meinung auch die Psychologie darum bemühen — anstelle der Untersuchung einer möglichst großen Zahl als häufig geltender Fälle —, ihre Arbeit auf das Ganze eines Untersuchungskontextes zu konzentrieren: sie sollte das Objekt auf seine jeweilige Situation beziehen, die wechselseitige Abhängigkeit der Teile des Ganzen überprüfen und diese Gesamtheit durch umfassende Sammlung aller relevanten Daten und Fakten dokumentieren.
Lewins Feldtheorie ist weniger nomologisch orientiert als sie ein situationsbezogen-typologisches Forschungsparadigma innerhalb der Psychologie formuliert: Lewin interessiert die Komplexität des Ganzen, nicht aber die analytische Herleitung der einzelnen Teile.
Auf der Basis dieser Auffassung versteht sich die Feldtheorie als systematische Theorie menschlichen Verhaltens, die dazu bereit ist, „die problematische Trennung aller wesentlichen Ansätze zwischen innenbedingtem Wollen und/oder Antrieb einerseits und außenbedingter Ordnung andererseits zu überwinden."[188]
An ihren physikalischen Wurzeln wird deutlich, welches Denkmuster ihrem Deutungszusammenhang zugrundeliegt.

„Die Feldtheorie war 50 Jahre früher in der Physik entstanden. Physiker hatten sie entwickelt, weil sie der traditionellen Methode zu mißtrauen begannen, nach der die Phänomene in ihre Bestandteile und dann in irreduzible Elemente zerlegt werden. Nach ihrer Ansicht brauchte man ein neues Konzept, um zu erklären, was geschieht, wenn mehrere Kräfte zusammenwirken. Diese Erklärungsweise machte notwendig, daß man vom Denken in Partikeln überging zum Denken im Vorstellungsrahmen von Energiefeldern, aus denen sich selbst Kräfte entfalten und innerhalb einer Matrix operieren."[189]

Überblickt man Lewins Ansatz, so kann man folgende Ausrichtung erkennen:
Ganzheitlich-systematische Orientierung. Lewins Psychologie untersucht Verhalten in seiner Gesamtheit, d.h. sie beschäftigt sich mit Handeln nicht isoliert oder abstrakt. „Es geht Lewin darum, die Vielzahl gleichzeitig bestehender und miteinander verknüpfter Tatsachen in ihrer relativen Lage zueinander zu beschreiben, um daraus Einsichten in bezug auf die Dynamik des Verhaltens zu gewinnen."[190]
Interdependenz. Indem sie versucht, Personen und Situationen möglichst eng aufeinander zu beziehen, beschreibt die Feldtheorie Verhältnisse wechselseitiger Abhängigkeit.

[187] Michael Wertheimer, Kurze Geschichte der Psychologie, München 1971, S. 175
[188] Lang, a.a.O., S. 51
[189] Marrow, a.a.O., S. 45
[190] Drever/Fröhlich, Wörterbuch zur Psychologie, Art. „Feldtheorie", 1972^6, S. 107

Determination. Gelingt es, alle relevanten Variablen und deren Interdependenzen zu erfassen, läßt sich unter Umständen voraussagen, „welche Maßnahmen getroffen werden sollen, um einen bestimmten Erfolg zu erreichen, und welche von vornherein als erfolglos zu betrachten sind.[191] „Es handelt sich bei der Feldtheorie um einen strikt deterministischen Ansatz, der das zu erklärende Verhalten allgemein aus den zugleich gegebenen Ursachen bedingt versteht. Gleichzeitig ist die Feldtheorie ihrem Wesen nach entwicklungspsychologisch, da sich der Zustand des Lebensraumes zu einer gegebenen Zeit stets gesetzmäßig aus dem unmittelbar vorhergehenden Zustand sowie den zusätzlich wirkenden äußeren Bedingungen ergibt."[192]
Dynamik. Verhalten ist immer dynamisch konstituiert und steht beständig unter dem Einfluß verschiedener Kräfte, neben dem Intensitätsaspekt (Ordnung der psychischen Organisation, kognitive Strukturen etc.) ist der Richtungsaspekt (Antrieb und Ziele, Wirkungszusammenhang der Motive etc.) für eine Verhaltensanalyse und -theorie von wesentlicher Bedeutung. Die Feldtheorie definiert den Person-Situation-Zusammenhang deshalb als System positiver und negativer „Spannungen", d.h. als gerichtete Abfolge von Aktionen, „welche darauf hinzielen, diese Spannungen zu lösen und immer wieder ein mehr oder weniger stabiles Gleichgewicht herzustellen."[193] Die situationsdynamische Sichtweise gilt der Feldtheorie als Konstitutivum einer adäquaten Erfassung von Handlungskontexten.
Topologie. Die Erklärungsmuster der Feldtheorie bilden insgesamt ein nicht-quantitatives topologisches Modell, um Kausalbeziehungen zu erforschen und wissenschaftliche Konstrukte dafür aufzubauen: sie fassen die Verhaltensdynamik in primär deskriptiven Symbolen. „Begriffe wie Kraft, Spannung, Barriere, Region, Binnenstruktur, Differenzierung beschreiben das Parallelogramm der Kräfte in der Wechselwirkung zwischen Person und Feld. Eine Handlung entsteht aus der Valenz der Sache und der sozialen Valenz und ist eine Funktion von Persönlichkeit und Umwelt. Umwelt selbst wird nicht als objektivierbare Größe verstanden, sondern als Element des Feldes, in dem sie wahrgenommen wird."[194] In diesem Sinne geht es der Feldtheorie um die Rekonstruktion der Bedingungsgrundlage von individuellem und sozialem Verhalten für jeden Zeitpunkt seiner Entwicklung.
Zentral ist der Begriff des *„Feldes"*. Als solches bezeichnet Lewin die Datenmenge eines Ereignisses oder Aktionskontextes, die sich aus der Totalität der gemeinsam existierenden Fakten ergibt. Er beschreibt sie als dynamische Einheiten, in denen er alle gleichzeitig vorhandenen Fakten als voneinander wechselseitig abhängig sieht.
Auf diese Grundlagen gestützt und mit dem für ihn typischen topologischen Interesse versucht Lewin, die Feldkräfte und ihren situativen Zusammenhang in vektorielle Be-

191 Sbandi, Psychologie der Gruppe, München 1973, S. 75

192 Lang, Die Feldtheorie von Kurt Lewin, in: Heigl-Evers (Hrsg.), Die Psychologie des 20. Jahrhunderts, Band VIII, Lewin und die Folgen, Zürich 1979, S. 51f.

193 Maisonneuve, Gruppendynamik, Stuttgart 1973, S. 16. Maisonneuve bezeichnet Lewins Ansatz dieses Akzents wegen als „dynamistische" Richtung; vgl. Maisonneuve, a.a.O., S. 15—16

194 Däumling/Fengler/Nellessen/Svensson, Angewandte Gruppendynamik, Stuttgart 1974, S. 26

griffe einzufangen. Er ordnet sie mittels mathematischer und graphischer Verfahren. Die Grundformel der Feldtheorie definiert Verhalten (V) als Funktion von Person (P) und Umwelt (U):

$$V = f(P,U)$$

Das konkrete Feld, mit welchem sich die Psychologie beschäftigen sollte, wenn sie Aussagen über individuelles Verhalten zu einer bestimmten Zeit und an einem bestimmten Ort machen will, nennt Lewin *„Lebensraum"*:

„Der Lebensraum ist die erlebte oder auch unbewußt wirksame Situation, in der sich eine Person befindet, wobei auch der gesamte Bedürfniszustand und die individuellen Verhaltensweisen mit dazu gehören."[195]

Die Relevanz der Vorstellung vom Lebensraum kennzeichnet das Bemühen der Feldtheorie, möglichst konkret und situationsbezogen zu argumentieren und ihre Theoreme nicht abgespalten von der Wirklichkeit zu bilden. Es geht ihr nicht um das Aufweisen von Grundgesetzen des Psychischen, sondern darum, das Individuum als interdependentes Wesen ernstzunehmen, d.h. es als Repräsentation seiner subjektiv-psychischen Wirklichkeit und seiner Existenz in der objektiven Realität zu verstehen. Die Feldtheorie erforscht das Handeln des einzelnen, verwoben mit dem Weltausschnitt, der für ihn gegenwärtig gerade von Bedeutung ist. Lewins Psychologie ist ein, man könnte sagen, verhaltensökologischer Ansatz: alles Verhalten steht in der dialektischen Spannung zwischen den genannten Polen und ist nur unter konstitutiver Einbeziehung der Verflechtung des Beziehungsgefüges von Person und Lebensraum theoretisch sinnvoll zu durchdringen.
So kann Lewin in Erweiterung der Grundformel sagen, daß der Lebensraum (L) als als Funktion der äußeren Situation (S) und der Person (P) anzunehmen sei:

$$V = f(L) = f(S) + f(P)$$

Oder in graphischer Darstellung:[196]

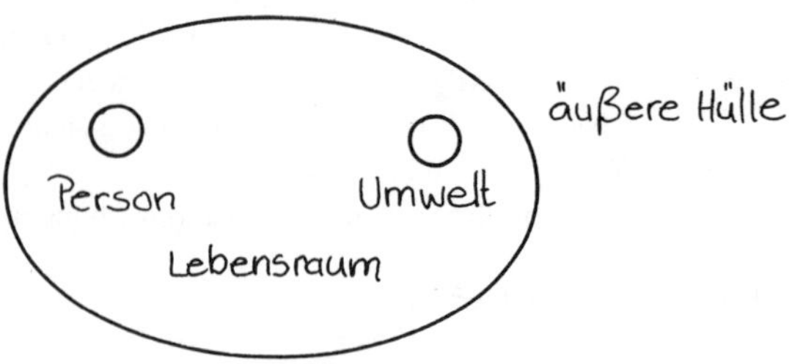

[195] Wellhöfer, Grundstudium Sozialpsychologie, Stuttgart 1976, S.47
[196] Wellhöfer, a.a.O., S. 47

Die Fläche des Ovals stellt den Lebensraum dar, der beides, die psychologische Person wie die Umwelt, umfaßt. Alles was außerhalb liegt und was Lewin als „äußere Hülle" bezeichnet, „repräsentiert im Prinzip die Gesamtheit der Welt, die im Moment für das Individuum ohne Bedeutung ist. Sie ist aber von Interesse, weil gewisse Teile der äußeren Hülle im nächsten Moment sehr wohl für das Individuum von Bedeutung sein können, nämlich dann, wenn sie durch Wahrnehmung in den Lebensraum eingehen. Das Individuum verändert ja die Welt fortlaufend ein wenig durch sein Verhalten, und dadurch sowie durch seine veränderte Lage in der Welt werden laufend neue Weltausschnitte der Wahrnehmung zugänglich; zudem verändert sich die Welt, besonders auch die soziale Welt, von sich aus."[197] Gleichzeitig symbolisiert die Fläche des Ovals auch die psychologische Umwelt, in deren Zusammenhang die Person handelt und sich bewegt.
Diese graphische Darstellungsweise, deren einfachstes Beispiel wir hier sehen, wird im Rahmen der Feldtheorie häufig benutzt und wurde differenziert ausgearbeitet (v.a. durch die Vektorpsychologie). Lewins Utopie war der Entwurf einer universellen Symbolsprache, in deren Bildern sich die klinischen und experimentellen Ergebnisse psychologischer Forschung über bestehende Schulrichtungen hinaus unabhängig, klar und allgemeinverständlich ausdrücken lassen können.
Die feldtheoretische Orientierung wurde Lewin zur wissenschaftlichen Grundlage, mit der er sich auch dem Gruppenleben zu nähern begann. Lewin verstand sie weniger als abstraktes metapsychologische Gebäude: wie er Person und Situation stets eng verknüpft sieht, so erscheint das Ganze seiner Arbeit als ein Ausloten der Interdependenzen von Lebenswirklichkeit und theoretisch-psychologischem Reflex. Der oft postulierte Widerspruch zwischen Theorie und Praxis hatte für ihn offenbar nur wenig Gültigkeit: „Es gibt nichts, was so praktisch wäre wie eine gute Theorie" — lautet der wohl meistzitierte Lewin-Aphorismus.
Die praxisorientierte Ausrichtung seines Gesamtwerkes dürfte vor allem in der aktiven Verarbeitung der Zeitgeschichte der dreißiger und vierziger Jahre begründet liegen; deren Entwicklungen und Tendenzen wurden ihm zum wesentlichen Impuls seiner Sozialpsychologie. Als Jude hatte Lewin die Massenbegeisterung des Dritten Reiches und den nationalsozialistischen Rassenwahn am eigenen Leib erlebt. Nach seiner Flucht konnte er ihn vom amerikanischen Exil aus weiterverfolgen.
Alfred J. Marrow, der Lewin-Biograph, schreibt:

„Er hatte die Entwicklung und Krisen der Jahre zwischen Bismarck und Hitler erlebt. Er war Offizier in der Armee gewesen, die als größte Militärmaschinerie ihrer Zeit angesehen wurde und der doch eine herbe Niederlage bereitet worden war. Ihn hatten die politischen Unruhen und die wirtschaftliche Katastrophe der Weimarer Republik tief berührt. Er war dem heftigen und immer barbarischere Züge annehmenden Antisemitismus Hitler-Deutschlands begegnet. Diese Erfahrungen, verbunden mit einem intensi-

[197] Lang, Die Feldtheorie von Kurt Lewin, in: Heigl-Evers (Hrsg.), Die Psychologie des 20. Jahrhunderts, Band VIII, Lewin und die Folgen, Zürich 1979, S. 52

von Interesse an den Problemen und Werten der Wissenschaft, schärften sein Bewußtsein für die Beziehungen zwischen Erkenntnis und Politik, für die Notwendigkeit, sich politischen Problemen zuzuwenden, wenn man dem Leben und der Kultur des Menschen noch die Möglichkeit zu Wachstum und Erneuerung erhalten wollte. Er hatte eine genaue Vorstellung davon, welche Form menschlichen Zusammenlebens die demokratische Gesellschaft realisieren müsse, weil er die Feinde einer solchen Gesellschaft aus größter Nähe kannte". [198]

Dieser Einfluß ist überall in Lewins Werk zu spüren, ganz offensichtlich ist er dort, wo Lewin sich mit kulturalen Veränderungen oder mit den Problemen von Minderheiten befaßt. Sein soziales Engagement und die große Offenheit für die gesellschaftspolitischen Probleme seiner Zeit sind ganz unmittelbar in seinen Entwurf psychologischer Theoriebildung eingeflossen. [199] Über die daraus resultierende Verknüpfung von Theorie und Praxis bzw. von Theorie und Empirie schreibt er:

„Ich bin überzeugt, daß die wissenschaftliche Soziologie und Sozialpsychologie auf der Grundlage einer intimen Verbindung von Experimenten mit empirischer Theorie soviel oder mehr für die menschliche Verbesserung leisten kann, wie es die Naturwissenschaften getan haben. Die Entwicklung einer solchen realistischen und unmystischen Sozialwissenschaft und die Möglichkeit ihrer fruchtbaren Anwendung setzen jedoch das Vorhandensein einer Gesellschaft voraus, die an die Vernunft glaubt."[200]

In welcher Art und Weise gebrauchte Lewin die Feldtheorie als wissenschaftliche Grundlage für die Untersuchung von Gruppen? Wie wandte er sie gruppentheoretisch und experimentell an, und welche Sicht der Gruppe folgt daraus?
Weder die bloße Nähe noch bestimmte Übereinstimmungen oder Ähnlichkeiten zwischen einzelnen konstituieren nach Lewins Ansicht den Gruppenzusammenhang. Vielmehr sieht er in der Gruppe ein organismisches Gebilde, ein System von Interdependen-

[198] Marrow, a.a.O., S. 106

[199] Vgl. dazu Lewin, Die Lösung sozialer Konflikte, Bad Nauheim 1953 — eine Sammlung von dreizehn Aufsätzen (Sozialpsychologische Unterschiede zwischen den Vereinigten Staaten und Deutschland, 1936; Kultureller Wiederaufbau, 1943; Der Sonderfall Deutschland, 1943; Das Verhalten, die Kenntnis und die Übernahme neuer Werte, 1945; Experimente über den sozialen Raum 1939; Der Hintergrund von Ehekonflikten, 1940; Zeitperspektive und Moral, 1942; Psychosoziologische Probleme einer Minderheitengruppe, 1935; Angesichts von Gefahr, 1939; Die Erziehung des jüdischen Kindes, 1940; Selbsthaß unter Juden, 1941; Tat-Forschung und Minderheitsprobleme, 1946) Zu Fragen des sozialen Wandels, zur psychosozialen Dynamik kleiner Gruppen und zur Minderheitsproblematik s.auch: Lewin, Changes in Social Sensibility in Child and Adult, in: Childhood Educ., 19, 1942, S. 53—57; Ders./Lippitt/Hendry/French/Zander u.a., The practicality of Democracy, in: Murphy (Hrsg.), Human Nature and Enduring Peace, Boston 1945, S. 295—347; Ders., Research on Minority Problems, in: The Technol. Rev., 48, 1946; Ders., Group Decision and Social Change, in: Newcomb/Hartley (Hrsg.), Readings in Social Psychology, New York 1947, S. 330—344

[200] Lewin, Experimente über den sozialen Raum, 1933, in: Ders., Die Lösung sozialer Konflikte, Bad Nauheim 1953, S. 127

zen, in deren Gesamtheit mehrere einzelne vielfach miteinander verbunden sind — nicht nur im Sinn interpersonaler Attraktion (als Zu- oder Abneigung), sondern ebenso in den Verflechtungen von Subgruppen, Zielen, Rollen, Normen und anderen Teilbereichen des kollektiven Lebensraumes. Die Gruppe erscheint ihm als eigenständige Größe, als ein Feld, das, eben weil es von vielen Interdependenzen ausgefüllt wird, als ein im wesentlichen dynamisches Phänomen betrachtet werden muß. Es ist das *Kräftespiel* der Gruppe, das Lewin zu allererst interessiert. Die Gruppe ist ein soziales Kräftefeld — keine Abfolge im Grunde unveränderlicher Gesetze, kein statisches Zwangsaggregat —, sondern ein Systemzusammenhang

„... bald positiver, bald negativer Spannungen, die durch das Wechselspiel von Wünschen und Abwehrhaltungen bedingt sind. Das Verhalten der Gruppe besteht in einer Folge von Aktionen, welche darauf hinzielen, diese Spannungen zu lösen und immer wieder ein mehr oder weniger stabiles Gleichgewicht herzustellen."[201]

Die Gruppe ist für Lewin das soziale Kraftfeld par excellence, das in seiner relativen Überschaubarkeit einer sorgfältigen empirischen Analyse (z.B. durch soziographische Methoden) zugänglich ist und dafür viele Ansatzpunkte bietet.
In der Gruppe sollen die Grundformeln der Feldtheorie ihre Gültigkeit erweisen. So kann auch das Gruppenverhalten als Funktion von Einzelperson und sozialer Situation verstanden werden. Weder ein persönlichkeitsorientierter noch ein sozialer Ansatz genügt Lewin zur Erklärung der Dynamik der Gruppenphänomene. In seiner Anschauungs- und Erklärungsweise will er beide relevanten Variablen von Anfang an berücksichtigen und ihre Verflechtung in der Analyse dokumentieren.
Wie im Kontext der Experimente zum Führungsverhalten bereits deutlich wurde, steht hinter diesem Versuch unter anderem das Interesse, zu zeigen, welche Prinzipien kollektiven Verhaltens und welche Gruppenstrukturen ein demokratisches Miteinander (im Sinn einer Humanisierung der Interaktion) fördern können.
Wie für zahlreiche andere Gruppenmodelle[202], so ist auch für Lewins Versuch einer feldtheoretischen und dynamischen Bestimmung der Gruppe der *Gleichgewichtsgedanke* wesentlich: in Lewins Variante im Sinn der energetischen Homöostase in einer Konfiguration der Kräftevielfalt. Dieses Gleichgewicht der Kräfte ist nach Lewins Ansicht auch der Grund dafür, daß wir Gruppen als homogen empfinden. Er nahm an, daß Kohäsion „als die Resultante der Kräfte, die die Mitglieder zusammenhält — die positiven Kräfte der reziproken Anziehung und die negativen Kräfte der reziproken Abstoßung"[203] — zu definieren sei.

„Wie Lewin deutlich gemacht hat, ist es nicht die Ähnlichkeit oder Unähnlichkeit von Gruppenmitgliedern —, wie sie sich beispielsweise in ihren Einstellungen ausprägen,

201 Maisonneuve, Gruppendynamik, Stuttgart 1973, S. 16
202 Vgl. Kapitel 5.4
203 Marrow, a.a.O., S. 191

die eine Gruppe kohäsiv macht, sondern die Frage, wie dynamisch ihre Interdependenz ist. Neben der reziproken Abhängigkeit zur Erreichung von Zielen entsteht eine Bereitschaft, Arbeiten und Schwierigkeiten miteinander zu teilen und sogar persönliche Differenzen beizulegen.“[204]

In der Art, wie wie Lewin die Untersuchung von Gruppen entwirft, in der er das Zusammenwirken zwischen der Gruppe als personaler Erlebniswelt und als sozialem Lebensraum vermittelt, hat er einen Zugang zum Phänomen entdeckt, wie er als solcher bislang nirgends behandelt war.[205] Darum gilt er als der Wegbereiter der sozialpsychologisch orientierten und experimentellen Gruppenforschung, und da er besonders an der Gruppenfunktion im Sinn eines Kräftefeldes interessiert war, als der wesentliche Begründer der wissenschaftlichen Gruppendynamik.
Lewin selbst beschrieb sein Forschungsinteresse 1947, in seinem letzten Lebensjahr folgendermaßen:

„Die Untersuchung des Gruppenlebens sollte über eine Beschreibung hinausgehen; die Bedingungen des Gruppenlebens und die Kräfte, die Veränderungen verursachen oder einer Veränderung Widerstand leisten, sollten erforscht werden. Der Terminus ‚Dynamik‘ bezieht sich auf diese Kräfte.“[206]

„Gruppendynamik“ heißt für Lewin experimentelle Sozialpsychologie, und zwar in einem engeren und einem weiter gefaßten Sinn. Er versteht darunter die konkrete Forschungsarbeit an und in Laborgruppen (seine Untersuchungen zum Führungsstil nennt er hierfür mehrfach selbst als Beispiel), dann aber rechnet er auch solche Arbeiten hin-

[204] Marrow, a.a.O., S. 191

[205] Neben Lewin ist hier v.a. auch auf J.L. Moreno und seine Arbeiten zu verweisen. Etwa zeitgleich mit Lewin hat er in seinem soziometrischen Ansatz ein Forschungsparadigma formuliert, in welchem er — Lewin darin nicht unähnlich — mit Methoden der teilnehmenden Beobachtung und der Interaktionsanalyse (inter-action-research) an die Untersuchung von Gruppen heranging. Daß Morenos gruppentheoretische Arbeiten, die im Gegensatz zu seinen Veröffentlichungen über Psychodrama und Rollenspiel kaum bekannt sind, geschweige denn als sozialpsychologisch rezipiert gelten können, dürfte u.a. daran liegen, daß seine Publikationen inhaltlich schwer eingängig sind. Sie sind viel weniger klar strukturiert als man es von Lewins Arbeiten sagen kann. „Ein weiterer Grund ist darin zu sehen, daß Moreno sich am Rande des universitären Bereiches bewegte. Er war zwar vorübergehend Gastprofessor an der New York und Columbia University, jedoch niemals im Hochschulbereich so etabliert wie Kurt Lewin und seine Schüler.“ Petzold, Moreno — nicht Lewin — der Begründer der Aktionsforschung, in: Gruppendynamik, 11, 1980, S. 145 S. auch: Petzold, Lewin und Moreno, in: Gruppendynamik, 9. 1978, S. 208—211 und Petzold, Moreno und Lewin und die Anfänge psychologischer Gruppenarbeit, in: Gruppenpädagogik, 1, 1980. Vgl. Moreno, Who Shall Survive? A New Approach to the Problem of Human Relations, Washington 1934. Deutsch: Die Grundlagen der Soziometrie, Köln 1954 S. zum Werk Morenos die ausführliche Bibliographie in: Petzold, Moreno — nicht Lewin — der Begründer der Aktionsforschung, in: Gruppendynamik, 11, 1980, S. 142—166.

[206] Lewin, The Research Center for Group Dynamics, in: Sociometry Monograph No. 17, S. 5—32

zu, in denen er Probleme des allgemeinen kulturalen und politischen Klimas, der Minderheiten-/Mehrheitsgruppen und des Erziehungswesens aufgegriffen und behandelt hat.[207] Gruppendynamik ist in der Lewinschen Auffassung zugleich ein mikro- und makrosoziologischer Ansatz.

Zum ersten Mal hat Lewin den Begriff 1939 in einem Aufsatz über „Experiments in Social Space" gebraucht.[208] Zur experimentellen Ausrichtung der kleingruppenorientierten Gruppendynamik schreibt er dort:

„Ich bin der Überzeugung, daß es möglich sei, in der Soziologie Experimente vorzunehmen, die mit dem gleichen Recht als wissenschaftliche Experimente zu bezeichnen sind wie die in der Physik und der Chemie. Ich bin überzeugt, daß es einen sozialen Raum gibt, der alle wesentlichen Eigenschaften eines wirklichen empirischen Raumes besitzt und der genausoviel Aufmerksamkeit von seiten der Forscher auf dem Gebiet der Geometrie und Mathematik verdient wie der physikalische Raum, obwohl er *nicht* physikalischer Art ist. Die Wahrnehmung des sozialen Raumes und die experimentelle und begriffsmäßige Erforschung der Dynamik und der Gesetze der Vorgänge im sozialen Raum sind von grundlegender theoretischer und praktischer Bedeutung. (...) Ein wirklicher Versuch, diesen Problemen — zum Beispiel dem des sozialen Ranges oder der Führung — experimentell nahezukommen, verlangt technisch, daß man verschiedene Typen von Gruppen zu schaffen und experimentell eine Fülle von sozialen Faktoren aufzubieten hat, die diesen Rang ändern könnten. Der mit Experimenten arbeitende Sozialpsychologe wird sich mit der Aufgabe vertraut zu machen haben, experimentell Gruppen zu bilden, ein soziales Klima oder einen Lebensstil zu schaffen."[209]

Lewins Konzeptionalisierung der Gruppendynamik als wissenschaftlicher Disziplin und Fach der Sozialpsychologie umfaßt im Grunde alle drei Dimensionen, an die man auch heute denkt, wenn man den Begriff gebraucht.

Er erscheint bei ihm als Sammelbegriff
— für die phänomenologische Beschreibung der Arten, Formen und Strukturen, der Entstehung wie der Funktion von sozialen Gruppen;
— für die wissenschaftliche Analyse und Theorie ihrer Gesetzmäßigkeiten;
— für eine spezifische Praxis absichtsvollen Handelns, die die Gruppe bzw. das Gruppenverhalten selbst zum Lerngegenstand macht.[210] Über die Entwicklung von der theoretisch-deskriptiven zur praktisch-intervenierenden Gruppendynamik liegt ein Bericht von Ronald Lippitt, einem der engsten Mitarbeiter Lewins, vor.

[207] Vgl. Lewin, Die Lösung sozialer Konflikte, Bad Nauheim 1953

[208] Lewin, Experiments in Social Space, in: Harvard Educational Review, 9, 1939, S. 21—32. Deutsch: Experimente über den sozialen Raum, in: Lewin, Die Lösung sozialer Konflikte, a.a.O., S. 112—127

[209] Lewin, Experimente über den sozialen Raum, a.a.O., S. 112f.

[210] Vgl. Lippitt, Kurt Lewin und die Anfänge der Gruppendynamik, in: Heigl-Evers (Hrsg.), Die Psychologie des 20. Jahrhunderts, Band VIII, Lewin und die Folgen, Zürich 1979, S. 621—624

„Ein für die Entwicklung der Gruppendynamik wichtiges Ereignis war das Resultat eines experimentellen Workshops in New Britain, Connecticut, im Jahre 1946, in dem Gruppenleiter lernten, die Beziehungen in ihren Gruppen zu verbessern. Ein Graduierter machte im Verlauf des Tages quantitative Beobachtungen in jeder der Gruppenzusammenkünfte. Die Gruppen wurden von Leland Bradford, Kenneth Benne und mir geleitet. Am Abend trafen sich Trainer und Untersucher unter Kurt Lewins Leitung, um die Vorkommnisse des Tages theoretisch aufzuarbeiten. Am zweiten Abend kamen zwei der Teilnehmer an die Tür und fragten, ob sie hereinkommen könnten, weil sie nichts anderes zu tun hätten. Lewin lud sie ein, sich dazuzusetzen und zuzuhören. Bald hörte die eine Teilnehmerin, wie ihr Verhalten vom Trainer und vom Beobachter aus verschiedenen Perspektiven beschrieben wurde. Sofort griff sie ein und sagte, sie sehe die Dinge aus einer ganz anderen Perspektive als die beiden gerade vorgetragenen.

Kurt Lewin, der währenddessen seine Ansichten an der Tafel entwickelte, war sehr interessiert. Am nächsten Abend kamen fast alle Teilnehmer zur Feedback-Sitzung der Untersucher, und die Ergebnisse dieser Diskussion hatten eine so starke Wirkung auf die Produktivität der Gruppenarbeit während des Tages, daß wir beschlossen, im nächsten Jahr mit einer Gruppe zu experimentieren, die das Studium ihres eigenen Prozesses zur Aufgabe haben sollte und einen Feedback-gebenden Beobachter als Aktionsforschungsinstrument benutzen sollte. Diese war die Geburt der T-Gruppe, der Sensitivity-Gruppe, die im folgenden Sommer in Bethel (Maine) voll entwickelt wurde."[211]

Lewin starb im Februar 1947. Die Gründung zweier Institute (des „Research Center for Group Dynamics" am Massachusetts Institute of Technology (MIT) und der „National Training Laboratories for Group Development" (NTL) in Bethel, Maine) sowie ein Stab qualifizierter Mitarbeiter sorgten dafür, daß die von ihm begonnene Arbeit auch nach seinem Tod weitergeführt werden konnte.

6.3 Konzepte Humanistischer Psychologie

Weitgehend übereinstimmend datiert man die „Entdeckung" gruppendynamischer Methoden also in den Sommer 1946, als Kurt Lewin im Rahmen seiner Ausbildungsprogramme für Gruppenleiter im kommunalen Bereich dazu überging — zunächst von Außenstehenden — Prozeßbeschreibungen anfertigen zu lassen.
In der Folge entstanden Zusammenkünfte, in denen die Teilnehmer mehr und mehr selbst an der Analyse der Gruppenprozesse partizipierten. Sie teilten einander ihre subjektiven Beobachtungen mit, und man studierte die Gruppenphänomene nicht mehr an dem Material, das die Leiter von außen mitbrachten (an Fallstudien, Rollenspielen und Vorträgen), sondern macht die eigene Gruppe zum Studienobjekt. Forscher und Erforschte wurden weitgehend identisch. Die Gruppe entdeckte sich selbst, und man kom-

[211] Lippitt, Kurt Lewin und die Anfänge der Gruppendynamik, a.a.O., S. 623ff.

binierte diese Erfahrungen mit vorhandenen Theorien relevanter Wissenschaften, vor allem der Sozialpsychologie. Theorie und Praxis waren eng aufeinander bezogen; man bewegte sich zwischen ihnen. Ähnlich hatte die Geschichte der Psychoanalyse einige Jahrzehnte zuvor mit den Selbstanalysen von Freud, Jung und anderen ihren Anfang genommen. Was als sozialpsychologisch orientierte Gruppenleiterschulung begonnen hatte,

„... erweiterte sich unerbittlich durch die Einbeziehung der Gruppenmitglieder, die an den besprochenen Ereignissen Anteil hatten. (...) Dem Trainingsstab schien es, als sei man unversehens auf ein möglicherweise machtvolles Medium und Verfahren der Umerziehung (reeducation) gestoßen. Wenn man die Gruppenmitglieder mehr oder weniger objektiv mit Daten über ihr Verhalten und dessen Folgen konfrontierte, und wenn sie sich ohne Abwehr am Nachdenken über diese Daten beteiligten, so konnte ihr Lernen über sich selbst, über die Reaktion anderer auf sie, über Gruppenverhalten und Gruppenentwicklung im allgemeinen zu höchst bedeutsamen Resultaten führen."[212]

Aus diesen Anfängen, die vielfach beschrieben worden sind,[213] entwickelte sich in rascher Abfolge eine immer größere Zahl von Gruppenmethoden mit verschiedener Ausrichtung und Tendenz, die sich hinsichtlich ihrer Ziele, Aktivitäten und Charakteristika zum Teil erheblich voneinander unterschieden.[214] Zunächst dominierte die Trainings- und Sensitivitätsgruppe, bald entstanden die ersten Encounter-Gruppen (Begegnungsgruppen). Die Ansätze wuchsen schnell über den universitären Rahmen hinaus und wurden von der sozialpsychologischen Laboratoriumsmethode, die sie ursprünglich einmal waren, zu einer allgemeinen gesellschaftlichen Bewegung.[215]
In diesem Zusammenhang entstand aus verschiedenen Einflüssen eine neue Form psychologisch-theoretischer Grundorientierung, die sogenannte „Humanistische Psychologie", die gerade die Theorie- und Methodenentwicklung der Gruppenarbeit weitreichend beeinflußt hat. Ihre wichtigsten Konzepte sollen im folgenden vorgestellt sein.
„Humanistische Psychologie" ist die selbstgewählte Bezeichnung einer Reihe psychologischer Ansätze und psychotherapeutischer Methoden, die sich als „dritte Kraft", d.h.

212 Benne, Geschichte der Trainingsgruppe im Laboratorium, in: Bradford/Gibb/Benne, Gruppentraining, T-Gruppentheorie und Laboratoriumsmethode, Stuttgart 1972, S. 95—154

213 Vgl. v.a. Benne, Geschichte der Trainingsgruppe im Laboratorium, a.a.O. S. auch Lippitt, Training in Community Relations, New York 1949 und Lippitt, Kurt Lewin und die Anfänge der Gruppendynamik, a.a.O.

214 Gibb unterscheidet 11 Hauptvarianten, die er aus den Anfangsworkshops der NTL abgeleitet sieht: Gruppen zur Förderung der Kreativität, Marathon-Gruppen, Spontaneitätsgruppen, Echtheitsgruppen, T-Gruppen, Programmierte Gruppen, Mikro-Erfahrungsgruppen, Forschungsgruppen, Integrierte Gruppen, Diskussionsgruppen, Lehrgruppen. Vgl. Gibb, Sensitivitätstraining als Mittel zur Förderung individueller Bildungsprozesse und Verbesserung zwischenmenschlicher Beziehungen, in: Horn (Hrsg.), Gruppendynamik und der „subjektive Faktor". Repressive Entsublimierung oder politisierende Praxis, Frankfurt 1972, S. 139—181.

215 Vgl. Back, Beyond Words. The Story of Sensitivity Training and the Encounter Movement, New York 1972

als Ergänzung, Alternative und Gegenbewegung zum Behaviorismus[216] und zur Psychoanalyse verstanden.[217]

„Die Bezeichnung ‚humanistische Psychologie' wurde von einer Gruppe von Psychologen gewählt, die im Jahre 1962 unter dem Vorsitz von Abraham Maslow zusammentrafen, um eine neue Vereinigung zu gründen. Wichtigstes Ziel dieser Organisation und der gleichnamigen Zeitschrift, die seit 1961 von Anthony Sutich herausgegeben wurde, war es, die charakteristischen Verhaltensmerkmale und die emotionale Dynamik eines erfüllten und gesunden menschlichen Lebens zu erforschen. (...) Die Vertreter der ‚Dritten Kraft', wie Maslow sagte (gegenüber der behavioristischen und der psychoanalytischen Psychologie), teilten gewissen Überzeugungen hinsichtlich eines gesunden menschlichen Lebens, die sich von den Überzeugungen der zwei anderen psychologischen Schulen unterschieden. Sie haben auf der Grundlage ihrer unterschiedlichen Auffassung vom Menschen auch neue Ansätze zu seiner Erforschung und neue psychotherapeutische Methoden entwickelt."[218]

Die Humanistische Psychologie wurde, so kann man sagen, zum Sammelbecken all jener psychologischen (und zum Teil auch pädagogischen) Auffassungen, die das Streben nach Entfaltung, Erfüllung, Selbstverwirklichung und Persönlichkeitswachstum als zentrale personale und kulturale Werte annahmen. Die zugrundeliegende Anthropologie

[216] Die Psychologie faßt unter „Behaviorismus" jene Positionen, die den Menschen aufgrund seines *Verhaltens* und durch dessen Beobachtung zu erkennen suchen. Der Behaviorismus konstituiert die Psychologie als objektive und nichtintrospektive Verhaltenswissenschaft, die den Bezug auf subjektive Erfahrung und auf Bewußtseinsprozesse in der Regel vermeiden will. Verhaltensforschung, Lerntheorie und Verhaltenstherapie sind die allgemein bekanntesten Ausprägungen dieser Schulrichtung. Vgl. Watson, Behaviorismus, Frankfurt 1976[2]; Zeier (Hrsg.), die Psychologie des 20. Jahrhunderts, Bank IV, Pawlow und die Folgen, Zürich 1979; Stamm/Zeier (Hrsg.), Die Psychologie des 20. Jahrhunderts, Band VI, Lorenz und die Folgen, Zürich 1979.

[217] Vgl. zur *Einführung:* Bühler/Allen, Einführung in die Humanistische Psychologie, Stuttgart 1974; Revenstorf, Die dritte Kraft: Humanistische Psychologie, in: Stahlmann (Hrsg.), Kindlers Handbuch der Psychologie, München 1982; Maslow, Psychologie des Seins, München 1973; Ders., Motivation und Persönlichkeit, Olten 1977; Ders., Psychologie der Wissenschaft, München 1977; Goble, Die Dritte Kraft, Olten 1979; Rogers, Lernen in Freiheit, München 1974; Ders. Encounter-Gruppen, München 1974; May, Antwort auf die Angst, Stuttgart 1982. S. auch Bühler, Values in Psychotherapy, New York 1962; Dies., Some Observations on the Psychology of the Third Force, in: Journal of Humanistic Psychology, 5, 54; Dies., Humanistic Psychology as an Educational Program, in: American Psychologist, 24, 1969, S. 736—742; Dies., Basic Theoretical Concepts of Humanistic Psychology, in: American Psychologist, 26, 1971, S. 378—386; Deutsch in: Psychologie und Praxis 15, 1971, S. 49—57; Bühler/Massarik (Hrsg.), Lebenslauf und Lebensziele. Studien in humanistisch-psychologischer Sicht, Stuttgart 1969; Burton, Modern Humanistic Psychotherapy, San Francisco 1967; Greening (Hrsg.), Existential Humanistic Psychology: A Hope for the Future in Philosophy, Psychotherapy and Research, in: International Psychiatry Clinics, 6, S. 55—73. S. außerdem Nübel, Theologische Fragen in der Humanistischen Psychologie, in: Wege zum Menschen, 29, 1977, S. 449—462.

[218] Bühler/Allen, Einführung in die Humanistische Psychologie, a.a.O., S. 7 f.

war positiv. Man war daran interessiert, den Determinanten eines gelungenen Lebens auf die Spur zu kommen.

Die weitgesteckten Intentionen der Humanistischen Psychologie drücken sich bereits in ihrer Namensgebung und der damit verbundenen Selbstinterpretation aus. Die Bezeichnung „Humanistische Psychologie" gab (gerade in Abgrenzung zum Behaviorismus und zur Pychoanalyse) von Anfang an zu zahlreichen Mißverständnissen Anlaß. So bemängelten Vertreter der Psychoanalyse, die Namenswahl könne zumindest assoziativ leicht unterstellen, die psychoanalytische Tradition sei antihumanistisch oder inhuman. Von oberflächlichen Auslegungen abgesehen wird man jedoch davon ausgehen können, daß die Vertreter der humanistisch-psychologischen Metatheorie wie Maslow, Rogers, Bühler und Cohn so simpel wiederum auch nicht argumentieren wollten. Trotzdem bleibt die Frage, wie der Begriff durch ihre Vertreter im einzelnen inhaltlich gefüllt wird.

Es liegt nahe zu vermuten, daß sich die Humanistische Psychologie in besonderer Weise mit philosophischem Gedankengut auseinandersetzt und daß sie ihre Postulate auf humanistisch-philosophische Prinzipien gründen will. Bühler/Allen bestätigen dies, wenn sie schreiben:

„Obwohl die humanistische Psychologie eine Wissenschaft ist, unterscheidet sie sich doch insofern deutlich von anderen psychologischen Systemen, als sie bestimmte philosophische Theorien über den Menschen für bedeutsam hält. Dies ist eines der bedeutungsvollsten und charakteristischen Merkmale dieses zeitgenössischen psychologischen Systems.

Verschiedene andere Richtungen in der Psychologie, besonders die ‚Experimentalpsychologie' Wilhelm Wundts, die Freudsche psychoanalytische Schule und der Behaviorismus Watsons, sind nach wie vor stolz auf ihre Unabhängigkeit von der Philosophie. Im Gegensatz dazu kritisiert die humanistische Psychologie jene Theorien über das menschliche Leben, die diese mechanischen Aspekte menschlichen Verhaltens hervorheben und die Naturwissenschaften zum Vorbild nehmen. Obwohl besonders von den deutschen Psychologen wiederholt Versuche unternommen worden sind, Faktoren wie Sinn und Wert in menschlichen Leben hervorzuheben (im Gegensatz zu der Auffassung vom Geist als einem Mechanismus), hatten diese doch nicht zu voll entwickelten psychologischen Systemen geführt oder die wissenschaftliche Gültigkeit ihrer Methoden und Begriffe konnte nicht bewiesen werden, obwohl in Deutschland Theoretiker wie Dilthey und Spranger ihre Bemühungen auf dieses Problem konzentrierten. In der Humanistischen Psychologie kamen viele Psychologen verschiedener Herkunft zusammen, um zu zeigen, daß menschliches Leben und Verhalten ein umfassendes System ist, in dem Werte, Ziele und Sinn eine wesentliche Rolle spielen. Sie hofften, die Bedeutung dieser Faktoren mit wissenschaftlich gültigen Methoden und Begriffen nachweisen zu können.

Dieser Denksatz brachte die Psychologie wieder in eine enge Beziehung zur Philosophie, das heißt, es wurde wieder Wert auf systematisches Denken über die menschliche Existenz in der Welt gelegt.

Die beiden philosophischen Systeme, zu denen die humanistische Psychologie in enger Beziehung steht, sind der Existentialismus und der Humanismus."[219]

Aus dem *Humanismus* rezipiert man in erster Linie den positiven Wesensbegriff vom Menschen. „Humanismus" oder „humanistisch" bezeichnet im vorliegenden Kontext weniger das geschichtliche Phänomen. Man gebraucht den Begriff statt dessen in einem mehr allgemein-philosophischen Sinn als Chiffre und gemeinsamen Nenner für im Grunde alle positiven Anthropologien. So bieten Bühler/Allen in ihrer Einführung einen dreiseitigen Parforceritt durch die humanistische Bewegung von Petrarca bis Erasmus von Rotterdam[220], welche sie wiederum in eine philosophische Linie einordnen, die von Sokrates bis zu Leibniz und Kant reicht. Inhaltlich nimmt man vor allem den Gedanken auf, daß es dem Menschen möglich sei, zur vollen Verwirklichung seiner gattungsgeschichtlichen und individuellen Anlagen zu gelangen, d.h. daß der Mensch immer dann seiner Bestimmung nachkomme, wenn er sich zur Selbstentfaltung entscheide, indem er sie als Möglichkeit für sein Leben nutzt und wählt. Dem Menschen wird Willensfreiheit zugestanden: der Mensch ist frei, sich individuell für das Gute zu entscheiden. Man bezieht sich auf humanistisches Denken moderner Prägung, wo man Elemente von Bubers Ich-Du-Philosophie (jüdischer Humanismus) integriert. Gerade der Einfluß Martin Bubers ist immer wieder spürbar — oft direkt und unmittelbar, zuweilen aber auch über den Umweg der Rezeption der stark vom jüdischen Humanismus beeinflußten Analytiker Viktor Frankl und Erich Fromm.[221]
In Ablehnung aller deterministischen Ansätze teilt die Humanistische Psychologie mit *Buber* das „Hier-und-Jetzt-Prinzip"[222], also den Gedanken, daß der Mensch sich selbst und andere stets in der aktuell-gegenwärtigen Situation erfährt. In der Abgrenzung vor allem zur Psychoanalyse wird die Relevanz vergangener Prägungen stark relativiert: weil der Mensch die Freiheit und Kraft zum Guten[223] besitzt, kann er sich in jedem Augenblick um- oder neuentscheiden und verändern. Ähnlich wie Martin Buber, verknüpft auch die Humanistische Psychologie, das Hier-und-Jetzt-Prinzip mit einer Anthropologie, die den Menschen als ein im Kern dialogisches Wesen begreift.

„Gegenwart, nicht nur die punkthafte, die nur den jeweilig im Gedanken gesetzten Schluß der ‚abgelaufenen' Zeit, den Schein des festgehaltenen Ablaufs bezeichnet, son-

219 Bühler/Allen, a.a.O., S.19

220 Bühler/Allen, a.a.O., S. 20—22

221 Vgl. Frankl, Ärztliche Seelsorge, Wien 1971; Ders., Der Wille zum Sinn, Bern 1972; Ders., Der Mensch auf der Suche nach dem Sinn, Freiburg 1973; Fromm, Psychoanalyse und Ethik, Frankfurt 1954; Ders., Psychoanalyse und Religion, Zürich 1966; Ders., Die Furcht vor der Freiheit, Frankfurt 1966; Ders., Haben oder Sein, Stuttgart 1976

222 Vgl. Buber, Dialogisches Leben, Heidelberg 1947; Ders., Das Problem des Menschen, Heidelberg 1948; Ders., Ich und Du, Heidelberg 1954. S. auch Schaeder (Hrsg.), Martin Buber, Hebräischer Humanismus, Göttingen 1966

223 Vgl. Rogers, Die Kraft des Guten, München 1978

dern die wirkliche und erfüllte, gibt es nur insofern, als es Gegenwärtigkeit, Begegnung, Beziehung gibt. Nur dadurch, daß das Du gegenwärtig wird, entsteht Gegenwart."[224]

Dies ist der zweite Punkt, an dem sich die Bubersche Philosophie und die Humanistische Psychologie überschneiden: beide sehen den Menschen primär in seinem Bezug zum anderen, zum Mitmenschen begründet. Das menschliche Ich wird nicht durch seinen Unterschied zum Nicht-Ich konstituiert, sondern durch seine Beziehung zum und seinen Dialog mit dem Du. Erst im Gespräch mit dem Mitmenschen und in der Mitmenschlichkeit gewinnt der Mensch seine Bestimmung. „Der Mensch wird am Du zum Ich", wie Buber es ausgedrückt hat.[225]

Als zweite philosophische Richtung haben *Existenzphilosophie* (Kiekegaard, Heidegger, Jaspers) und *Existentialismus* (Sartre, Camus, auch der christliche Existentialismus des Gabriel Marcel) auf die Humanistische Psychologie eingewirkt. Die Einflüsse lassen sich weniger genau destillieren, sie zeigen sich vor allem darin, welche Bedeutung dem *Erleben* zugemessen wird. Folgende Punkte sind Humanistischer Psychologie und Existenzphilosophie gemeinsam:

Der Mensch gilt
— als Subjekt des Erlebens,
— als gleichzeitig für sich selbst und für den anderen verantwortlich,
— als Wesen, das der Freiheit von Wahl und Entscheidung mächtig ist.

Vor allem *Kierkegaard* wird rezipiert. Wie dieser, wehrt sich die Humanistische Psychologie gegen jede Lehre von einer allgemeinverbindlichen Wahrheit, von Glaubenssätzen, die — so der Vorwurf — oft rein akademisch und lebensfremd sind, besonders wenn man daraus ein System zu bilden versucht. Als Alternative betont man statt dessen das individuelle Erleben, ja, die Individualität an sich. Es geht nicht um die Erkenntnis einer objektiven Wahrheit (die überhaupt in Frage gestellt wird), sondern um den Willen zur „Wahrheit je für mich", wie Kierkegaard sagt — um diejenige Wahrheit, die den einzelnen in der unmittelbaren Erfahrung seiner Verantwortlichkeit anspricht: in Forderungen, wie sie nur für das jeweilige Individuum allein verbindlich genannt werden können.

„Kierkegaard sah die Selbstentfremdung des Menschen voraus (...) und zeigte, daß ‚die Bedeutung, die das objektive Faktum für den Menschen hat, von seiner Beziehung zu diesem Faktum abhängt; es gibt keine existentielle Wahrheit ohne Rücksicht auf die Be-

224 Buber, Ich und Du, Heidelberg 1954, S. 16

225 Vgl. Bühler/Allen, a.a.O., S. 22—27 S. auch Kierkegaard, Die Krankheit zum Tode, Reinbek 1962; Heidegger, Platons Lehre von der Wahrheit, mit einem Brief über den „Humanismus", Bern 1947; Ders., Was ist Metaphysik?, Frankfurt 1949; Jaspers, Existenzphilosophie, Berlin 1939; Sartre, L Existentialisme est un humanisme, Paris 1943; Camus, Die Pest, Düsseldorf 1951; Ders., Der Mythos von Sisyphos, Düsseldorf 1959; Ders., Der Fremde, Düsseldorf 1963; Marcel, Philosophie der Hoffnung, München 1964; Ders., Sein und Haben, Paderborn 1968[2]; Ders., Dialog und Erfahrung, Frankfurt 1969

ziehung (...). Wenn wir es mit menschlichen Wesen zu tun haben, ist keine Wahrheit an sich schon wirklich; die Wahrheit hängt von der Wirklichkeit der augenblicklichen Beziehung ab.' Das soll nicht heißen, daß die existentielle Sichtweise die des philosophischen Idealismus ist, denn Tatsachen werden als real anerkannt. Ein Baum ist ein Baum — obgleich seine Bedeutung für den Menschen, der ihn sieht (,die Wahrheit'), abhängig ist von seiner Beziehung zu ihm. Spendet er ihm Früchte oder Schatten, oder ist er ein Hindernis auf seinem Wege?"[226]

Dies hat die Notwendigkeit innerer Beteiligung zur Folge. Will der einzelne seine Wesensbestimmung vollziehen, muß er sich an seine eigene, d.h. subjektive Wahrheit binden und sich jeden Augenblick vor einem Entweder-Oder entscheiden. Menschsein heißt, ständig vor sich widersprechenden Entscheidungsmöglichkeiten zu stehen und bewußt die Wahl zu treffen.

„Die Grundsituation des Menschen, sagte Kierkegaard, wird von Bedürfnissen bestimmt, die Wahl und Entscheidung notwendig machen. Die ethischen Grundsätze eines Menschen bestimmen nicht nur, wie er eine Situation bewertet, sie sind vielmehr ein aktiver Faktor im Entscheidungsprozess. Er sagt: ,Ich fürchte mich in meiner schwindelerregenden Freiheit, und ich treffe meine Wahl mit Furcht und Zittern.'"[227]

Vorstellungen aus dem Bereich des *Holismus* komplettieren schließlich den philosophischen Hintergrund der Humanistischen Psychologie. Von der biologischen Lehre J.C. Smuts'[228] und der Gestaltpsychologie beeinflußt, entwickelte der Neurologe *Kurt Goldstein* in den dreißiger Jahren dieses Jahrhunderts den Holismus als eine „Ganzheitstheorie des Organismus", als „organismische Psychologie"[229]. Goldstein lehnte jede Zergliederung des Organismus ab. Atomistische oder elementaristische Ansätze verhindern, so argumentiert er, allzuleicht ein Gesamtverständnis des menschlichen Organismus, und damit auch die adäquate Einordnung von Störungen und Krankheiten.

„Jeder Effekt bei dem geschädigten Organismus ist eingebettet in ein bestimmtes Gesamtverhalten. Was zunächst als ein regelloser nichtdurchschaubarer Wechsel von Leistungen und Ausfällen erscheint, wird so verständlich."[230]

Goldstein, der als einer der Hauptvertreter des biologischen Zweigs der Gestaltlehre gilt, versucht zu zeigen, daß die ganzheitliche Betrachtungsweise nicht nur für das Psy-

226 Horner/Bühler, Existential and Humanistic Psychology: A Hope for the Future in Philosophy, Psychotherapy and Research, in: International Psychiatry Clinics, 6, S. 60

227 Bühler /Allen, a.a.O., S. 24

228 Vgl. Smuts, Holism and Evolution, London 1926³. Deutsch: Die holistische Welt, Berlin 1938

229 Vgl. Goldstein, Der Aufbau des Organismus, Den Haag 1934 S. auch die Zusammenfassung des Goldsteinschen Systems die Walter, Gestalttheorie und Psychotherapie, Darmstadt 1977, S. 18—23 gibt. Ein vollständiges Verzeichnis der Schriften Kurt Goldsteins findet sich in: Simmel, The Reach of the Mind. Essays in Memory of Kurt Goldstein, New York 1968

230 Goldstein, Der Aufbau des Organismus, Den Haag 1934, S. 23

chische zutrifft, sondern daß sie vielmehr für den ganzen Organismus von Bedeutung ist, der in seiner Struktur, Organisation und Dynamik nach ihren Gesetzen funktioniert. Goldsteins organismische Perspektive sieht Psyche und Physis in einen dynamischen Funktionszusammenhang gestellt, deren Zusammenspiel und wechselseitige Beeinflussung die „Einheit" Mensch im wesentlichen ausmacht.

Folgende holistische Grundgedanken liegen der Humanistischen Psychologie zugrunde:

— Der Mensch ist eine organismische Ganzheit, eine Einheit aus Wahrnehmen, Fühlen und Denken.
— Als eine solche Einheit hat der Mensch die Tendenz zur Selbstregulation, zur vegetativen Homöostase.
— Als psychobiologischer Organismus integriert der Mensch Vergangenheit und Zukunft im Hier-und-Jetzt.
— Der Mensch ist autonom und interdependent zugleich.
— Im Hinblick auf Störungen der organismischen Ganzheit gelten drei Forderungen:

„1. Man muß alle Erscheinungen, die ein Organismus bietet, berücksichtigen und darf zunächst keiner den Vorrang geben.
2. Man darf sich bei der Klärung der Erscheinungen nicht mit der Feststellung des Effektes, z.B. einem Versagen bei einer Aufgabe zufriedengeben. Der Effekt sagt kaum etwas über die zugrundeliegende Leistung aus. Es bedarf hier einer eingehenden Analyse des Zustandekommens des Effektes.
3. Keine Entscheidung darf ohne Bezug auf den Organismus und die betreffende Situation betrachtet werden."[231]

Versuchen wir, bevor wir uns den Vertretern der Humanistischen Psychologie im einzelnen zuwenden und deren gruppentheoretische Bestimmungen rekapitulieren, an dieser Stelle einer Zusammenschau der humanistisch-psychologischen essentials zu geben.

1.) An erster Stelle steht das *Interesse, die Person als Ganzheit zu erforschen und zu verstehen*. Der Mensch gilt als handelnde Ganzheit, und die humanistische Psychotherapie hat es sich zur Aufgabe gesetzt, „dem Menschen zu helfen, seine Existenz als real zu erleben."[232] Sie will ihn dazu anleiten, die Wirklichkeit und Möglichkeit seines individuellen Lebens möglichst vollständig zu erfassen.
Dabei bemüht sich die Humanistische Psychologie, den Akzent in ihrer Beschäftigung mit dem Menschen auf Eigenschaften wie Gesundheit, Aktivität und Kreativität zu setzen. Sie ist primär an der Erforschung erfüllten und glücklichen Lebens interessiert, weniger an der Systematisierung von Störungen und Krankheiten.
„Wir glauben, daß das Leben eines gesunden Menschen einen Kern hat, auch wenn dieser unbewußt bleiben und nicht der Ursprung und der Bezugsrahmen seiner Handlungen sein mag. Wir meinen dennoch, daß dieser Kern fast immer aufspürbar

231 Walter, Gestalttheorie und Psychotherapie, Darmstadt 1977, S. 19
232 Vgl. die entsprechende Auflistung in: Eisele, Wovon lebt der Mensch? Selbstverwirklichung — Leben aus eigener Kraft, in: Wege zum Menschen, 33, 1981, S. 419—430

ist, und daß die Entwicklung in einer gewissen Beziehung zu biologischen Prozessen abläuft."[233]

2.) Der Ansatz der Humanistischen Psychologie impliziert eine Anthropologie, die den *Glauben an das gegebene Positive* voraussetzt. Man geht vom Vorhandensein eines positiven Potentials aus, das im Sinne der kontinuierlichen Identitätsfindung wachsen und entwickelt werden kann.

3.) Zentral ist die Annahme einer Tendenz zur *Selbstverwirklichung oder Selbstentfaltung* im Menschen. In ihrer Abkehr von einem defizitorientierten oder Krankheitsmodell der Persönlichkeit, unterstreicht die Humanistische Psychologie die Bedeutung des Verfügbarmachens ungenutzter Kräfte bzw. der Weiterentwicklung bereits genutzter Kräfte für das menschliche Leben.
„Selbstverwirklichung wird auf verschiedene Art und Weise definiert, doch man kann einen soliden Kern der Übereinstimmung erkennen. Alle Definitionen akzeptieren oder implizieren (a) Anerkennung und Ausdruck des inneren Kerns des Selbst, d.h. Verwirklichung der latenten Kapazitäten und Potentialitäten, ‚volles Funktionieren', Verfügbarkeit der menschlichen und persönlichen Essenz; (b) minimales Vorhandensein von Erkrankungen, Neurose, Psychose, von Verlust oder Minderung der grundlegenden menschlichen und persönlichen Kapazitäten."[234]

Charlotte Bühler[235] sieht das menschliche Streben nach Selbstentfaltung und Erfüllung mit vier Grundtendenzen verbunden:

— Mit der Tendenz, persönliche Befriedigung in Sexualität, Liebe und Anerkennung des Ichs zu suchen;
— mit der Tendenz zu selbstbeschränkter Anpassung, um der Zugehörigkeit und Sicherheit willen;
— mit der Tendenz zu schöpferischer Expansion;
— mit der Tendenz zu Integration und Aufrechterhaltung der inneren Ordnung.

4.) Wo die Humanistische Psychologie Selbstverwirklichung propagiert, wo sie von „organismischem Wandel" oder „attitude change" spricht, geht sie in ihrem Selbstverständnis in der Regel davon aus, daß damit kein solipsistisches Unterfangen gemeint ist. Es wird betont, daß Eigenständigkeit nur die eine Seite der anthropologischen Grundpolarität von *„Autonomie und Interdependenz"* sei: die interdependente Verknüpfung, d.h. die interaktionale und soziale Ausrichtung auf den Mitmenschen konstituiere das menschliche Wesen genauso wie die Tatsache, daß der einzelne ein eigenes, einmaliges und für sich abgeschlossenes (aber entwicklungsfähiges) Universum sei. Man folgert die Gleichgewichtigkeit verantworteter Individualität

233 Bühler/Allen, a.a.O., S. 43
234 Maslow, Psychologie des Seins, München 1973, S. 196
235 Bühler, Der menschliche Lebenslauf als psychologisches Problem, Göttingen 1959

(im Sinn des Ichseins und Selbstwerdens) und gestalteter Sozialität (mitmenschlichen Bezogenseins) für die Existenz.

Mit ihrem Interesse an der Entfaltung der Person als Ganzheit, die durch das Autonomie-Interdependenz-Konzept näher bestimmt wird, fordert bzw. postuliert die Humanistische Psychologie eine Grundhaltung der *Verantwortlichkeit.* Der Mensch habe, so formuliert sie, die grundsätzliche Möglichkeit, sich für das Wesentliche und Positive frei zu entscheiden. Dabei denkt man einerseits an Selbstverantwortlichkeit (Verantwortung für die eigene Person und deren innere Gegebenheiten), andererseits an interpersonale und soziale Verantwortung (an Verantwortung für das Du, für die Gruppe, zu der man gehört, an gesellschaftliche Verantwortung).

5.) Last not least zählt die Frage nach der *Wertorientierung und Sinnhaftigkeit* des Lebens zu den Kernstücken der Humanistischen Psychologie.

Wertorientierung. Die Humanistische Psychologie versteht ihren Entwurf als existentielles Orientierungsangebot in einer Zeit allgemeinen Wertverlustes. In ihrer Bezugnahme auf Vorstellungen und Ideale des Humanismus/Neohumanismus will sie dem verbreiteten pessimistischen Lebensgefühl entgegentreten, das sie als kultur- und gesellschaftsgeschichtliches Problem auffaßt, welches dem einzelnen Desorientierung, existentielle Einsamkeit und Identitätsverlust gebracht hat. Entsprechende Gedanken werden häufig anhand der Entwicklung von Kultur, Gesellschaft und Leben in den USA belegt.

„Zu dieser Entwicklung trug eine Vielzahl von Faktoren bei. Der zweite Weltkrieg war vielleicht der Wendepunkt, der entscheidende Optimismus in der Philosophie des Amerikaners wich. Für alle diejenigen, die erwartet hatten, daß das 20. Jahrhundert den Kriegen ein Ende machen würde, bedeutete der Ausbruch des Zweiten Weltkrieges die größte Desillusionierung, die es für die zivilisierte Welt geben konnte. Die ganze Welt wurde durch die Ursache des Krieges und seine weitreichenden Auswirkungen in Mitleidenschaft gezogen, und die Amerikaner waren in keiner Weise immun gegen die tiefen Spuren, die er hinterließ. Aus dieser ‚sozialen Angst' traten Karen Horney und Erich Fromm hervor und fragten: ‚Können wir der Gesellschaft vertrauen?' Und sicherlich haben Terror und Grausamkeit in Rußland nach der Machtübernahme Stalins, in Hitler-Deutschland, später in Vietnam, Massaker wie das in My Lai, Fragen offen gelassen, die fast zu schrecklich sind, um sich mit ihnen zu konfrontieren — grundlegende Fragen nach der Natur des Menschen und seinen Antrieben. (…)

In einer Zeit, in der alte Methoden zur Bewältigung der Lebensprobleme unwirksam geworden sind, in der alte Werte in Frage gestelllt werden, in der alle Menschen nach neuen Wegen suchen, um mit dem menschlichen Leben als Ganzem fertig zu werden, hat die humanistische Psychologie verständlicherweise eine große Anziehungskraft. Keine Psychologie kann als solche allen Menschen eine Philosophie geben; aber die humanistische Psychologie ist hier vielleicht eher in der Lage zu helfen: sie konzentriert sich auf die Entdeckung von Prinzipien, die sich als konstruktiv erwiesen haben bei der Bemühung, ein erfülltes Leben zu leben und aufrechtzuerhalten, und sie ermöglicht es jedem einzelnen Menschen, diese Prinzipien zu begreifen und Fähigkeiten zu entfalten, die ihm bei der Neugestaltung seines Lebens nützen können."[236]

Sinnhaftigkeit. Auf dem Hintergrund solcher Überlegungen interessiert sich die Humanistische Psychologie für die Dimension der Sinnhaftigkeit des Lebens, genauer gesagt, für die Frage, welche Bedingungen gegeben sein müssen, damit der einzelne seine Existenz als sinnvoll (als ausgerichtet, wertvoll, erfüllt und lebenswert) erfahren kann. Man bezieht sich hauptsätzlich auf Viktor Frankl, dessen Lebenswerk Psychotherapie und Sinnfrage zu verbinden sucht.[237]

Als *Hauptvertreter* der Humanistischen Psychologie gilt im allgemeinen *Abraham H. Maslow.*[238] Maslow, ursprünglich Behaviorist und Verhaltensforscher (er promovierte über die Geschlechts- und Rangordnungseigenschaften bei Affen), versuchte, unter dem Eindruck des Zweiten Weltkrieges und von den Arbeiten Alfred Adlers, Erich Fromms, Karen Horneys, Ruth Benedicts, Kurt Goldstein und Max Wertheimers beeinflußt, eine psychologische Bestimmung seelischer Gesundheit vorzunehmen. Von der ethischen Indifferenz der Verhaltenspsychologie und den kritisch-skeptischen Einwänden Freuds zu den Möglichkeiten der menschlichen Natur enttäuscht, entwarf er in der Auseinandersetzung mit ihnen sein psychologisch-philosophisches Erkenntnisunternehmen als Untersuchung menschlicher Kreativität und Selbstverwirklichung, das sich den Prinzipien einer Anthropologie verpflichtet fühlt, die das Uneigennützig-Gute im Menschen finden will.
Maslow untersuchte Menschen, die er als „Self-actualizing-people" empfand — als „außergewöhnliche" und „erfüllte" Individuen, die sich ihrer psychischen Gesundheit nicht nur selbst bewußt waren, sondern die auch von ihrer Umwelt als „selbstverwirklicht" erlebt wurden. Seine empirischen Untersuchungen und die Überlegungen, die er daran knüpft, sind über weite Strecken idealtypisch und m.E. heute nur schwer nachzu-

236 Bühler/Allen, a.a.O., S. 14 und 18

237 Vgl. Frankl, Ärztliche Seelsorge, Wien 1971; Ders., Der Wille zum Sinn, Bern 1972; Ders., Der Mensch auf der Suche nach dem Sinn, Freiburg 1973. Der Einfluß Frankls auf die Humanistische Psychologie ist verschiedenartig und vielfältig. Er kann hier nicht im einzelnen referiert werden. Frankls Ansatz (die sog. „Logotherapie") und der Ansatz der Humanistischen Psychologie liegen dort nahe beieinander, wo beide die Humanisierung der Psychotherapie fordern. Sie unterscheiden sich jedoch in den Fragen der konkreten Sinnverwirklichung. Während die Humanistische Psychologie den „Sinn" eher im „Innen" sucht („the beyond within"), geht es Frankl stärker darum, die Sinnorientierung „außen", d.h. in den konkreten Lebensaufgaben und -zielen zu entdecken.

238 Vgl. Maslow, A Philosophy of Psychology, in: Fairchild (Hrsg.) Personal Problems and Psychological Frontiers, New York 1957; Ders., Lessons from the Peak-Experiences, in: Journal of Humanistic Psychology, 2, 1962, S. 9—18; Ders., Religions, Values and Peak Experiences, Ohio 1964; Ders., Eupsychian Management, Illinois 1965; Ders., Psychologie des Seins, München 1973; Ders., Motivation und Persönlichkeit, Olten 1977; Ders., Psychologie der Wissenschaft, München 1977

vollziehen. Sie muten an, als suchte er den Idealmenschen oder die Eigenschaften der psychischen Elite zu bestimmen, um an deren Beispiel die menschlichen Möglichkeiten zu exemplifizieren. Maslow selbst hat folgendes Bild gebraucht, um sein Interesse zu verdeutlichen:

„Wenn man wissen will, wie rasch ein Mann eine Meile laufen kann oder wie man die Fähigkeit, eine Meile zu laufen verbessern könnte, untersucht man nicht den durchschnittlichen Läufer, sondern den außergewöhnlichen, also diejenigen an der ‚wachsenden Spitze'. Nur solche einzelne werden eine Idee vom menschlichen Potential, eine Meile rascher zu laufen, gewähren können."[239]

Selbstverwirklichte Menschen, die sich zumindest tendenziell an das Ideal der „Vollmenschlichkeit" (Full-humanness) annähern konnten, haben nach Maslows Ansicht

— eine bessere Wahrnehmung der Realität und bequemere Beziehungen zu ihr;
— die Eigenschaft grundsätzlicher Akzeptanz sich selbst, anderen und der Natur gegenüber;
— ein Verhalten, das spontan, einfach und natürlich ist;
— Interesse an Problemen außerhalb ihrer selbst;
— die Eigenschaft der Objektivität und das Bedürfnis nach Privatheit;
— ein hohes Maß an Willen, Aktivität und Autonomie, das sie relativ unabhängig von Kultur und Umwelt macht;
— unverbrauchte Wertschätzung (Ehrfurcht, Freude, Staunen);
— persönliche Grenzerfahrungen gemacht: „Peak-experiences", intensive sinnliche Erfahrungen, wie sie z.B. im selbstvergessenen Genießen bildender Kunst, Musik oder der Natur liegen können;
— Gemeinschaftsgefühl und ausgeprägte interpersonale Beziehungen;
— die Gabe der Unterscheidung zwischen Gut und Böse;
— philosophischen, nicht feindseligen Sinn für Humor;
— Widerstand gegen Anpassung.[240]

Es würde hier zu weit führen, die verschiedenen Seiten von Maslows Werk ausführlicher zu referieren. Es genügt, ihn als Hauptvertreter der humanistisch-psychologischen Theorie genannt und seine Gedanken zur Selbstverwirklichung kurz skizziert zu haben. Auch der kritischen Reflexion, wie sie vom Standpunkt einer theologischen Anthropologie naheliegt, kann hier kein Raum gegeben werden. Sie soll an geeigneter Stelle ihren Platz finden.

Nach dieser Zusammenschau der allgemeinen Grundpositionen der Humanistischen Psychologie wollen wir uns im folgenden wieder unserem eigentlichen Thema zuwenden und fragen, worin nun der spezifische Beitrag der Humanistischen Psychologie zur Theorie der *Gruppe* besteht.

[239] Goble, Die Dritte Kraft, Olten 1979, S. 39
[240] Vgl. Maslow, Motivation und Persönlichkeit, a.a.O., S. 179ff.

Wie sich zeigt, versucht die Humanistische Psychologie auch im Hinblick auf die Gruppe den expliziten Bezug auf ihr Wertsystem und auf ihre Anthropologie beizubehalten. Ihre anthropologischen Grundsätze sind nicht im nachhinein — als ein Zweites oder Drittes — zu erschließen, vielmehr konstituieren sie ausdrücklich die Basis, auf der sich die konkrete Anschauung der Gruppe im einzelnen aufbaut und entfaltet.
Weil die Humanistische Psychologie davon ausgeht, daß Werte, Ziele und Überzeugungen eine zentrale Rolle im menschlichen Leben spielen und daß methodische Ziele und allgemeine Daseinspostulate nicht voneinander zu trennen sind, bezieht sie sie auch in ihre Theorie der Gruppe von Anfang an mit ein. Sie tut dies in doppelter Hinsicht:

- indem sie sich wertbezogenen Festlegungen als normativer Basis verpflichtet
- und indem sie verantwortlichen Wertentscheidungen in bestimmten Phasen der Gruppenarbeit zentrale Bedeutung beimißt.

Auch ihre anderen, bereits genannten Grundkonzepte haben im Rahmen der Gruppe Gültigkeit. So interessiert man sich weniger für die unbewußten Zusammenhänge oder psychodynamischen Dispositionen — eine Auffassung der Gruppe als „black box" und empirische Verhaltensbeschreibung liegt ihr ebenso fern — und akzentuiert statt dessen den unmittelbaren und authentischen Ausdruck der Person als Ganzheit, die Entfaltung von Kreativität, Spontaneität und unverwechselbarer Identität im lebendigen Kontakt mit anderen.
Der Glaube an das gegebene Positive. Die Gruppe ist ein Ort der Freiheit; ein Raum, in dem sich Möglichkeiten und Fähigkeiten schöpferisch entfalten können. In der Gruppe kann Authentizität Förderung erfahren. Die Gruppe sollte der Einübung neuer interpersonaler Einstellungen dienen: sie erhält die Funktion eines positiven Experimentierfeldes zur Veränderung zwischenmenschlichen Verhaltens.
Hier-und-Jetzt. Authentizität und Unmittelbarkeit sind die Leitgedanken des humanistisch-psychologischen Begriffs der Gruppe. Das Hier-und-Jetzt ist wichtiger als das Dort-und-Dann, gilt es doch als der Punkt, an dem sich Vergangenheit und Zukunft überschneiden, an dem die Entscheidung, die zu Veränderung führt, möglich ist.
Selbstverwirklichung/Selbstentfaltung. Gruppen geben Gelegenheit, Authentizität in Zusammenhängen interpersonaler Konfrontation einzuüben. Darum sind sie bevorzugte Freiräume der Entfaltung und des Wachstums der menschlichen Möglichkeiten.
Gruppen sind kein Labor, in dem „... alte Familienmuster neu erlebt, erforscht und durch bessere Beziehungen ersetzt werden, sondern ein wichtiger Teil des Lebens, der sich von anderen Situationen nur durch größere Echtheit, Unmittelbarkeit und Konzentration auf das Wesen des Lebens unterscheidet."[241]

Verantwortlichkeit. In der Gruppe kann freie Entscheidung und bewußte Wahl, also Verantwortlichkeit, praktiziert und geübt werden. Verantwortlichkeit wird in der Regel als Selbstverantwortung verstanden.

241 Cohn, Drei Modelle der Gruppentheorie: Psychoanalyse, Erlebnis- und Gestalttherapie, in: Cohn, Von der Psychoanalyse zur Themenzentrierten Interaktion, Stuttgart 1984[6], S. 68

Wie an diesen Grundbestimmungen deutlich wird, liegt der Ansatz der Humanistischen Psychologie im Hinblick auf die Gruppe weder bei der Untersuchung natürlicher Gruppenbildungen, wie sie etwa die soziologische Gruppenforschung kennzeichnet, noch bei Reflexionen zur psychodynamischen Seite der Interaktion (im Sinne Freuds und seiner Nachfolger). Auch das Interesse an experimentell ausgerichteter Kleingruppenforschung in Laborgruppen — darin dem Lewinschen Vorhaben vergleichbar — spielt eine untergeordnete Rolle. Empirische Untersuchungen, Evaluierungsstudien zur Wirkung von Führung, Kohäsion, zum Konformitätsverhalten oder zu den Fragen der Verhaltensänderung sind im Umkreis der Humanistischen Psychologie selten zu finden.
Bei den Entwürfen, die die Humanistische Psychologie zur Gruppe vorgelegt hat, handelt es sich, so kann man schließen, nicht um herkömmliche Gruppentheorie in einem streng sozialpsychologischen Sinn. Entwickelt wurden in der Hauptsache Anwendungskonzepte, die die humanistisch-psychologischen Axiome und Postulate und die Forschungsergebnisse der wissenschaftlichen Kleingruppenforschung zu verschiedenen Handlungsmodellen integrieren.

Bei *Maslow* finden sich nur allgemeine Hinweise. Er setzt die Bedeutung der Gruppe, speziell der gruppendynamischen Initiativen in T-Gruppen, Begegnungsgruppen und Human-potential-groups, relativ hoch an, wo er die Vermutung äußert, diese könnten möglicherweise dazu beitragen, die Gesellschaft humaner, und das heißt für ihn, großzügiger, freundlicher und sozialer, zu machen.[242] Er zeichnet die Utopie einer „guten" Gesellschaft, die ihren Mitgliedern maximale Möglichkeiten gewährt, gesunde und selbstverwirklichte Menschen zu werden.

„Dies wiederum bedeutet, daß die gute Gesellschaft eine ist, die ihre eigenen institutionellen Anordnungen so aufgebaut hat, daß ein Maximum guter und ein Minimum schlechter menschlicher Beziehungen gepflegt, ermuntert, belohnt und hervorgebracht werden. Eine zusätzliche Folgerung (...) wäre, daß eine gute Gesellschaft synonym mit einer psychologisch gesunden ist, während eine schlechte synonym mit einer psychologisch kranken wäre, was wiederum eine Grundbedürfnisse befriedigende einerseits und Grundbedürfnisse vereitelnde andererseits bedeutet, daß heißt nicht genügend Liebe, Zuneigung, Schutz, Achtung, Vertrauen, Wahrheit und zu viel Feindlichkeit, Erniedrigung, Angst, Verachtung und Dominierung."[243]

Es geht Maslow nicht darum, Krankheiten und Störungen zu eliminieren, doch könnte die Gruppe seiner Ansicht nach einen Freiraum bieten, um Bedürfnisse nach Zugehörigkeit und Liebe neu zu entdecken und sie leben zu lernen. Seine Gedanken zur Gruppe sind Teil einer Sozialpsychologie, die sich von kulturellem Pessimismus und Relativismus frei machen will[244] — von Konzepten, die sich vom Studium der Macht, der Sugge-

242 Vgl. Maslow, Motivation und Persönlichkeit, a.a.O., S. 291—295

243 Maslow, Motivation und Persönlichkeit, a.a.O., S. 291

244 Vgl. Maslow, Motivation und Persönlichkeit, a.a.O., S. 327—330; S. Ders., Psychologie des Seins, a.a.O., S. 219ff.

stion, des Hasses und der Feindseligkeit mehr leiten ließen als vom Interesse an Wachstum, Kooperation, Demokratie, Altruismus und Freundlichkeit.

„Das Studium der Freiheit und der freien Menschen hat in der Sozialpsychologie von heute wenig oder keinen Platz. Wie wird Kultur verbessert? Was sind die guten Auswirkungen des Abweichenden? Wir wissen, daß Kultur niemals ohne Abweichungen Fortschritte machen oder verbessert werden kann. Warum hat man sie nicht mehr untersucht? Warum betrachtet man sie im allgemeinen als pathologisch? Warum nicht als gesund? Brüderlichkeit und Gleichheit verdienen genauso viel Aufmerksamkeit wie Klasse und Kaste und Herrschaft in der sozialen Sphäre. Warum nicht die religiösen Bruderschaften studieren? Die Konsumentengenossenschaft und Produzentencooperativen? Internationale und utopische Gemeinschaften?"[245]

Maslow versteht seinen Ansatz, wie er ihn etwa in „Psychologie des Seins" ausformuliert hat, im ganzen als normative Sozialpsychologie.[246] Er setzt sich von den Zielen einer rein empirischen Sozialforschung und Sozialpsychologie und deren Selbstbeschränkung auf Deskription ab, weil er darin den unzulänglichen Versuch sieht, eine umfassende Wirklichkeit durch Reduktion auf einige wenige, systematisch beobachtbare Fakten erfassen zu wollen. Seine Abkehr definiert er weniger als Antagonismus denn als Erweiterung solcher Ansätze — als Fortführung, die die „Suche nach Werten als eine der wesentlichen und durchführbaren Aufgaben einer Gesellschaft"[247] akzeptieren will.
Dies ist

„... die klare Konfrontation eines grundlegenden Systems orthodoxer Werte mit einem anderen neueren Wertesystem, das nicht nur bessere Leistungsfähigkeit, sondern auch größere Wahrheit für sich beansprucht. Es leitet einige wahrhaft revolutionäre Folgerungen aus der Entdeckung ab, daß die menschliche Natur unter ihrem Wert verkauft worden ist, daß der Mensch eine höhere Natur hat, die ebenso ‚instinktoid' wie seine niedere ist, und daß diese höhere Natur die Bedürfnisse nach sinnvoller Arbeit, Verantwortlichkeit, Kreativität, Fairneß und Gerechtigkeit einschließt, um das zu tun, was wert ist, getan zu werden, und es gut zu tun".[248]

Auf dem Hintergrund solcher Überlegungen werden „gesunde" Gruppen für ihn zum Entfaltungsraum per se, und die Rolle, die sie im Funktionsgefüge der Gesellschaft zugesprochen bekommen, ist die einer ernstzunehmenden Demokratisierungshilfe. Die Selbstbefreiung der Individuen in der Gruppe könnte — so Maslows Konsequenz — zum Motor sozialer Veränderungen werden.
Stärke (im Sinne der Human-Potential-Idee) kann nach Maslows Überzeugung gerade in Gemeinschaft erworben und entwickelt werden. Basic-encounter-groups, T-Gruppen

245 Maslow, Motivation und Persönlichkeit, a.a.O., S. 328
246 Vgl. Maslow, Psychologie des Seins, a.a.O., S. 219ff.
247 Ebenda
248 Maslow, Psychologie des Seins, a.a.O., S. 220

etc. sind seiner Meinung nach hierfür hervorragend geeignet: sie wirken nach ähnlichen Prinzipien wie die traditionellen Psychotherapien, sind jedoch wirtschaftlicher, was Zeit und Geld anbetrifft. Zudem sind sie für eine größere Zahl von Menschen verfügbar, als individuelle Therapie dies je sein kann. Gelingt die Arbeit in einer Gruppe — so Maslows Resümee —, kann man eine „ideale Gesellschaft en miniature"[249] erleben. Einschränkend fügt er hinzu, daß die bisherigen Resultate „zwar nicht aufregend", aber immerhin „ermunternd"[250] seien. Maslow ging wie viele seiner Zeitgenossen davon aus, daß die enorme Nachfrage nach den humanistisch-psychologischen Gruppen, die anfangs zu verzeichnen war, alle Vermutungen hinsichtlich ihrer Wirksamkeit überzeugend zu bestätigen schien.
Die Sommergruppen der National Training Laboratories (NTL), wie sie 1947 aus den Arbeiten Kurt Lewins entstanden waren, wurden noch hauptsächlich von Führungskräften aus Industrie und kommunaler Verwaltung besucht bzw. waren für diese eingerichtet. Mit Recht nannte man jene ersten gruppendynamischen Veranstaltungen „Trainings-Gruppen", war doch ihr selbstgesetztes Ziel der Erwerb praxisbezogener gruppendynamischer Kenntnisse zur Umsetzung in den Arbeitsfeldern der Teilnehmer. Gruppenprozeß und Gruppendynamik standen im Vordergrund. Man wollte sich praktische Kenntnisse der Gruppenfunktion und der Gruppenprozesse aneignen, um am eigenen Arbeitsplatz besser für Führungsaufgaben und schwierige interpersonale Situationen gerüstet zu sein. In erster Linie ging es um Entscheidungsprozesse in Gruppen, um das Mitgliedschaftsverhalten, um Führungskonzepte und um mögliche Formen der Gruppenorganisation.[251]
Die T-Gruppen fanden zunehmend Interesse und verbreiteten sich rasch. Immer mehr verlagerte sich der Akzent dabei weg von der zielgerichteten und berufsfeldorientierten Ausrichtung hin zu einem eher allgemeinen „Training in Human Relations", zum „Potential Growth Laboratory", mit dem Interesse an Persönlichkeitswachstum durch die Entwicklung interpersonaler Beziehungen im Gruppenprozeß.
Zahlreiche Varianten der T-Gruppe entstanden in der Folgezeit. Viele herkömmliche Ansätze aus dem sozialpsychologischen Bereich verbanden sich mit den Grundgedanken und Ideen der Humanistischen Psychologie und führten zu immer neuen Gruppentypen und Methodenkombinationen. „Growth" — Persönlichkeitswachstum wurde zum

249 Maslow, Motivation und Persönlichkeit, a.a.O., S. 300
250 Ebenda
251 Vgl. National Training Laboratories, Issues in Human Relations Training, Selected Readings Series, No. 5, Washington 1962; Bradford/Gibb/Benne, Gruppentraining. T-Gruppentheorie und Laboratoriumsmethode, Stuttgart 1972; Shaffer/Galinsky, Handbuch der Gruppenmodelle, Band 2, S. 223—247 (T-Gruppe und Laboratorien), Gelnhausen/Berlin/Freiburg/Stein 1977; Däumling/Fengler/Nellessen/Svennsson, Angewandte Gruppendynamik, Stuttgart 1974, S. 58—100 (Die Trainingsgruppe); Nagl, T-Gruppe, Organisation, Institution, in: Heintel (Hrsg.), Das ist Gruppendynamik, München 1974, S. 38—59

Schlüsselbegriff.[252] In den Brennpunkt des Interesses traten vor allem die „Sensitivity-" und die „Basic-Encounter-Groups". Man kann sie als Kristallisationskerne der Frühform humanistisch-psychologischer Gruppenarbeit begreifen. Aufgabenorientierte Gruppen existierten daneben zwar weiter, doch spielten sie im allgemeinen eine geringere Rolle als die neuen selbsterfahrungsorientierten Gruppen, welchen sich das öffentliche Interesse zuwandte.
Carl Rogers faßt die generellen Merkmale der Sensitivity- und Encounter-Gruppen zusammen:

„Die Gruppe ist fast immer klein (acht bis achtzehn Mitglieder), sie ist relativ unstrukturiert und sucht sich ihre eigenen Ziele und persönlichen Richtungen. Die Erfahrung schließt oft, wenn auch nicht immer, eine kognitive Energiezufuhr ein — Material, das der Gruppe dargelegt wird. In fast allen Fällen besteht die Verantwortlichkeit des Leiters in erster Linie darin, den Ausdruck von Gefühlen und Gedanken seitens der Gruppenmitglieder zu erleichtern. Der Gruppenleiter und die Gruppenmitglieder konzentrieren sich auf den Prozeß und auf die Dynamik der unmittelbaren persönlichen Interaktion. Das sind einige jener identifizierenden Merkmale, die ziemlich leicht zu erkennen sind."[253]

Während es in den Sensitivity-Gruppen in erster Linie um Persönlichkeitsreifung („Therapie für Gesunde") geht,[254] liegt der Schwerpunkt der Encounter-Gruppen (Begegnungsgruppen) auf der Veränderung durch interpersonale Begegnung. Die Encounter-Gruppen[255] unterscheiden sich von gruppendynamischen Laboratorien und T-Gruppen insofern, als sie in der Regel weniger der klassischen Sozialpsychologie als vielmehr der Humanistischen Psychologie verpflichtet sind. Sie wurden zum Prototyp solcher Gruppen, wie Maslow sie gefordert hatte, zum deutlichsten Beispiel einer Gruppenarbeit, die die Anleitung zur Selbstentfaltung als ihre zentrale Aufgabe betrachtet.

252 Mit Schutz kann man den Wechsel von der gruppendynamisch orientierten T-Gruppe zur „Personal Growth"-orientierten Sensitivity-Gruppe etwa Mitte der sechziger Jahre ansetzen. Vgl. Schutz, Encounter, Hamburg 1977, S. 14

253 Rogers, Encounter-Gruppen, München 1984, S. 13

254 Vgl. zur Sensitivity-Gruppe: Däumling, Sensitivity Training, in: Gruppenpsychotherapie und Gruppendynamik, 2, 1968, S. 113—123; Ders., Die Herausforderung des Sensitivitäts-Trainings, in: Gruppenpsychotherapie und Gruppendynamik, 4, 1970, S. 4—16; Ders.,/Fengler/Nellessen/Svensson, Angewandte Gruppendynamik, Stuttgart 1974, S. 226—234; Gibb, Sensitivitätstraining als Mittel zur Förderung individueller Bildungsprozesse und Verbesserung zwischenmenschlicher Beziehungen, in: Horn (Hrsg.) Gruppendynamik und der „subjektive Faktor", Frankfurt 1973², S. 129—182; Schmidbauer, Sensitivitätstraining und analytische Gruppendynamik, München 1973; Weschler/Reisel, Inside a Sensitivity Training Group, Los Angeles 1959

255 Vgl. zur Encounter-Gruppe: Rogers, Encounter-Gruppen, München 1984; Ders., Here Comes Everybody, New York 1971; Schutz, Freude, Reinbek 1973; Ders., Encounter, Hamburg 1977; Däumling/Fengler/Nellessen/Svensson, Angewandte Gruppendynamik, Stuttgart 1974, S. 234—236; Burton (Hrsg.), Encounter, San Francisco 1969

Carl R. Rogers, der in Deutschland vor allem als Begründer der klientenzentrierten Gesprächspsychotherapie[256] bekannt geworden ist, kann auch als einer der Hauptvertreter der Theorie und Praxis der Encounter-Gruppe gelten. Rogers, ursprünglich Theologe, ist stark von der dialogischen Philosophie Martin Bubers beeinflußt. Von hier akzentuiert er die akzeptierende Beziehung als Motor personaler Veränderungsprozesse, nicht nur in der therapeutischen Zweierbeziehung, sondern auch gerade für die Beziehungen in jeder Form der Gruppenarbeit. „Wie kann ich Beziehungen ermöglichen, die Menschen zu ihrer Persönlichkeitsentfaltung nutzen können?" — lautet seine Grundfrage im Hinblick auf die Begegnungsgruppen.
Folgendermaßen beschreibt er die Hypothesen seines Ansatzes:

„In einer Gruppe läßt sich ein psychologisches Klima der Sicherheit herstellen, in dem sich nach und nach die Freiheit des Ausdrucks und die Reduktion der Abwehr einstellen. In einem solchen psychologischen Klima werden viele unmittelbare Gefühlsreaktionen eines jeden Mitgliedes gegenüber den anderen und eines jeden Mitglieds gegenüber sich selbst ausgedrückt.
Ein Klima gegenseitigen Vertrauens entwickelt sich aus dieser wechselseitigen, gemeinsamen Freiheit, echte positive wie negative Gefühle auszudrücken. Jedes Mitglied gelangt zu größerer Akzeptierung seines totalen emotionalen, intellektuellen und physischen Seins, so wie es *ist*, einschließlich seines Potentials. Für Individuen, die weniger durch Abwehr-Rigidität gehemmt sind, wird die Möglichkeit einer Veränderung der persönlichen Einstellungen und des Verhaltens weniger bedrohlich.
Mit verminderter Abwehr-Rigidität können Individuen einander besser verstehen und in größerem Maße voneinander lernen. Es entwickelt sich eine Rückkopplung (‚Feedback') von einer Person zur anderen, so daß jedes Individuum erfährt, wie es den anderen erscheint und welchen Einfluß es auf interpersonale Beziehungen hat.
Diese größere Freiheit und verbesserte Kommunikation führt zu neuen Ideen, neuen Konzepten und neuen Richtungen. Innovation kann eher zu einer wünschenswerten als zu einer bedrohlichen Möglichkeit werden.
Das Lernen in der Gruppe wirkt sich nach der Gruppenerfahrung zeitweilig oder auch dauerhaft auf die Beziehungen zu Ehegatten, Kindern, Studenten, Untergebenen, Ebenbürtigen und sogar Überlegenen aus."[257]

Rogers leitet den begrifflichen Unterbau seiner Auffassung der Encounter-Gruppe aus Lewins Denken und von der Gestaltpsychologie her, zum anderen sieht er sie in seiner eigenen klientenzentrierten Therapie begründet. In der Methodik des Encounters sind zahlreiche Strömungen zusammengeflossen: neben einigen Elementen traditioneller Psychotherapie integrierte man Ansätze aus Psychodrama (Moreno), Gestalttherapie (Perls), körperorientierter Psychotherapie (v.a. aus der Bioenergetischen Analyse), aus Theater und Tanz sowie aus den Meditationspraktiken östlicher Religionen (Yoga, Zen

256 Vgl. Rogers, Die klientenzentrierte Gesprächspsychotherapie, Stuttgart 1972
257 Rogers, Encounter-Gruppen, a.a.O., S. 14

etc.).[258] Alles, wovon man vermutete, es könne der Selbstentfaltung dienen, wurde übernommen. Wissenschaftliche Methodendiskussion und -reflexion blieb die Ausnahme, Erfolgskontrollen beschränkten sich auf quantitatives Material (v.a. auf Erlebnisberichte von Teilnehmern). Daten, die (im Sinn von Wirkungsforschung) unter experimentellen Bedingungen gewonnen wurden, liegen bislang nicht vor.[259]
Die Encounter-Gruppe, so wie Rogers sie vorstellt, ist durch vier Zielperspektiven gekennzeichnet:

1. Sie ist grundsätzlich am Individuum orientiert, d.h. es geht ihr weniger um Gruppenprozeß und Gruppendynamik, vielmehr steht der einzelne im Vordergrund: seine persönliche Entwicklung und Reifung, seine Offenheit und Ehrlichkeit, seine Selbst-Wahrnehmung und Selbst-Verantwortlichkeit.
2. Trotzdem spielt auch die Gruppe eine Rolle. Ihre Relevanz liegt nach Rogers v.a. in ihrer Unterstützungsfunktion begründet — sie ermöglicht, vermittelt und erleichtert die intendierte Veränderung des einzelnen. Die Entwicklung der Persönlichkeit soll kein einsames Unterfangen sein, sie soll sich im ehrlichen Kontakt und Austausch mit den anderen Gruppenmitgliedern vollziehen. Die Gruppe bietet einen Schutzraum, ein Klima des Vertrauens und der Offenheit, und sie ist gleichzeitig Katalysator, indem sie Feedback gibt, nachfragt, kommentiert und konfrontiert.
3. „Personal Growth" und die Verbesserung zwischenmenschlicher Kommunikation gehören zusammen. Die Encounter-Gruppe will offene Beziehungen ermöglichen — unmittelbare, uneingeschränkte und vorurteilsfreie Kontakte zum anderen, die jeden in seinem So-Sein ernstnehmen und annehmen.
4. Es wird mit der Übertragung der Encounter-Gruppen-Erfahrung in dem Alltagszusammenhang gerechnet. Darüber, daß Individuen Wachstum und ein Stück unreduziertes Lebens erfahren, so argumentieren die Vertreter der Begegnungsgruppen, werden sie angeregt, auch ihren Alltag im Sinne der Selbstentfaltung und Humanisierung ihrer Beziehungen kreativ-verändernd zu gestalten.

Schutz[260] nennt sieben Grundsätze der Encounter-Gruppe:

— *Einheit des Organismus*

„Du bist ein einheitlicher Organismus. Du bist gleichzeitig Körper, Seele und Geist. Diese Aspekte sind Ausdruck desselben innersten Wesens. Du funktionierst am besten, wenn du diese Aspekte integrierst und wenn du dir deiner selbst bewußt bist."

— *Ehrlichkeit*

„Ehrlichkeit und Offenheit sind die Schlüssel zu deiner Persönlichkeitsentwicklung."

— *Bewußtheit*

„In erster Linie kann eine Encountergruppe dir helfen, dir deiner selbst in höherem

[258] Vgl. Schutz, Encounter, Hamburg 1977, S. 14ff.
[259] So Däumling/Fengler/Nellessen/Svensson, a.a.O., S. 236
[260] Schutz, Encounter, a.a.O., S. 22—27

Maße bewußt zu werden, deine Selbsttäuschung aufzudecken, dich selbst kennenzulernen und zu lieben, deine eigene Bedeutung zu erkennen, Respekt dafür zu empfinden, was du bist und kannst, und zu lernen, mehr Verantwortung für dich zu übernehmen. Diese Ziele wirst du am ehesten durch Selbst-Bewußtheit erreichen."

— *Freie Wahl*
„Die Teilnahme an einer Encountergruppe ist freiwillig (...). Die Entscheidung, in eine Encountergruppe zu gehen, ist kein Hinweis auf psychische Krankheit; sie drückt lediglich den Wunsch aus nach mehr Freude, Ehrlichkeit, Selbstakzeptierung, Bewußtheit etc."
— *Verantwortlichkeit*
„Mit meinem Hinweis, daß du selbstverantwortlich bist, will ich deine stärkeren Seiten ansprechen. Wenn ich voraussetze, daß du keine Selbstverantwortung übernehmen kannst, spreche ich deine schwachen Seiten an und mache dich unmündig."
— *Natürlichkeit*
„Ich traue natürlichen Prozessen. Mein Vertrauen in die natürliche Entfaltung betrifft praktisch jeden Bereich menschlichen Wirkens."
— *Lebensstil*
„Encounter ist ein Lebensstil, nicht nur eine therapeutische Technik. Encounter befaßt sich mit den Beziehungen zwischen Menschen und bietet eine Alternative zur gegenwärtigen Gesellschaftsstruktur, die auf Täuschung (‚Diplomatie'), Verstecken von Gefühlen (‚Takt'), Verleugnen des Körpers (‚primitiv, irrational, obszön') und ähnlichen Doppelzüngigkeiten beruht."

Der Encounter-Ansatz der Gruppenarbeit versteht sich als eigener und neukonzipierter methodischer Weg, der in keine der herkömmlichen Klassifizierungen paßt. Zum Teil definiert er sich klar psychotherapeutisch, andere Autoren grenzen sich wiederum gegen die therapeutische Bestimmung der Encounter-Gruppe ab, indem sie betonen, die Interaktion bliebe stets hier-und-jetzt-zentriert und die Erforschung lebensgeschichtlicher Daten spiele — wenn überhaupt — eine untergeordnete Rolle. Schutz wählt eine weitgefaßte Formulierung, wenn er sagt:

„Encounter steht der Therapie nahe, wenn es unsere inneren Fesseln zu lösen versucht. Encounter nähert sich der Pädagogik und Religion, wenn es eine weitgehende Entfaltung unserer persönlichen Fähigkeiten anstrebt."[261]

Rogers dagegen beschränkt sich im großen und ganzen auf die Beschreibung von Prozeßphänomenen, wie er sie in Encounter-Gruppen für typisch hält. Er will damit auf konstant bleibende Tendenzen hinweisen, die er anschließend anhand persönlicher Teilnehmerberichte illustriert. [262] Zwar spricht auch er von einer „Heilungskapazität" und vom „therapeutischen Potential" der Encounter-Gruppe, doch weigert er sich, seinen

[261] Schutz, Encounter, a.a.O., S. 9
[262] Rogers, Encounter-Gruppen, a.a.O., S. 175

Ansatz der Gruppenarbeit eindeutig als „Gruppenpsychotherapie" zu klassifizieren. Ein solcher Versuch widerspräche für sein Empfinden dem offenen Charakter der Encounter-Methodik.
Die Anwendungsgebiete einer solchen Form der Gruppenarbeit sind nach Rogers Selbstverständnis weitgefächert. Die allgemeine und umfassende Grundausrichtung auf Selbstentfaltung, „Personal Growth" und auf die Verbesserung der zwischenmenschlichen Beziehungen korrespondiert mit einer Interpretation der gesellschaftlichen Relevanz und Funktion der Begegnungsgruppen, die nahezu keinen sozialen Bereich ausläßt:

— Industrie
— Kirchen
— Regierung
— Rassenbeziehungen
— Internationale Spannungen
— Familien
— Generationskluft
— Erziehungsinstitutionen, sie alle nennt Rogers als potentielle Praxisbereiche[263].

Die Förderung von Selbstverantwortung und die Verbesserung zwischenmenschlicher Kommunikation, Vertrauensbildung und die Schaffung eines offenen Klimas, das Problemlösungen erleichtert, sind — so Rogers — im Grunde in allen sozialen Feldern, Organisationen und Institutionen vonnöten. Darum habe die Encounter-Gruppe überall dort ihren Platz, wo man bereit sei, sich ihren humanistischen Werten zu öffnen. Er interpretiert ihre Verbreitung als soziale Bewegung und versteht sie als eine Art menschenfreundlicher Gegenkultur, die sich mit ihren wertbezogenen Festlegungen, Idealen und Zielen für eine humane Gesellschaft engagiert.
An Rogers' Konzept der Encounter-Gruppe wird deutlich, wie Denk- und Handlungsmodelle zur Gruppe im Bereich der Humanistischen Psychologie miteinander verbunden sind. Gleichzeitig verläßt die hier vorgestellte Gruppenauffassung die meisten Fragen der Empirie, sie tritt aus dem sozialpsychologischen Laboratorium hinaus und wendet sich von biographisch orientierten Modellen, wie der Psychoanalyse, ab, die sie für defizitorientiert und überholt hält. In „existentialistischer Kühnheit" (Horn) entwirft man im engen Konnex zur Gruppentheorie das Programm einer „kulturellen Revolution", einem Aufbegehren der humanistischen Werte, das nicht mehr die Konflikte der Innerlichkeit, sondern die Lebensmöglichkeiten in der vorhandenen Welt ins Auge fassen will.[264]
Man kann Rogers' Entwurf der Encounter-Gruppe — und darum wurde er hier angeführt — als gutes Beispiel jenes Typs der Gruppenpraxistheorie verstehen, welche die Gruppe aus humanistisch-psychologischer Sicht als Ort der Bewahrung und Verwandlung sub-

263 Rogers, Encounter-Gruppen, a.a.O., S. 175
264 Vgl. Horn, Editorisches Vorwort, in: Horn (Hrsg.), Gruppendynamik und der „subjektive Faktor", Frankfurt 1973², S. 7—15

jektiver Wirklichkeit und Identität zu begreifen versucht. Die Gruppe selbst ist das Thema — die Beziehungen der einzelnen zueinander, ihre Wahrnehmung, Reflexion und Modifikation. Die Gruppe wirkt durch sich selbst. Indem sie bestimmten Axiomen und Postulaten folgt, wird sie zum Motor der Persönlichkeitsentfaltung und Hilfe zur Veränderung der gesellschaftlichen Verhältnisse. Sie wird, soziologisch gesprochen, zur zweckspezifischen Institutionalisierung der Selbstreflexion vor dem Hintergrund einer zunehmenden sozialen Differenzierung.

Ein anderer Typus der Gruppenarbeit findet sich in den Arbeiten *Ruth C. Cohns* beschrieben.[265] Wie Rogers fußt auch ihre Anschauung der Gruppe auf humanistisch-psychologischen Axiomen und Postulaten. Beide, Rogers und Cohn, können sicher als die wichtigsten Vertreter der humanistisch-psychologischen Gruppenpraxistheorie gelten. Da Cohns Ansatz gerade im kirchlichen Bereich weite Verbreitung gefunden hat, soll ihr Interaktionsmodell an gegebener Stelle ausführlich zur Sprache kommen. Hier sollen zunächst einige wenige Worte genügen.
Ruth Cohn hat mit der Themenzentrierten Interaktion (TZI) ein pädagogisch-therapeutisches Gruppenarbeitsverfahren entwickelt, dessen zentrales Anliegen es ist, kognitives Lernen, interpersonalen Kontakt und subjektiv-affektive Prozesse in Arbeitsgruppen in Balance miteinander zu bringen.
Ihr Ansatz unterscheidet sich von den Human-Potential-, den Wachstums- und Encounter-Gruppen insofern, als sie ihren Entwurf explizit als humanisierende Pädagogik versteht. Der Selbstverwirklichungsgedanke tritt etwas in den Hintergrund, zumindest werden seine Schattenseiten deutlich thematisiert. Cohn grenzt sich dort ab, wo sie den Mißbrauch oder das Mißverständnis der Selbstverwirklichungsidee im Sinn eines rücksichtslosen Individualismus fürchtet.[266]
„Sensitivity is not enough!" — lautet einer der Leitsätze, unter denen sie ihre Arbeit begann. Aus psychoanalytischen Supervisionsgruppen entwickelte sie die Themenzentrierte Interaktion als erlebnispädagogischen Ansatz, der sich der Humanistischen Psychologie und ihrem Wertesystem verpflichtet. Die Eigenart des Cohnschen Modells liegt darin, daß es Sachlernen und Persönlichkeitsentwicklung im Rahmen der Gruppe zu verbinden sucht.
„From couch to circle to community ..." bezeichnet Ruth Cohns eigenen Weg, der sie von der psychoanalytischen Einzeltherapie zur Themenzentrierten Interaktion führte. Gleichzeitig markiert der Satz die soziale Perspektive ihres Verfahrens, darin Rogers' Vorstellungen zur Anwendung der Encounter-Gruppe nicht ganz unähnlich.
Das Thema — der Inhalt, zu dessen Bearbeitung eine Gruppe zusammenkommt — erhält leitende und zentrierende Funktion für den Gruppenarbeitszusammenhang. Die dyna-

265 Vgl. Cohn, Von der Psychoanalyse zur Themenzentrierten Interaktion, Stuttgart 1975 (1984[6]); Dies./Farau, Gelebte Geschichte der Psychotherapie, Stuttgart 1984

266 Vgl. Cohn, Ich bin Ich — ein Aberglaube? Ein Gespräch mit Ruth Cohn, in: psychologie heute, 1979, H. 3, S. 23—33

mische Balance zwischen Thema, Individuum und Gruppe ist das wesentliche Ziel. Cohn selbst versteht die Themenzentrierte Interaktion als Angebot eines Kooperationsmodells, das das Rivalitätsprinzip durch gemeinsame demokratische und partnerschaftliche Lernprozesse ablösen will. Menschen sollen lernen, sich selbst und andere so zu leiten, daß wachstumsfreundliche und heilende statt gefährdende und zerstörerische Tendenzen in ihnen angeregt werden. Mit dem Ziel, befriedigende zwischenmenschliche Kommunikationsmöglichkeiten zu schaffen, hat Ruth Cohn ihr Interaktionsmodell als eine Systematik der Voraussetzungen lebendigen Lernens im Kontext der Gruppe entworfen.
Ihr Ansatz verdient nicht zuletzt auch deshalb Beachtung, weil er auf der Ebene eines Interaktionsmodells Forderungen einzulösen versucht, wie sie vielen neueren pädagogischen Ansätzen gemeinsam sind. Etwa Paulo Freires Konzept einer „Bildung als Praxis der Freiheit" zeigt eine Reihe von Ähnlichkeiten.[267] Inwieweit es Cohn tatsächlich gelungen ist, ein adäquates Mittel humanistischer Gruppenarbeit zu schaffen — ein Arrangement, das kognitive, zwischenmenschliche und subjektive Faktoren in einem Handlungsmodell zu integrieren vermag (und das sich der sozialen Lebenspraxis nicht im vorhinein verschließt) —, wird uns im Zusammenhang kirchlichen Handelns noch beschäftigen und soll darum an anderer Stelle erörtert sein.

7. Der Anwendungsaspekt: Gruppenarbeitsformen

Da es mir für den Fortgang der Argumentation und für die Frage der Rezeption der neuen Gruppenarbeitsmethoden im kirchlichen Feld[268] nützlich und sinnvoll erscheint, sollen im folgenden die geläufigen Grundformen gruppenbezogener Praxismodelle zur Sprache kommen. Gleichzeitig sollen die wichtigsten begrifflichen Abgrenzungen zum vorliegenden Kontext vorgenommen werden. Möglichst exakte Definitionen helfen, den Methodenwirrwarr zu durchblicken und zu ordnen. Gerade in der Diskussion um die Gruppenarbeit im kirchlichen Bereich herrschte lange Zeit eine terminologische Unklarheit, der man mitunter dadurch beizukommen versuchte, daß man die unterschiedlichsten Ausprägungen der methodischen Anwendung human- und sozialwissenschaftlicher Gruppenarbeitsverfahren pauschal als „Gruppendynamik" bezeichnete. Oft war damit eine vordergründige Ablehnung verbunden, die es nicht der Mühe für wert erachtete, genauer hinzuschauen und differenziert zu diskutieren. Auf der anderen Seite brachte natürlich auch die rasche Entwicklung immer neue Methoden, die in ihrer Vielfalt zunehmend schwer auseinanderzuhalten waren, gelegentlich Unsicherheit und Ver-

[267] Freire, Pädagogik der Unterdrückten, Stuttgart 1971; Ders., Erziehung als Praxis der Freiheit, Stuttgart 1974

[268] Vgl. Schütz, Gruppenarbeit in der Kirche, Mainz 1989

wirrung. Exakte Unterscheidungen zu treffen, ist im Hinblick auf die neueren Praxisformen der Gruppenarbeit bis heute schwierig. Die verschiedensten Systematisierungsversuche stehen nebeneinander. Der vorliegende Versuch einer groben Ordnung wurde im Hinblick auf die nachfolgende Analyse der Anwendung im kirchlichen Bereich vorgenommen.

7.1 Gruppendynamik

„Gruppendynamik" kann als offener Sammelbegriff bestimmt werden — als Oberbegriff für das dynamische Beziehungsgeflecht innerhalb einer Ansammlung von Menschen, für dessen wissenschaftliche Erforschung (sozialpsychologisch oder interdisziplinär) wie für entsprechende praxisbezogene Konsequenzen. Verschiedene methodische Ansätze (sog. gruppendynamische Laboratorien und Verfahren) wollen die Kluft zwischen wissenschaftlicher Theorie und sozialem Handelns schließen, indem sie die erforschten Gesetzmäßigkeiten zur Grundlage von Anwendungskonzepten machen.
Der Begriff steht in seinem Bedeutungsgehalt zwischen „Gruppenpsychotherapie" und „Gruppenpädagogik" und ist von diesen zu unterscheiden. „Gruppenpsychotherapie" ist eine Spezialform von Gruppendynamik im therapeutischen Kontext und ihrer Herkunft nach eine Methode psychologischer Medizin. „Gruppenpädagogik" kann entsprechend als Gruppendynamik im pädagogischen Handlungsfeld beschrieben werden — als Pädagogik, der Gruppendynamik zum unmittelbaren Erfahrungs- und Reflexionsgegenstand geworden ist.
Wo man von „Gruppendynamik" spricht, sollte man sich der Doppelbedeutung des Begriffs bewußt sein.[269]

Zum einen wird man die vielen Formen solcher Angebote assoziieren, die die Gruppe zum Medium von Bildungsprozessen machen, die auf Verhaltensänderung in der Gruppe und durch die Gruppe zielen.
Zum anderen bezeichnet der Begriff aber auch jenen human- und sozialwissenschaftlichen Forschungsbereich, dessen Erkenntnisgegenstand das Phänomen „Gruppe" darstellt.

„Gruppendynamik" ist also wissenschaftlich-theoretischer Ansatz und praktisch-sozialpsychologisches Handlungskonzept zugleich. In dieser doppelten Bedeutung spiegelt sich, wie wir sehen werden, die wissenschaftstheoretische Position der gruppendynamischen Forschung und Lehre selbst.

7.1.1 Gruppendynamik als Wissenschaft

Als ernstzunehmender wissenschaftlicher Ansatz taucht die Gruppendynamik erstmals im Zusammenhang der Arbeiten Lewins auf, der sie als sozialpsychologische Richtung

[269] Vgl. dazu Buchinger, Gruppendynamik, Gruppenpädagogik und Gruppentherapie, in: Meyer (Hrsg.), Handbuch Gruppenpädagogik — Gruppendynamik, Heidelberg 1977, S. 215—233

der Gruppenforschung begründet hat.[270] Sie war zunächst weitgehend experimentell ausgerichtet. Es ging in ihr um die theoretische Analyse der Probleme von Beziehungsgeflechten in kleinen sozialen Gruppen. Insofern waren „Gruppendynamik" und „experimentelle Kleingruppenforschung" anfangs bedeutungsgleich.
Wie man bereits bei Lewin beobachten kann, bewegt sich die gruppendynamische Reflexion am Schnittpunkt von Psychologie und Sozialwissenschaft. Wo sie die verschiedenen Möglichkeiten der Einflußnahme und der Veränderung von Gruppenstrukturen und des Verhaltens von Gruppen eruiert, bewegt sie sich im psychologischen Paradigma — wo sie sich um die gesellschaftlichen Gruppierungsbedingungen kümmert, wo sie die Vielfalt der Arten und Formen, der Entstehung, Funktion und Veränderung sozialer Gruppen und die gesellschaftliche Wirkung von Gruppenbildungen beschreibt, neigt sie sich dem Forschungsgebiet der Gruppensoziologie zu, also einem traditionell sozialwissenschaftlichen Zuständigkeitsbereich. In beiderlei Hinsicht verstehen die Vertreter der Gruppendynamik ihr Erkenntnisunternehmen als erfahrungswissenschaftlichen Ansatz.
Beide Richtungen sehen in der Gruppe das zentrale Bindeglied zwischen Subjekt und Gesellschaft. Hier hat es sich die gruppendynamische Reflexion zur Aufgabe gemacht, zu untersuchen, inwieweit die Gruppe zu einem Ort der Veränderung werden kann bzw. ein Ort der Veränderung ist: ein Medium, das dem einzelnen zu einem besseren Verständnis seiner selbst verhilft, das ihn interpersonale Beziehungen mit größerer Bewußtheit erleben läßt und über die neugewonnene Einsicht in Gruppenstrukturen und -funktionen auch zu gesamtgesellschaftlichen Strukturveränderungen führen kann.
Die Gruppe wird als ein komplexes psychosoziales Kräftefeld verstanden, das viele Formen bilden kann, dessen Strukturen beschreibbar sind, und in dem einzelne Mitglieder nach bestimmbaren Regeln interagieren.
In diesem Bereich, im Versuch exakter phänomenologischer Beschreibung der Realität von Gruppen, liegt auch der begriffsgeschichtliche Ursprung des Terminus „Gruppendynamik".

„Lewin gebrauchte diesen Begriff seit Ende der 30er Jahre, bald einfach als Synonym für ‚Gruppenleben' oder ‚Gruppenprozesse', bald auch zur besonderen Unterstreichung der Verhaltensgesetzmäßigkeiten in seinem theoretischen Modell der Gruppe als eines sozialen Kräftefeldes. In der Konsequenz seiner Arbeit kam es zu einer Koppelung (niemals zu einer Verschmelzung) von Forschungsprojekten mit praktischen Bemühungen, Verhaltensänderungen unter Gruppeneinfluß zu erreichen. Es konnte dabei nicht ausbleiben, daß Laien zu Zeugen wissenschaftlicher Erörterungen über Gruppenprozesse wurden, und da sie diese Prozesse selbst erlebt hatten, nahmen sie daran Interesse und lernten, sich an den Diskussionen der Wissenschaftler zu beteiligen. Nach Lewins

[270] Vgl. Kap. 6.2

Tod löste sich der Zusammenhang zwischen Forschung und Praxis teilweise auf, aber es blieb ein überdachender gemeinsamer Begriff, ‚Gruppendynamik'...“[271]

So hatte sich bereits früh eine enge Verbindung zwischen der theoretischen Reflexion *über* und der praktischen Anwendung gruppendynamischer Grundsätze *in* (Trainings-) Gruppen ergeben. Für die vergleichsweise große Nähe von allgemeiner Theoriebildung und speziellem Handlungskonzept sind in der Gruppendynamik m.E. hauptsächlich zwei Gründe verantwortlich:

Der erste Grund ist ein historischer. Praktische Schwierigkeiten mit bestimmten gesellschaftlichen Gruppierungen zählen zu den wesentlichen Impulsen, die zur Konstituierung und Profilierung des gruppendynamischen Fragezusammenhangs beigetragen haben. Die fortschreitende Technisierung und Rationalisierung der industriellen Arbeitsprozesse forderte neue Führungskonzepte. Die Heerespsychologie suchte nach Lösungen für die truppenspezifischen Interaktionsprobleme, (jüdischen) Emigranten sollte die Eingliederung in die USA erleichtert werden, man war am Nachweis der Vorteile demokratischen Miteinanders interessiert: aufgrund des sozialen Wandels benötigte man für eine Vielzahl von Konfliktsituationen interaktionale Lösungen. Von Anfang an erwartete man darum auch und gerade von der Gruppendynamik als einem relativ jungen Wissenschaftszweig gesellschaftlich relevante Problemlösungsangebote für diverse Schwierigkeiten am Schnittpunkt individuellen, zwischenmenschlichen und sozialen Handelns. Dies trug zur frühen Anwendungsorientierung der gruppendynamischen Forschung verständlicherweise enorm bei. Wäre zu fragen, inwieweit solche Erwartungen und Hoffnungen eingelöst werden konnten bzw. in welcher Hinsicht sie enttäuscht worden sind.[272]

Der zweite Grund ist ein forschungspraktischer bzw. wissenschaftstheoretischer. Er steht mit den Eigenschaften und mit der Struktur des Forschungsobjekts „Gruppe“ in Zusammenhang.

Eine Gruppe ist kein abstrakter und lebloser Gegenstand, sie kann sich interessieren, reagieren oder sich widersetzen. Obwohl man sich gerade in der frühen sozialwissenschaftlichen Gruppenforschung stark an naturwissenschaftlichen Modellen und deren experimentellen Anordnungen zu orientieren versuchte — die schier unübersehbare Zahl der Einzelstudien in den vierziger und fünfziger Jahren sind hierfür ein augenfälliges Beispiel —, setzte sich jedoch mehr und mehr die Erkenntnis durch, daß die Forschungslogik im Hinblick auf die Untersuchung von Gruppen wohl eine ganz andere sein müßte und daß man in diesem Kontext Strategien benötigt, die sich den gegenstandseigenen Bedingungen anzupassen vermögen.

Die Gruppe, deren Verhalten Gegenstand der Forschung ist — und bereits Lewin erfuhr dies in den ersten NTL-Workshops —, neigt dazu, sich für die gruppendynamische Re-

271 Krege, Begriffe der Gruppendynamik, Stuttgart 1977, S.110

272 Vgl. Huber, Gruppendynamik als Wissenschaft, in: Heintel (Hrsg.), Das ist Gruppendynamik, München 1973, S 26—37

flexion über sie zu interessieren, sich mit ihr auseinanderzusetzen und ihr Verhalten danach auszurichten und zu ändern. Im Unterschied zu naturwissenschaftlichen Zusammenhängen ist es einer Gruppe jederzeit möglich, gleichermaßen Subjekt und Objekt des sie betreffenden Erkenntnisprozesses zu sein: Verhaltensforschung und Verhaltensänderung stehen im Rahmen der Gruppe in einem eigentümlich engen Zusammenhang.[273] Die gruppendynamische Theorie ist ein Instrument interaktionaler Sensibilisierung: indem sie die Erscheinungsweise und Funktion der Gruppe in den Blick nimmt und beschreibt, bringt sie wie keine andere Wissenschaft zu Bewußtsein, in welcher Art und Weise Interaktionsprozesse verlaufen, welche Strukturen den Kommunikationsfluß begünstigen und welche ihn deformieren. Damit sind Verhaltensmöglichkeiten angesprochen und Richtungen aufgezeigt, in die konkrete Gruppenzusammenhänge durch- und aufgearbeitet werden können. Das Interesse, dies in natürlichen und künstlichen Gruppenbildungen zu erproben und umzusetzen, liegt auf der Hand und ergibt sich als logische Folge aus dem Ansatzpunkt des theoretischen Reflexes.
Hierin ist der zweite Grund dafür zu sehen, warum die sozialpsychologische Gruppentheorie und die aktive Gestaltung von Gruppenprozessen im Sinn gruppendynamischer Methodologie bereits früh miteinander verbunden waren — so eng, wie das wohl für nur wenige andere Forschungsgebiete gilt.

7.1.2 Angewandte Gruppendynamik

Erkennen und Handeln liegen im Fall der Gruppendynamik also eng beieinander. Sie sind „verschiedene Weisen des Umgangs mit demselben Gegenstand“.[274] Als wissenschaftliche Theorie reflektiert die Gruppendynamik die komplexe Realität der Gruppenprozesse, indem sie Erklärungen und Hypothesen liefert — als Handlungstheorie konstruiert sie Methoden absichtsvollen Umgangs mit der interaktionalen Wirklichkeit unter der Zielperspektive der Verhaltensänderung und der Verbesserung der gruppenspezifischen Kommunikation.
An dieser Stelle soll und kann keine allgemeine und erschöpfende Darstellung all jener Verfahren gegeben werden, die heute unter dem Begriff „Gruppendynamik“ firmieren. Noch weniger kann die Vielfalt solcher Modelle Berücksichtigung finden, die einige wenige gruppendynamische Methodenelemente (in je verschiedener Auswahl) in ihre Methodologien aufgenommen haben.
Es gehört zu den Eigentümlichkeiten des gruppendynamischen Ansatzes, daß er die Grenzen des sozialpsychologischen Laboratoriums bereits sehr früh verlassen hat und die verschiedensten Verbindungen mit allen möglichen pädagogischen, sozialpädagogischen, psychotherapeutischen, praktisch-theologischen, organisations- und institutionspsychologischen Konzeptionen eingegangen ist. Man ist heute weithin geneigt, je-

[273] Vgl. hierzu Buchinger, Gruppendynamik, Gruppenpädagogik und Gruppentherapie, in Meyer (Hrsg.), Handbuch Gruppenpädagogik — Gruppendynamik, Heidelberg 1977, S. 215—233
[274] Seifert, Gruppendynamik — Veränderung durch Selbsterfahrung, Köln 1975, S. 74

den wie immer auch gearteten Gruppenarbeitszusammenhang mit „der Gruppendynamik" in Verbindung zu bringen.
Anstatt inhaltlich ins Detail zu gehen, soll hier ein formaler Überblick über jene Verfahren gegeben werden, die sich selbst unmittelbar aus dem sozialpsychologisch-gruppendynamischen Forschungskontext ableiten. Die stärker inhaltliche Reflexion soll im Zusammenhang der Darstellung jener gruppendynamischen Ansätze ihren Platz finden, die im Kontext kirchlichen Handelns vorrangig rezipiert worden ist.
Doch zunächst einige Worte zu den *übergreifenden Zielperspektiven* der gruppendynamischen Arbeitsformen. Gruppendynamische Methoden zielen, wie man mit Küchler sagen kann, darauf, „in einem Selbsterforschungsprozeß den daran Beteiligten die bewußte Erfahrung von sozialen Prozessen in der Gruppe zu vermitteln".[275] Damit ist praktizierte Gruppendynamik ihrem Wesen nach ein Versuch der Aufklärung durch Erfahrung, und zwar hinsichtlich mikrosozialer und kommunikativer Prozesse.
„Unter ‚Aufklärung durch Erfahrung' kann also die Gesamtheit von Maßnahmen verstanden werden, mit denen die Gruppenmitglieder in Anwesenheit anderer dazu gebracht werden, hier und jetzt etwas zu tun, hier und jetzt eine Problemstellung anzugeben, damit sie an sich selbst und inmitten anderer erkennen, was dabei gerade vor sich geht, welche Lösungen sie gerade praktizieren. Man läßt sie in einem übersichtlichen Rahmen ihnen Ungewohntes, Unbekanntes, Unbedeutendes tun, um auf diese Weise von ‚außerhalb' die eingeschliffenen, paradoxen, selbstrückbezüglichen, teufelskreisartigen Pseudolösungen ‚sichtbar' zu machen."[276]
Es geht um die praktische Vemessung von Interaktionszusammenhängen und von subjektiven Erlebnisprozessen im Kontext einer überschaubaren Gruppe. Damit liegt die angewandte Gruppendynamik in der Mitte zwischen eindeutig pädagogisch und psychotherapeutisch intendierten Vorhaben. Exakte Abgrenzungen sind nach beiden Seiten nur schwer zu treffen. In der Regel reichen die gruppendynamischen Arbeitsformen ein Stück in beide Bereiche hinein.

Am ehesten kann man das, was angewandte Gruppendynamik will, unter dem Begriff des *sozialen Lernens* fassen und etwa folgendermaßen definieren:

Angewandte Gruppendynamik ist ein Versuch sozialen Lernens, der mikrosoziale Prozesse — nämlich die Interaktionsprozesse in einer Gruppe — thematisiert und in dieser Reflexion kognitive und affektive Einsichten zu verbinden sucht. Man betont den Prozeßcharakter des Lernvorgangs und versteht ihn als bewußt experimentierende Praxis („Learning by doing").

Gegenstand der Beschäftigung sind die Teilnehmenden selbst, ihr Verhalten innerhalb der Gruppe, jedoch auch die Entwicklung und Struktur der Gruppe als Gesamt. Im Unterschied zu psychotherapeutischen Ansätzen spielt die Auseinandersetzung mit unbe-

[275] Küchler, Gruppendynamische Verfahren in der Aus- und Weiterbildung, München 1979, S. 18
[276] Seifert, Gruppendynamik — Veränderung durch Selbsterfahrung, München 1975, S. 133

wußten Determinanten und Prozeßvariablen im Regelfall keine Rolle. Anders als im pädagogischen Kontext geht es nicht um die Erarbeitung und Vermittlung eines vorab fixierten Katalogs an Sachwissen.

„Das zentrale Anliegen der angewandten Gruppendynamik ist daher die Aufklärung und Überprüfung der an Interaktionsprozessen Teilnehmenden durch die Reflexion von gemeinsamen Erfahrungen und durch theorieorientierte Erklärungen des lebenspraktischen Handlungs- und Verstehenszusammenhangs, in dem sie gemeinsam involviert sind."[277]

Angewandte Gruppendynamik als soziales Lernen zielt auf die Verbesserung zwischenmenschlicher Kommunikation, zunächst natürlich in der Trainingsgruppe, jedoch mit dem deutlichen Wunsch nach Übertragung in die interaktive Alltagspraxis der Teilnehmer. Indem der einzelne im Rahmen der Gruppe für ihn eigene Kommunikationsverzerrungen sensibilisiert wird, indem er sich Interaktionsmuster bewußtzumachen lernt, die normalerweise unreflektiert blieben — in genau diesem Punkt sehen die gruppendynamischen Anwendungsmodelle für den einzelnen die Chance, sein kommunikatives Handeln grundsätzlich zu überdenken. So etwa könnte man die Mitte des Zielverständnisses gruppendynamischer Trainigsformen umschreiben, die sich um den Topos „Kommunikationsverbesserung" rankt. Die Frage liegt nahe, wie diese programmatische Absicht in der praktischen Arbeit von professionellen gruppendynamischen Trainern verschiedener „Schulen" (und mit verschiedener theoretischer Vorbildung und beruflicher Herkunft) ihren Ausdruck findet.

Orlik, Bullinger, Himbert und Bohl haben zu diesem Zusammenhang eine interessante empirische Untersuchung vorgelegt.[278] Die Autoren stellen die Frage nach den persönlichen Zielvorstellungen gruppendynamischer Trainer, und zwar anhand sorgfältig ausgearbeiteter Fragebögen, die sie einem ausgewählten Personenkreis (ausgebildeten Mitgliedern entsprechender Gesellschaften wie DAGG (Deutscher Arbeitskreis für Gruppendynamik und Gruppenpsychotherapie), WILL (Workshop Institutes for Living-Learning), GRID (Gesellschaft für Organisationsentwicklung) und GAG (Gesellschaft für analytische Gruppendynamik) vorgelegt haben. Sie kamen zu folgendem Ergebnis:
In der Wichtigkeit von Zielen gruppendynamischer Trainer kann man insgesamt vier Dimensionen voneinander unterscheiden. Diese sind:

Dimension 1: Handlungskompetenz zur Verbesserung der sozialen Struktur
Items:
— Strategien der Veränderung lernen

[277] Geißler, Gruppendynamik in der Lehrerbildung, in: Geißler (Hrsg.), Gruppendynamik für Lehrer, Reinbek 1979, S. 11

[278] Orlik/Bullinger/Himbert/Bohl, Trainingsziele von Gruppendynamikern verschiedener „Schulen" — Ergebnisse einer Umfrage, in: Gruppendynamik, 9, 1978, S. 282—291

— Kritische Analyse gesellschaftlichpolitischer Fakten
— Solidarisierungsmöglichkeiten verbessern

Dimension 2: Persönliches Wachstum
Items:
— Selbstvertrauen, Autonomie
— Identitätsfindung
— Offenheit in der Selbstdarstellung

Dimension 3: Sensitivität für andere
Items:
— Sensitivität für andere
— Kommunikationsverbesserung
— Einfühlungsvermögen

Dimension 4: Aufbau und Aufrechterhaltung wesentlicher Beziehungen
Items:
— Aufbau authentischer Beziehungen
— Umgang mit Aggressionen
— Persönliche Verantwortung für Lebensgestaltung übernehmen

Mit den Trainingszielen korrelieren bestimmte Defizite, welche die Gruppendynamiker bei ihrer Klientel wahrnehmen. Folgende Einzelprobleme werden aus der Sicht der Trainer am häufigsten genannt:
— Angst, seine Gefühle und Gedanken offen zu zeigen ;
— Schwierigkeiten, in Übereinstimmung mit den eigenen Gefühlen zu handeln;
— Unkenntnis der Wirkung der eigenen Person auf andere;
— Schwierigkeiten, mit Autoritäten umzugehen;
— zu wenig spontan und offen anderen gegenüber zu sein.

Bei näherem Hinsehen lassen sich wieder unterschiedliche Dimensionen differenzieren; hier fünf Faktorenbereiche, die gruppendynamische Trainer nennen, wenn man sie nach den subjektiven Schwierigkeiten fragt, die sie in den von ihnen angebotenen Gruppen erleben:

Dimension 1: Kommunikationsprobleme
Items:
— In Diskussionen die Interessen anderer zu wenig berücksichtigen
— Anderen nicht gut zuhören können
— Zu aggressiv bei Meinungsverschiedenheiten sein

Dimension 2: Probleme im Umgang mit sich selbst
Items:
— Zu wenig echte Freunde haben
— Schwierigkeiten, sich selbst zu verstehen
— Mangelndes Selbstvertrauen

Dimension 3: Probleme mit Staat und Gesellschaft
Items:
— Sich ohnmächtig gegenüber staatlichen Institutionen fühlen
— Gefühle der Inkompetenz und Machtlosigkeit
— Schwierigkeiten, das Engagement für gesellschaftliche Belange aufzubringen

Dimension 4: Mangelnde Durchsetzungsfähigkeit
Items:
— Sich zu leicht einschüchtern lassen
— Bei Konflikten sich meist hilflos fühlen
— Zu starke Zurückhaltung in Diskussionen

Dimension 5: Unsicherheit in der Selbstdarstellung
Items:
— Unkenntnis der Wirkung der eigenen Person auf andere
— Sich manchmal ganz gerne anders verhalten wollen, es aber dann doch nicht können
— Zu starke Abhängigkeit vom Urteil anderer.

Insgesamt zeigt sich,

„...daß nicht alle Problembereiche und Trainingsziele für jeden der untersuchten Trainer gleich wichtig sind. Im allgemeinen wird dem Ziel der individuellen Persönlichkeitsentwicklung bei der Trainingsarbeit mehr Gewicht beigemessen als sozialen oder politisch-gesellschaftlichen Lernzielen. Dieser Befund steht im Einklang mit der häufig getroffenen Feststellung, daß Gruppentrainings als „Therapie für Normale" vor allem im Dienste der Förderung individueller Persönlichkeitsentwicklungen stehen."[279]

Die Studie von Orlik, Bullinger, Himbert und Bohl macht deutlich, wie sehr sich im Zusammenhang gruppendynamischer Arbeitsformen individuelle, zwischenmenschliche und gesellschaftliche Zielvorstellungen mischen. Das Lernziel, das die Trainer verfolgen, ist immer ein komplexes Gebilde aus diesen drei Faktoren, allerdings sind die Akzente verschieden. Eigentlich bei allen Anwendern (und nicht nur bei den Psychotherapeuten unter ihnen) liegt der Schwerpunkt eindeutig auf der Förderung des Persönlichkeitswachstums. Größere Handlungskompetenz hinsichtlich der Verbesserung sozialer Strukturen kommt als Ziel am ehesten bei den Trainern der im eigentlichen Sinn gruppendynamischen Gesellschaften (GAG, DAGG) vor.

Joseph Luft und Harry Ingham haben die Ziele gruppendynamischer Arbeit mit dem graphischen Modell des sogenannten Johari-Fensters zu beschreiben versucht. Sie teilen ein Quadrat in vier Bereiche, von denen jeder einen ganz bestimmten Teil der interpersonalen Beziehungen des Individuums beschreiben soll.[280]

[279] Orlik/Bullinger/Himbert/Bohl, a.a.O., S. 290
[280] Luft/Ingham, The Johari Window, a Graphic Model for Interpersonal Relation, Westers Training Laboratory in Group Development, 1955. Deutsch in: Luft, Einführung in die Gruppendynamik, Stuttgart 1971, S. 22—28

Quadrant I (Öffentliche Person) ist jener Bereich der freien Aktivität, der dem Individuum selbst bekannt ist und den andere unmittelbar wahrnehmen können, da er für den einzelnen problemlos öffentlich ist.
Quadrant II (Blinder Fleck) umschreibt Verhaltensformen, die die Person selbst nicht (oder nicht mehr) zu sehen vermag, die andere aber sehr wohl bemerken können: nichtbewußte Gewohnheiten und Eigenschaften fallen hierunter, Stereotypen, Normierungen und Zwänge.

	Dem Selbst bekannt	Dem Selbst nicht bekannt
Anderen bekannt	I Öffentl. Person	II Blinder Fleck
Anderen nicht bekannt	III Privat- person	IV Verschloss. Bereich

Quadrant III (Privatperson) steht für Dinge, die der einzelne von sich weiß, die er anderen jedoch zu verbergen sucht. Gemeint sind die verschiedenen privaten und intimen „Geheimnisse", deren Veröffentlichung dem einzelnen problematisch erscheint.
Quadrant IV (Verschlossener Bereich) bezeichnet solche Vorgänge, die weder dem Individuum selbst noch seinen Mitmenschen bekannt sind. Hierzu zählen z.B. alle unbewußten Motive und Verhaltensdispositionen, wie sie die Psychoanalyse beschreibt.
Luft führt aus:

„In einer neuen Gruppe ist Quadrant I sehr klein; es gibt nicht viele freie und spontane Interaktion. Je mehr die Gruppe wächst und reift, desto mehr vergrößert sich Quadrant I. Das bedeutet gewöhnlich, daß wir freier sind, und andere so wahrnehmen, wie sie wirklich sind. Je größer Quadrant I wird, desto mehr schrumpft der Bereich des Quadrant III zusammen. Wir empfinden es als weniger notwendig, Dinge, die wir wissen oder fühlen, zu verbergen oder zu leugnen. In einer Atmosphäre des wachsenden gegenseitigen Vertrauens besteht ein geringes Bedürfnis, Gedanken oder Gefühle, die zur Situation gehören, zu verbergen. Quadrant II nimmt langsamer an Umfang ab, denn gewöhnlich gibt es ‚gute' psychische Gründe dafür, daß wir den Dingen gegenüber blind sind, die wir fühlen oder tun. Quadrant IV verändert sich während eines ‚Lernlaboratoriums' ein wenig, aber wir dürfen annehmen, daß derartige Veränderungen sogar noch langsamer vor sich gehen als im Quadranten II. Auf jeden Fall ist Quadrant IV zweifellos in den Beziehungen eines Individuums viel größer und einflußreicher, als es die hypothetische Skizze zeigt."[281]

Anhand dieses einfachen Modells kann man Sinn, Zweck und Ziel gruppendynamischer Arbeit nun folgendermaßen bestimmen:

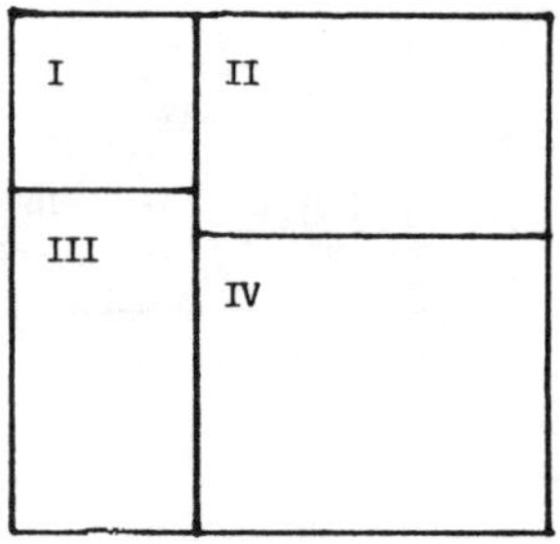

Nachdem im beginnenden Interaktionsprozeß (siehe die obere Abbildung) der Bereich der freien Aktivität des einzelnen relativ eingeschränkt war und die Quadranten I und IV dominierten, geht es in der gruppendynamischen Trainingsgruppe darum, diesen Zustand zu überwinden und die Gruppe zu nutzen, um II und IV zu minimieren, den ersten Quadranten jedoch auszudehnen. Bereich IV wird in gruppendynamischen Veranstaltungen in der Regel nur geringfügig verändert werden.

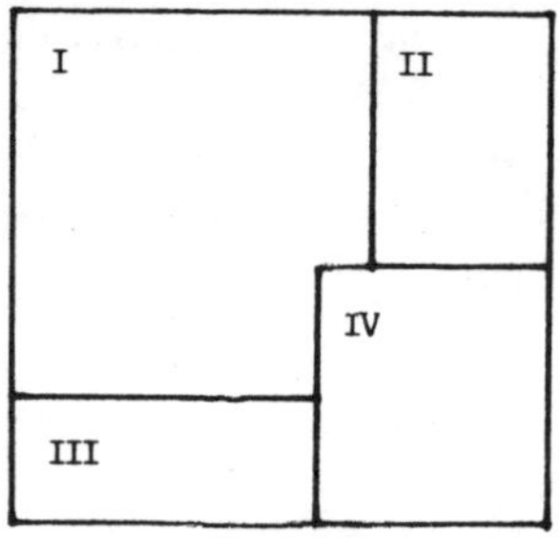

Wenn man das graphische Modell übersetzt, heißt dies, daß es Absicht und Ziel gruppendynamischer Arbeit ist, größere Teile der Person so zur Entfaltung zu bringen, daß stereotypes und zwanghaftes Verhalten (der Bereich des Verbergens und Vermeidens) eingeschränkt wird; daß blinde Flecke durch ,,größere Offenheit für Informationen, Meinungen und Gedanken über das eigene Selbst wie auch über spezifische Gruppenprozes-

[281] Luft, a.a.O., S. 23

se"[282] aufgehellt werden. Luft u.a. haben in diesen Zusammenhang darauf hingewiesen, daß die angestrebte Offenheit natürlich nicht erzwungen werden kann. Sie wird nur in einer Atmosphäre echten Vertrauens möglich sein: absichtliches Bloßstellen wird gewöhnlich unwirksam bleiben.[283]

Differenziert und ordnet man das bisher Gesagte abschließend noch einmal, so ergeben sich alles in allem folgende Charakteristika für die Zielperspektive gruppendynamischer Arbeit:[284]

1. Gruppendynamik zielt auf *exemplarischen Einblick* in das Kräftefeld einer Gruppe.
2. Den Teilnehmenden soll Gelegenheit zu differenzierter *Selbsterfahrung* im Spiegel der Gruppe gegeben werden.
3. Selbsterfahrung wird in erster Linie als Sensibilisierung gegenüber emotionalen Reaktionen und Ausdrucksweisen verstanden: als Prozeß der bewußten Wahrnehmung eigener und fremder Bedürfnisse, Wertvorstellungen, Fähigkeiten, Begrenzungen und Möglichkeiten.
   „Ohne diese Bewußtheit (auf der latenten ebenso wie auf der manifesten Ebene) werden die Ziele, Werte und Handlungen eines Menschen inkongruent mit seiner realen Gesamtpersönlichkeit. Er kann den vollen Umfang seiner individuellen Entwicklungsmöglichkeiten nicht mehr erkennen und sie daher auch nicht verwirklichen; oder er verhält sich partiell blind gegen den Komplex von menschlichen Faktoren, den jede Situation verkörpert."[285]
4. Durch solche Sensibilisierungsprozesse will die gruppendynamische Arbeit den einzelnen dazu befähigen, durch Beachtung eigener und fremder Gefühle die *Konsequenzen seiner Handlungen* wahrzunehmen und aus ihnen zu lernen.
5. „Die Trainer versuchen, auch zur *Klärung und Entwicklung persönlicher Wert- und Zielvorstellungen* anzuregen, die mit einer demokratischen und wissenschaftlichen Sicht der Probleme sozialen und persönlichen Entscheidens und Handelns übereinstimmen. Manche besonders wichtigen Lernergebnisse scheinen dann zustande zu kommen, wenn die einzelnen sich öffentlich mit zuvor unbemerkten Diskrepanzen in ihren Wertvorstellungen konfrontiert sehen und bei ihren Bemühungen, diese Diskrepanzen aufzulösen, urteilsfreie Unterstützung erhalten."[286]
6. Zudem geht es darum, die theoretischen Vorstellungen und Einsichten mit den Erfordernissen *konkreter Situationen* zu verknüpfen.
7. Ziel ist ferner, den Teilnehmern emotionalen und kognitiven Einblick in die *Prozeßphänomene und Strukturierungsvorgänge* von Gruppen zu ermöglichen.

282 Luft, a.a.O., S. 25f
283 Luft, a.a.O., S. 24
284 Vgl. Bradford/Gibb/Benne (Hrsg.), Gruppen-Training. T-Gruppentheorie und Laboratoriumsmethode, Stuttgart 1972, S. 35—39. S. auch Betz, Intentionen und Methoden der Gruppendynamik, in: Betz/Kaspar (Hrsg.), Die Gruppe als Weg, München 1973, S. 29—40
285 Bradford/Gibb/Benne, a.a.O., S. 36
286 Bradford/Gibb/Benne, a.a.O., S. 36

8. Mit der Bereitschaft, eigene Sicherungstendenzen und Abwehrmechanismen zu erkennen, soll das Verständnis für *Konfliktsituationen* und die Fähigkeiten im Umgang mit ihnen verbessert werden.
9. Insgesamt liegt der gruppendynamischen Programmatik die Absicht zugrunde, dem Subjekt den Weg zu *effektiverem Verhalten* gegenüber sich selbst und seiner Umwelt zu zeigen. Hier geht die unausgesprochene Voraussetzung ein, daß Prozesse in gruppendynamischen Trainingsgruppen lebenspraktische und realisierbare Ziele zum Inhalt haben sollten, da sie nicht nur freie Selbsterfahrungsprozesse, sondern auch Sozialisationsprogramme sind.
10. Wesentliche Aufgabe des Laboratoriums ist es, den *Transfer* des Gelernten in die interaktive Alltagspraxis der Teilnehmer anzuregen.
11. Dem Gesamtzusammenhang reiht sich sozusagen als Meta-Ziel die Intention ein, *„zu lernen, wie man lernt"*; d.h. es gehört zur Grundabsicht gruppendynamischer Veranstaltungen, die Teilnehmer zur analytischen Reflexion ihrer eigenen Lernschritte zu ermutigen.

Um diese Ziele zu erreichen, arbeiten die gruppendynamischen Verfahren in der Regel in Kleingruppen, die üblicherweise zwölf bis zwanzig Mitglieder umfassen. Die Zwölferzahl gilt als optimale Größe, doch kann sie je nach Themenschwerpunkt und Trainerzahl über- oder unterschritten werden.

Das zentrale methodische Prinzip der Gruppendynamik[287] ist die *Rückkopplung* der Teilnehmer untereinander. Die kritische Rückmeldung *(Feedback)* ermöglicht es dem einzelnen, detaillierte Informationen darüber zu erhalten, wie sein subjektives Agieren und Interagieren in der Gruppe wirkt. Feedback ist ein sozialpsychologisches Instrument erfahrungs- und situationsbezogener Wirkungsforschung, das dem einzelnen die Gelegenheit gibt, sein Verhalten im direkten Kontakt mit anderen zu reflektieren. Es zählt zu den Grunderkenntnissen praktizierter Gruppendynamik, daß Feedback nach und nach eingeübt, ausgebaut und differenziert werden kann.
Vier Dinge sollen erreicht werden:

1. Wissen um die Diskrepanz zwischen Selbst- und Fremdeinschätzung.
2. Auflockerung von Verhaltensstereotypen.
3. Wahrnehmungsschärfung für die sozialen Konsequenzen individuellen Verhaltens.
4. Das Wissen darum, daß soziale Perzeption nicht schlechthin „objektive" Erkenntnis ist, sondern immer Selektionsvorgänge enthält, die durch den biographischen Hintergrund und die aktuelle Lebenssituation der Wahrnehmenden bestimmt sind.[288]

[287] S. dazu auch Kapitel 5.6

[288] Vgl. Nagl, T-Gruppe, Organisation, Institution, in: Heintel (Hrsg.), Das ist Gruppendynamik, München 1974, S. 56

Im Feedback wird der Ist-Wert einer Kommunikation erhoben — allerdings so, wie er durch die Subjektivität der Feedback- Gebenden gefiltert ist — und mit dem Soll-Wert (mit relevanten Normen und als erstrebenswert erscheinenden Zielen) verglichen.[289] Maß und Wirksamkeit der Rückkopplung korrelieren weitgehend mit dem Vertrauenslevel in einer Gruppe bzw. zwischen denjenigen Personen, die sich Feedback geben.

Als wesentliche Grundform gruppenmethodischer Konzepte stellen die gruppendynamischen Verfahren als Ganzes eine Methode dar.[290] Gleichzeitig integrieren ihre diversen Unterformen, sozusagen als spezielle Schritte zum übergeordneten Ziel, einzelne, aus der sozialpsychologischen Theorie- und Methodenbasis deduzierte verbale und nonverbale Techniken, die den intendierten Lernprozeß einleiten, unterstützen, vertiefen und strukturieren wollen. Hierzu zählen Soziogramme und Fragebogenaktionen, prozeßanalytische Verfahren, Rollenspiele, Intergruppen-, Feedback- und Kommunikationsübungen, Demonstrations- und Analyseexperimente zu verschiedenen Aspekten der Gruppenstruktur und Rollenfunktion, Planspiele, kontrollierte dyadische Interaktionen zur Diskussionstechnik, Übungen und Experimente zur Körpersprache und zur nonverbalen Kommunikation, die Verwendung von Tonband- und Videoaufzeichnungen für unmittelbares Feedback und dergleichen mehr.

Rollenspiele geben den Teilnehmern die Gelegenheit, bestimmte, als problematisch oder konflikthaft eingeschätzte Zusammenhänge, in der Fiktion des „Als-ob" spielerisch zu gestalten. Sie sind, worauf vor allem Moreno hingewiesen hat, wirksame Instrumente der Rollenforschung und Rollenänderung. Das Rollenspiel „ist ein Spielen einer gewählten Rolle unter gewählten Umständen und dient zur Untersuchung, Erforschung, Entwicklung oder Ausbildung der Rollenänderungsfähigkeit."[291]

„Es geht darum, in der Gruppe eine vergangene, gegenwärtige oder auch zukünftige Situation zu durchleben, die nicht erzählt wird (...), sondern in improvisierten Aktionen dargestellt, ähnlich wie in der Commedia dell' Arte, doch ohne festes Szenario und in bezug auf eine Lebenssituation."[292]

Das Rollenspiel ist ein handlungsorientiertes Spielverfahren, in dem bestimmte Rollen erfahren, gewechselt und geändert werden können. Mit dem Ziel, die Eigenarten einer Rolle so zu erleben, daß dem teilnehmenden Individuum dabei die Möglichkeit zu erweiterter Erkenntnis seiner selbst sowie eines relevanten sozialen Zusammenhanges gege-

289 Vgl. Sbandi, Feedback im Sensitivity Training, in: Gruppenpsychotherapie und Gruppendynamik, 4, 1970, S. 17—32. Wiederabgedruckt in: Heigl-Evers (Hrsg.), Gruppendynamik, Göttingen 1973, S. 77—92. Wiederabgedruckt in: Kutter (Hrsg.), Gruppendynamik der Gegenwart, Darmstadt 1981, S. 188—206

290 Vgl. zum folgenden: Kutter, Methoden und Techniken der Gruppendynamik, in: Wege zum Menschen, 25, 1973, S. 305—314. Wiederabgedruckt in: Kutter (Hrsg.), Gruppendynamik der Gegenwart, Darmstadt 1981, S. 249—261

291 Moreno, Die Grundlagen der Soziometrie, Köln/Opladen 1967², S. 448

292 Schützenberger, Einführung in das Rollenspiel, Stuttgart 1976, S. 21

ben wird, schafft das Rollenspiel einen Interaktionsraum, in dem in praktisch-experimenteller Tätigkeit Handlungsansätze entwickelt werden, deren Chancen und Begrenzungen sich an der Realität prüfen lassen.[293]

Prozeßanalytische Methoden machen Teilnehmern anhand des Verlaufs der eigenen Gruppe exemplarisch bewußt, wie sich Gruppen formieren und strukturieren und wie sie sich im Laufe der Zusammenarbeit entwickeln und verändern können. Techniken der Prozeßreflexion erfassen entweder primär Gruppenentwicklungsphasen, wie sie z.B. Bennis für die T-Gruppe beschrieben hat,[294] oder sie erschließen über skalierte Fragestellungen („Wie fühle ich mich in dieser Gruppe? Wie weit waren die Gruppenziele klar? Wie arbeitete die Gruppe? War die Diskussion sachfremd oder sachbezogen? Wurden abweichende Antworten genug gehört? Fühle ich mich mit der Gruppe identifiziert? Bekam ich Hilfe, wie ich sie gebraucht hätte? Welche Mitwirkung war mir in der Gruppe möglich? Was halte ich im Augenblick von dieser Gruppe?" etc.) qualitativ-inhaltliche Prozeßvariablen.[295]

Feedback-Übungen wollen die individuelle Fähigkeit zur Rückmeldung vertiefen und erweitern. Funktionierendes Feedback ist, wie Klaus Antons bemerkt, „ein differenzierter Entwicklungsprozeß, der eingeübt werden muß, wozu die kognitive Einsicht und die Fähigkeiten *einzelner* Teilnehmer nicht ausreichen. Die Notwendigkeit zu einer Einübung wird in Gruppen häufig sehr früh gesehen; ebenso häufig bestehen aber Abwehren gegen die Realisierung solcher prinzipieller Einsichten."[296] Feedback-Übungen sind Angebote zum Erlernen von interpersoneller Wahrnehmung und zum Training von Intuition und Empathie. Mitunter werden Teilnehmer an gruppendynamischen Veranstaltungen detaillierte Kriterien für konstruktives Feedback an die Hand gegeben,[297] worauf sie in der Anwesenheit genau instruierter Beobachter in die intendierte Richtung interagieren. Vor allem um festgefahrene Situationen zu lösen und um konstruktiv weiterarbeiten zu können, werden Methoden aus diesem Bereich häufig als Interventionsstrategie von Gruppenleitern genutzt.[298]

293 S. zum Rollenspiel: Figge, Lernen durch Spielen, Heidelberg 1975; Broich, Rollenspiele mit Erwachsenen, Reinbek 1980 (hier weiterführende Literatur); Brandes, Methodik der Spielerziehung, Recklinghausen 1978; vgl. auch das entsprechende Themenheft der Zeitschrift „Gruppendynamik", 3, 1983

294 Vgl. Bennis, Entwicklungsmuster der T-Gruppe, in: Bradford/Gibb/Benne (Hrsg.), Gruppen-Training. T-Gruppentheorie und Laboratoriumsmethode, Stuttgart 1972, S. 270—300

295 S. zur Prozeßanalyse: Brocher, Gruppendynamik und Erwachsenenbildung, Braunschweig 1979[14], S. 125—137; Antons, Praxis der Gruppendynamik, Göttingen 1973, S. 200—228 (hier weiterführende Literatur); Prior, Gruppendynamik in der Seminararbeit, Blickpunkt Hochschuldidaktik Nr. 11, Hamburg 1970, S. 137—175

296 Antons, a.a.O., S. 98

297 Entsprechende Auflistungen s. Sbandi, Feedback im Sensitivity-Training, in: Kutter (Hrsg.), Gruppendynamik der Gegenwart, Darmstadt 1981, S. 201 ff. und Antons, a.a.O., S. 109 f.

298 S. zur Feedback-Übung: Antons, a.a.O., S. 98—112; Däumling/Fengler/Nellessen/Svensson, Angewandte Gruppendynamik, S. 92—97 und S. 213—215

Übungen zur nonverbalen Kommunikation thematisieren einen Kommunikationsbereich, der in der interaktiven Alltagspraxis weitgehend unbewußt bleibt. Vor allem gruppendynamische Ansätze, die vom nordamerikanischen Human-Potential-Movement beeinflußt sind, neigen dazu, die Relevanz des Averbalen für die Interaktion besonders zu betonen und Methodenelemente zu integrieren, die die Selbst- und Fremderfahrung in der Gruppe durch die Sensibilisierung für Blick, Mimik, Gestik, Körperhaltung etc. vertiefen wollen. Die meisten Autoren weisen in diesem Zusammenhang darauf hin, daß nonverbale Übungen den Stellenwert sprachlicher Kommunikation keineswegs zu mindern vermögen oder schlechthin „intensiver" sind (eine Vorstellung, wie sie mitunter im Rahmen des Sensitivity-Trainings vertreten wurde), daß vielmehr alle Übungen zur nonverbalen Kommunikation der ausführlichen sprachlichen Auswertung und Nachbereitung bedürfen.[299]
Kurt Spangenberg summiert:

„Das heute recht verwirrende Angebot von gruppenspezifischen Techniken und Spielen begann 1967 mit einem Anhang zu Brochers ‚Gruppendynamik und Erwachsenenbildung'. Die darin enthaltenen Übungen fanden weite Anwendung neben den in Trainerkreisen kursierenden Übersetzungen amerikanischen Übungsmaterials, das Antons 1973 durch eigenständige deutsche Beiträge ergänzte und mit beispielhafter Kennzeichnung der Art, der Dauer, der notwendigen Materialien, der Anwendungsbereiche usw. veröffentlichte. Im gleichen Jahr (1973) erschienen: ein weiteres gruppendynamisches Übungsbuch (Kirsten und Müller-Schwarz), eine Zusammenfassung von Übungen, die von den Gestalttherapeuten in Esalen verwandt wurden (Schutz), ein sehr nützliches ‚Methoden-Inventar' im Anhang einer hochschuldidaktischen Veröffentlichung (Sader u.a.) sowie die aus der Zusammenarbeit zwischen Niederländern und Deutschen entstandene deutsche Fassung der ‚nca materialien', eine Mischung von Übungen zur nichtverbalen Kommunikation mit solchen, die für die Vorbereitung und Durchführung von Laienspielen geeignet waren. In den folgenden Jahren ging die Entwicklung einmal in die Richtung von Übungsbüchern zu bestimmten Methoden (z.B. Stevens 1975: Gestalttherapie) oder in diejenige einer Identifizierung geeigneter Übungen für bestimmte Bereiche wie z.B. Hochschuldidaktik (Genser u.a. 1972, Marburger Autorenkollektiv 1977). Seit 1974 gibt es ein Quellenwerk, die Reihe ‚Arbeitsmaterial zur Gruppendynamik', eine Adaption von Pfeiffer und Jones ‚A Handbook of Structured Experiences for Human Relations Training' (1969 ff.) und seit 1976 eine weitere Reihe mit ‚Interaktionsspielen' von Vopel. Beide Reihen, in denen sehr viele der bis 1974 und seither verstreut

[299] S. zur nonverbalen Kommunikation: Heintel, Die Bedeutung der Gruppendynamik für die menschliche Kommunikation, in: Heintel (Hrsg.), Das ist Gruppendynamik, München 1974, S. 129—174; Hellinger, Non-verbale Übungen im Sensitivity-Training, in: Betz/Kaspar (Hrsg.), Die Gruppe als Weg, München 1973, S. 185—196; Middleman, The Non-Verbal Method in Working With Groups, New York 1970[3]; vgl. auch das entsprechende Themenheft der Zeitschrift „Gruppendynamik", 1, 1983; Übungskataloge finden sich in Lewis/Streitfeld, Growth Games, New York 1970 und in Wormser, Sensitiv Spiele, München 1976

veröffentlichten Übungen nachweisbar sind, könnten zu einer längst überfälligen Systematisierung und Gewichtung von Übungsbeständen anregen."[300] [301]

In der Absicht, christliche Theologie und den Gruppenarbeitsansatz der Humanistischen Psychologie miteinander zu verbinden, haben Klaus Vopel und Bernhard Wilde eine Sammlung von Übungsabläufen unter dem Titel „Glaube und Selbsterfahrung im Vaterunser" vorgelegt,[302] die Anleitung zu lebendigem Lernen im kirchlichen Unterricht sein will.

Arbeitsmethoden wie die genannten haben ihren Platz als Bestandteil gruppendynamischer Laboratorien und Trainingsgruppen inzwischen längst verlassen und breite Verallgemeinerung erfahren. Sie werden heute in vielen sozialen Bereichen als wirksame Strukturierungshilfen für die Gruppenarbeit geschätzt und zur Verbesserung der Kommunikation eingesetzt. Hierbei ist sicher mitunter Vorsicht geboten, muten doch manche Übungen auf den ersten Blick harmloser an, als sie sich im nachhinein vielleicht erweisen mögen. Es ist m.E. zumindest fraglich, ob man solche Methoden einfach aus ihrem ursprünglichen Zusammenhang auskoppeln kann, um sie als scheinbar sicher wirkende Mittel zur Intensivierung der Interaktion zu gebrauchen. Wo man sie außerhalb eines rein gruppendynamischen Settings dennoch einsetzt, sollte man zumindest über die notwendige Sachkenntnis verfügen, um abschätzen zu können, was man bewirkt, und über genügend Eigenerfahrung als Teilnehmer an Trainingsgruppen oder ähnlichen Veranstaltungen, damit man Reaktionen verstehen und die jeweils erforderliche Auswertung anregen und durchführen kann.

An dieser Stelle soll nun ein kurzer Überblick über die verschiedenen Konzepte und Verfahren der angewandten Gruppendynamik gegeben werden.

Mit einem solchen Unterfangen verbinden sich mehrere, dem Gegenstand eigene Schwierigkeiten und Probleme, welchen man umgehend begegnet, wenn man eine Systematik der Grundformen gruppendynamischer Arbeit zu erstellen versucht. Zum ei-

[300] Spangenberg, Gruppenarbeit in der Sozialpädagogik/Sozialarbeit, in: Gruppendynamik, 3, 1982, S. 201

[301] Vgl. Brocher, Gruppendynamik und Erwachsenenbildung Braunschweig 1979[14], S. 121—168; Antons, a.a.O.; Kirsten/Müller-Schwarz, Gruppen-Training. Ein gruppendynamisches Übungsbuch, Stuttgart 1973; Schutz, Freude, Reinbek 1973; Sader/Clemens-Lotte/Keil-Specht/Weingarten, Kleine Fibel zum Hochschulunterricht, München 1973; nca materialien 1, 2 und 3, Maarsen (nederlands centrum voor amateurtoneel) 1973 ff.; Schwäbisch/Siems, Anleitung zum sozialen Lernen für Paare, Gruppen und Erzieher, Reinbek 1974; Stevens, Die Kunst der Wahrnehmung. Übungen der Gestalttherapie, München 1975; Genser u.a., Lernen in der Gruppe, Hamburg 1972; Marburger Autorenkollektiv, Leitfaden für die Tutorenarbeit. Didaktische Materialien für die Arbeit in studentischen Kleingruppen, Hamburg 1977; Pfeiffer/Jones, Arbeitsmaterial zur Gruppendynamik, Berlin 1974 ff.; Vopel, Interaktionsspiele, 6 Bände, Hamburg 1978[3]; Ders., Gestaltung der Schlußphase, Hamburg 1978; Ders., Anwärmspiele. Experimente für Lern- und Arbeitsgruppen, Hamburg 1981

[302] Vopel/Wilde, Glaube und Selbsterfahrung im Vaterunser. Ein Kurs für lebendiges Lernen im kirchlichen Unterricht, Hamburg 1979

nen erschlägt die Vielfalt. So zählt Küchler[303] z.B. 165 unterschiedliche Trainingsformen und gruppenmethodische Techniken (Gruppenpädagogik und Gruppenpsychotherapie eingeschlossen). Signifikante Unterschiede sind zwischen den einzelnen Formen und Unterformen hier kaum noch auszumachen. Verschiedene Benennungen werden für nahezu identische Vorgehensweisen gebraucht, und „es bleibt damit (...) relativ unklar, was tatsächlich in Gruppen gemacht wird und sich allgemein beschreiben läßt."[304] Hinzu kommt, daß die ursprüngliche theoretische Gruppenkonzeption und der tatsächlich verhandelte Inhalt nicht unbedingt deckungsgleich sein müssen.[305] Ein weiteres Problem stellt eine gewisse Affinität zur Methodenverschmelzung dar, wie sie heute im Feld angewandter Gruppendynamik häufig zu beobachten ist. Nur selten wird die Auswahl der Methodenelemente und ihre Integration in die gruppendynamische Arbeitspraxis hinreichend theoretisch reflektiert und begründet. Man geht hier in der Regel über Allgemeinplätze kaum hinaus: wie in einem Kaleidoskop findet sich ein gewisser methodischer Grundbestand zu immer wieder neuen Formen kombiniert.

Für eine übersichtliche Systematik der Grundkonzepte gruppendynamischer Trainingsformen bieten sich unterschiedliche Kriterien an. Mit Doppler und Voigt[306] kann man die bestehenden Differenzen über eigens dazu entwickelte standardisierte Elemente in der Organisation der Gruppenverfahren erfassen: mittels fünf Dimensionen (Lernziel, Arbeitsweise, Erklärungsbegriffe, Interaktion und Emotionalität), die sie als Unterscheidungskriterien zur Verfügung stellen, unterteilen sie die vorhandenen Konzepte und systematisieren sie. „Die im engeren Sinne gruppendynamischen Verfahren sind dann eher struktur-, prozeß- und anwendungsorientiert, sozialpsychologisch fundiert, sehen die Reflexion der Interaktion und eine stärkere Bindung der Emotionalität an die Verhaltensaspekte vor."[307]

Mit Däumling, Fengler, Nellessen und Svensson soll auch hier noch einmal darauf hingewiesen sein, daß es sich bei den verschiedenen Praxiskonzepten angewandter Gruppendynamik letztlich um ein Generalthema mit Variationen handelt, „nämlich um die innovatorische Nutzung der in jeder Gruppe entstehenden und sich regelhaft auswirkenden Dynamik."[308]

Unter Beachtung des bisher Gesagten ergibt sich folgendes Bild:

303 Küchler, Gruppendynamische Verfahren in der Aus- und Weiterbildung, München 1979

304 Nau, Gruppendynamik in Deutschland, in: König/Neidhard/Lepsius, Gruppensoziologie, Sonderheft der Kölner Zeitschrift für Soziologie und Sozialpsychologie, 25/1983, Opladen 1983, S. 133

305 Wolfgang Krege hat diese Vermutung geäußert, S. Krege, Zur Kartographie der Gruppen, in: Gruppendynamik, 5, 1979 S. 265—269

306 Doppler/Voigt, Entwicklungen und Tendenzen angewandter Grupppendynamik in Deutschland, in: Gruppenpsychotherapie und Gruppendynamik, 12, 1977, S. 34—48

307 Nau, a.a.O., S. 133

308 Däumling/Fengler/Nellessen/Svensson, a.a.O., S. 216

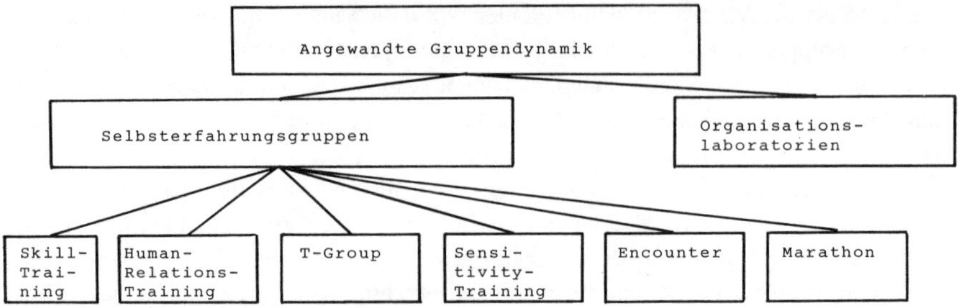

Man kann den Gesamtbereich der angewandten Gruppendynamik zunächst grob zweiteilen, indem man personorientierte Verfahren (Selbsterfahrungsgruppen) und Konzepte zum geplanten organisatorischen Wandel (Planned Organizational Change/Organization Development) voneinander unterscheidet. Bezüglich der Methodengeschichte muß man festhalten, daß beide Stränge in der gleichen Wurzel, nämlich in den NTL-Workshops gründen: bereits in die Sommergruppen des Jahres 1948 wurden zahlreiche Führungskräfte des amerikanischen Wirtschaftslebens eingeladen.[309] Von einem eigenständigen sozialpsychologisch orientierten Ansatz in der Organisationsentwicklung (wie er sich als Alternative zur herkömmlichen Managementlehre versteht und sich von dieser abgrenzt) kann man jedoch erst gegen Anfang der sechziger Jahre sprechen.[310] Die Konzeptualisierung der personorientierten Ansätze liegt dagegen etwas früher. Man wird sie um das Jahr 1956, mit dem Zeitpunkt, zu dem die Professionalisierung des T-Gruppen-Trainings weitgehend abgeschlossen war, ansetzen können.[311]

1.) *Skill-Training*

Im Skill-Training geht es um die Ausbildung zwischenmenschlich-kommunikativer Fertigkeiten für die Angehörigen helfender Berufe.[312] Die ,,Basic Skills Training Group" (BST) ist eine Vor- oder Frühform der T-Gruppe, die im Rahmen der NTL-Workshops entwickelt wurde, später als eigenständiger Typus der Gruppenarbeit jedoch wieder fallengelassen worden ist. Sie wurde mit der Zeit in das Design der T-Gruppe integriert.[313] In seinen Inhalten ist das Basic Skill Training von dem Grundgedanken bestimmt.

309 S. Lindner, Gruppendynamik in der berufsbegleitenden Fortbildung von Angehörigen der Wirtschaft, in: Heigl-Evers (Hrsg.), Die Psychologie des 20. Jahrhunderts Band VIII, Lewin und die Folgen, Zürich 1979, S. 696—702

310 Kubicek/Leuck/Wächter, Organisationsentwicklung: entwicklungsbedürftig und entwicklungsfähig, in: Gruppendynamik, 5, 1979, S. 297—318

311 Vgl. Benne, Die Geschichte der Trainingsgruppe im Laboratorium, in: Bradford/Gibb/Benne (Hrsg.), Gruppen-Training. T-Gruppentheorie und Laboratoriumsmethode, Stuttgart 1972, S. 95—159. S. besonders S. 124 ff.

312 Vgl. zum Skill-Training: Benne, a.a.O., S. 98 ff.; Däumling/Fengler/Nellessen/Svensson, Angewandte Gruppendynamik, Stuttgart 1974, S. 218—221

313 S. Bödiker/Lange, Gruppendynamische Trainingsformen, Reinbeck 1975, S. 34

„...daß Sozialarbeiter, Schulräte, Personalberater, Ausbildungsleiter, die in verschiedenen Bereichen Erfahrungen mit Menschen sammeln, sich gegenseitig anregen könnten, wie man am besten zu Veränderungen beim Diagnostizieren, Problemlösen und bei Hilfeleistungen in Konfliktfällen gelange. Jeder sei für den anderen ein ‚Innovationsagent' (change agent), ein Anreger und Helfer in dem gemeinsamen Bemühen, grundlegende soziale Fertigkeiten zu gewinnen."[314]

Noch deutlicher kommt die Programmatik dieses frühen Ansatzes in einer Arbeitsbeschreibung zum Ausdruck, die Bradford und Benne zum Entstehungszeitpunkt des Konzepts vorgelegt haben.[315] Sie soll hier wörtlich und in voller Länge wiedergegeben sein, denn an ihr wird evident, daß viele spätere Formen und Ausprägungen gruppendynamischer Methodik im Skill-Training bereits angelegt waren. Was damals in einem komplexen Vorhaben verbunden war, wurde später entmischt und fächerte sich zu einzelnen, mehr oder weniger präzis abgegrenzten und inhaltlich differenzierten Unter- bzw. Eigenformen aus.
Bradford und Benne schreiben:

„*Eine Gruppe zum Lernen innovatorischer Fertigkeiten und Konzepte*
Welches ist der gemeinsame Rahmen, der dem Sozialarbeiter, dem Schulaufsichtsbeamten, dem Personalberater in der Industrie, dem Vorsitzenden eines Elternausschusses, dem Ausbildungsleiter in einer Regierungsbehörde ... hilft, wechselseitig aus ihren Spezialberufen zu lernen? Der Stab glaubte, und die Erfahrung im Laboratorium bestätigte es, daß alle, die anderen Menschen helfen oder sie ausbilden sollen, die Rolle des Innovationsagenten (change agent) miteinander gemeinsam haben. Sie alle ... bemühen sich, Veränderungen in den Einsichten, Einstellungen und Fertigkeiten der Menschen und Gruppen zu erzielen, mit denen sie zu tun haben. Alle müssen zum Beispiel Menschen helfen, ihre Probleme zu diagnostizieren, Pläne für die Lösung dieser Probleme aufzustellen und ihre Pläne zu prüfen und zu bewerten. Diese Hilfeleistungen für einzelne und Gruppen erfordern gewisse Grundfertigkeiten in den Beziehungen zwischen Menschen, die man bestimmten, analysieren und üben kann.
Welches waren nun die Fertigkeiten, die von den fünf BST-Gruppen bestimmt, erörtert und eingeübt wurden? Sie liegen in den folgenden Hauptbereichen:

1. Wie schätzt der Innovationsagent seine persönlichen Motivationen und seine Beziehung zu dem zu Verändernden ein?
2. Wie hilft man den zu Verändernden, ein Bedürfnis nach Veränderung und nach einem Diagnoseprozeß festzustellen?
3. Gemeinsame Diagnose des Innovationsagenten und des Klienten über ihre Situation im Hinblick auf die zu verändernden Verhaltensweisen, Einsichten und Gefühle.
4. Entscheidungen über das Problem, Einbeziehung anderer in den Entscheidungsprozeß, Planung von Handlungen und Einübung des Plans.

[314] Däumling/Fengler/Nellessen/Svensson, a.a.O., S. 218
[315] Benne, a.a.O., S. 99 f.

5. Erfolgreiche und produktive Ausführung des Plans.
6. Auswertung als Einschätzung des gemeinsamen Fortschritts in Arbeits- und Denkmethoden und in den Beziehungen zwischen Menschen.
7. Fortsetzung, Ausbreitung und Befestigung der erzielten Veränderungen.

Verstehen und Helfen in der Gruppenentwicklung

Der erste Schritt war ..., daß die Teilnehmer mit der Vorstellung vertraut gemacht wurden, daß auch Gruppen, ebenso wie Individuen, einen Entwicklungsprozeß erkennen lassen, daß eine Ansammlung reifer, erwachsener Individuen noch nicht notwendig eine reife Gruppe ausmacht, daß viele Ausschuß-Sitzungen und Arbeitsbesprechungen daran scheitern, daß man von adoleszenten oder infantilen Gruppen ausgereiftes Arbeiten erwartet. Eine provisorische Liste enthielt folgende Symptome für die Stärkung oder den Fortschritt von Gruppen:

a) Gute Kommunikation zwischen den Mitgliedern (u.a. Sich-Verstehen, semantische Feinfühligkeit, freizügige, abwehrfreie Diskussion).
b) Objektivität der Gruppe gegenüber ihrer eigenen Arbeitsweise (Grad, in dem sie Bewertungen und Analysen ihrer Arbeitsweise entwickeln und akzeptieren kann).
c) Akzeptieren der Gruppenverantwortung (Bereitschaft der Mitglieder, Führungsfunktionen und Mitgliedschaftsverantwortung zu übernehmen und zu teilen; Sensibilität für die möglichen Beiträge jedes Mitglieds und Ermutigung solcher Beiträge).
d) Ausreichende Gruppenkohäsion bzw. Ich-Stärke, die es erlauben, neue Mitglieder und Ideen zu assimilieren, Konflikte zu nutzen, anstatt von ihnen zersprengt zu werden, an langfristigen Zielen festzuhalten und sowohl aus Niederlagen als auch aus Erfolgen Nutzen zu ziehen.
e) Fähigkeit der Gruppe, sich zu informieren und ziel trebig zu denken (Fähigkeit, Hilfsmittel innerhalb und außerhalb der Gruppe zu nutzen und Irrtümer im Denken der Gruppe zu entdecken und zu berichtigen).
f) Fähigkeit der Gruppe, Rhythmen des Gruppenmetabolismus zu erkennen und zu kontrollieren (Ermüdung, Spannung, Tempo, emotionale Atmosphäre).
g) Fähigkeit der Gruppe, die wichtigsten soziometrischen Faktoren in ihrer Entwicklung zu erkennen, zu kontrollieren und anzuwenden.
h) Fähigkeit der Gruppe, die Ideologien, Bedürfnisse und Ziele der Mitglieder mit den gemeinsamen Traditionen, Ideologien und Zielen der Gruppe zu integrieren.
i) Fähigkeit der Gruppe, neue Funktionen und Gruppen hervorzubringen, wenn sie gebraucht werden, und ihrer eigenen Existenz zur rechten Zeit ein Ende zu setzen.

Nach einer relativ kurzen Diskussion über diese Dimensionen der Gruppenentwicklung wurde in den meisten BST-Gruppen die Entscheidung getroffen, sie anhand des Verhaltens und der Entwicklung der Gruppe selbst zu überprüfen ... Ein typischer Vorgang in einer BTS-Gruppe war, daß der Beobachter der Gruppe seine Beobachtungen mitteilte. Diese pflegte die Diskussion zu stimulieren und der Gruppe zu einer vertieften Untersuchung ihrer immanenten Prozesse zu verhelfen. In ihrem Fortgang gerieten die Gruppen mehrfach in Krisen, machten zeitweise die Erfahrung des Scheiterns, das aus ihrer Unreife resultierte, verhielten sich wie Individuen rivalisierend und aggressiv. Beobachter und Gruppenleiter bemühten sich, diese Symptome der Unreife oder der Dysfunktionalität zu beleuchten ... In diesem Laboratoriumprozeß der Analyse und Diagnose der Gruppendynamik entfaltete sich in den Teilnehmern die Fähigkeit, Stadien der Gruppenentwicklung zu erkennen ... Die BTS-Gruppen analysierten nicht nur die Gruppenprozesse, sondern auch die bei den Mitgliedern vorhandenen unterschiedlichen Fähigkeiten und die Rollen, die durch die Mitglieder auszufüllen waren."

Von zentraler Bedeutung war im Skill-Training die Rolle des Gruppenbeobachters, die nach dem Rotationsprinzip wechselnd von Mitgliedern übernommen wurde. Seine Aufgabe bestand darin, sich im möglichst präzisen Wahrnehmen des Gruppenverlaufs und des Verhaltens einzelner zu üben, um mit seinen prozeßanalytischen Beobachtungen anschließend differenziert Feedback geben zu können.
Im Skill-Training war noch ungeteilt, was später in der Praxis der angewandten Gruppendynamik zu eigenen Formen fand: die Arbeit an individuellen Verhaltensweisen, die Auseinandersetzung mit interpersonalen und Intergruppenbeziehungen, der Erwerb berufsrelevanter Kommunikationskompetenzen und die Beschäftigung mit den spezifischen Interaktionsbedingungen sozialer Organisationen und Institutionen — für alle diese Aspekte sozialen Lernens versuchte man zunächst, den gleichen Rahmen zu nutzen.
Bleibt noch darauf hinzuweisen, daß das Skill-Training, so wie es von Benne, Bradford, Lippitt, Polson, Sheats, Zander und French theoretisch entwickelt und seit 1948 auch praktisch durchgeführt wurde, eine historische Gruppenarbeitsform darstellt, wie sie in der beschriebenen Art und Weise heute nicht mehr angeboten wird. Gleichwohl sind im Entwurf dieser Methode eines berufsbezogenen und sozialpsychologisch orientierten Interaktionstrainings die Wurzeln der gruppendynamischen Selbsterfahrungsgruppe und des Organisationslaboratoriums vorgebildet und mitenthalten — Richtungen, die in den fünfziger und sechziger Jahren zu einer Viefalt eigener Ansätze gefunden haben.

2.) *Human-Relations-Training*

Das „Human-Relations-Training" (HRT)[316] ist eine spezielle Form des gruppendynamischen Laboratoriums, wie es von den National Training Laboratories (Bethel, USA), dem Tavistock Institute of Human Relations (London/Leicester, England) und der Washington School of Psychiatry gleichermaßen (jedoch in verschiedene Richtungen) entwickelt und durchgeführt worden ist. Sein Ansatz ist an organisationspsychologischen

[316] Vgl. zum Human-Relations-Training: Etzioni, Studies in Social Change, New York 1966. Deutsch: Soziologie der Organisation, München 1967²; Rice, Führung und Gruppe, Stuttgart 1971; Rioch, All We Like Sheep... (Isaiah, 53:6) Followers and Leaders, in: Psychiatry, 39, S. 258—273; Däumling/Fengler/Nellessen/Svensson, a.a.O., S. 222—226; Bödiger, Gruppendynamische Trainingsformen, Reinbek 1975, S. 13 f.; Bilitza, Leistungsvorteile in Gruppen, in: Heigl-Evers (Hrsg.), Die Psychologie des 20. Jahrhunderts, Band VIII, Lewin und die Folgen, Zürich 1979, S. 477—485

bzw. -soziologischen Forschungen orientiert, an Theoriegrundlagen, die bis in die sozialpsychologische Industrie- und Betriebsforschung der ausgehenden zwanziger Jahre zurückreichen.
Untersuchungen, wie die von Elton Mayo, Roethlisberger und Dickson durchgeführten Hawthorne-Experimente überprüften systematisch und über einen längeren Zeitraum (1927—1932) den Zusammenhang zwischen Kooperation und Leistung im industriellen Bereich.[317] Mayo und seine Mitarbeiter widmeten ihre Arbeit der Frage nach dem Effekt sozialer Unterstützung im innerbetrieblichen Arbeitsprozeß, indem sie die Rolle informeller Gruppenbildungen[318] in den Hawthorne-Werken der General Electric Company in Chikago im Hinblick auf deren Relevanz für die Produktivität untersuchten. Das Vorhandensein informeller Gruppen ist, so fanden sie heraus, ein zentraler handlungsmotivierender Faktor, der für die Arbeitsleistung letzen Endes sogar eine größere Rolle spielt als finanzielle Anreize oder Verbesserungen in der Arbeitsplatzgestaltung. Mit seiner Motivationsanalyse gilt Mayo als Entdecker der informalen Gruppenstruktur des Industriebetriebes. Er vermochte empirisch nachzuweisen, in welch hohem Maß bestehende Sozialkontakte mit der Arbeitsleistung, mit der subjektiv empfundenen Zufriedenheit sowie mit der Betriebsverbundenheit der einzelnen verknüpft sind.
Aus diesen und anderen Studien schloß die Human-Relations-Schule, daß Leistung und Interaktion sich nicht notwendig ausschließen müssen, daß vielmehr solche Sozialstrukturen besonders produktiv seien, die gleichzeitig die grundlegenden kommunikativen Bedürfnisse der Menschen angemessen zu befriedigen verstehen.[319] Man postulierte also die Kontingenz der sozio-emotionalen Befindlichkeit einer Gruppe mit ihrem Vermögen, von außen gesetzte Leistungserwartungen hinreichend zu erfüllen.
Im Anschluß an jene Annahmen entwickelte man das Human-Relations-Training als eine solche Form des gruppendynamischen Laboratoriums, das in der Strukturierung seiner Arbeitsweise den Bezug zur industriellen Wirklichkeit explizit oder implizit stets beibehalten hat,

„...was dadurch deutlich wird, daß in direkter Entsprechung zur industriellen Situation stark in Konzept und Praxis von Hierarchie, Führung und Aufgabe gearbeitet wird sowie daran, daß Trainer auch als Berater der Industrie arbeiten und Aktionsforschung betreiben. Neben der bekanntermaßen 1946/47 in Bethel/Maine entwickelten T-Gruppe bzw. ‚Basic-Skill-Group (BST)' ist eine der Hauptquellen des HRT die Human-Relations-Schule, eine Richtung angewandter Gruppendynamik, deren Schlüsselbegriffe etwa folgende sind: Rolle, Kommunikation (zwischen verschiedenen Rangstufen), Führung, Entscheidungsdelegation, Feldstudie versus Experiment."[320]

317 Vgl. Mayo, The Human Problems of an Industrial Civilization, Boston 1933; Landsberger, Hawthorne Revisited, New York 1958
318 S. zu den informalen Gruppen auch Kapitel 3.2
319 Vgl. Etzioni, a.a.O., S. 67
320 Däumling/Fengler/Nellessen/Svensson, a.a.O., S. 222

Es würde in unserem Rahmen zu weit führen, wollte man die mitunter sehr unterschiedlichen Verfahrensweisen des Human-Relations-Training en detail referieren, zumal die Grundabsicht ihres Vorgehens in Däumling et al.[321] präzise zusammengefaßt vorliegt. Festzuhalten bleibt, daß — wie am Human-Relations-Training beispielhaft deutlich werden kann — viele gruppendynamische Initiativen mit den pragmatischen Bedürfnissen der industriellen Produktionsverhältnisse und der Frage nach ihrer Organisierbarkeit in enger Verbindung stehen, daß sie u.a. von betriebspsychologischen Untersuchungen beeinflußt sind und ihre Praxismodelle immer wieder zur Lösung bestehender Dysfunktionalitäten in der Industrie zur Verfügung gestellt haben.

3.) *T-Gruppe*

Die gruppendynamische Trainingsgruppe („T-Gruppe"/„T-Group") wurde bereits mehrfach erwähnt. Sie ist die Ur- und Grundform all jener Gruppenarbeitsformen, die in ihrem Methodeninventar eine gewisse Affinität zur sozialpsychologischen Theorie Lewinscher Prägung erkennen lassen. Wie der Ansatz im Standardwerk von Bradford, Gibb und Benne beschrieben ist,[322] kann man ihn als die klassische Ausprägung der gruppendynamischen Laboratoriumsgruppe verstehen, die personorientiert ist und die weniger die Inhalte der Interaktion als vielmehr die Wahrnehmungen und Gefühle im Kommunikations- und Gruppenprozeß selbst thematisieren will.[323]
Eine Definition haben Däumling et al. vorgelegt. Sie fassen zusammen:

„Wir bezeichnen als Trainingsgruppe eine Kleingruppe mit offener Struktur und prinzipiell gleichrangigen Mitgliedern, die in interdependenten Beziehungen stehen. Durch prozeßorientierte, nicht themengebundene, gemeinsame Analyse des aktuellen Sozialverhaltens wird emotionales und rationales Lernen über individuelle und über Gruppenvorgänge ermöglicht."[324]

In den ersten zehn Jahren nach ihrer Entwicklung in den National Training Laboratories (ab 1947) ist die allgemeine Zielsetzung der T-Gruppe sowie die Grundausrichtung ihrer

[321] Ebenda

[322] Bradford/Gibb/Benne (Hrsg.), Gruppen-Training. T-Gruppentheorie und Laboratoriumsmethode, Stuttgart 1972

[323] Vgl. zur T-Gruppe (neben dem genannten Werk): Däumling/Fengler/Nellessen/Svensson, Angewandte Gruppendynamik, Stuttgart 1974, S. 58ff.; Shaffer/Galinsky, Handbuch der Gruppenmodelle, Gelnhausen/Berlin 1977, Band 2, S. 223ff.; Smith, Kleingruppen in Organisationen, Stuttgart 1976, S. 118ff.; Nagl, T-Gruppe, Organisation, Institution, in: Heintel (Hrsg.), Das ist Gruppendynamik, München 1974, S. 38—59; Spangenberg, Chancen der Gruppenpädagogik, Weinheim 1969, S. 38ff.; Schmidbauer, Sensitivitätstraining und analytische Gruppendynamik, München 1974^{3}, S. 21ff.; Eine umfassende Bibliographie der amerikanischen Literatur der fünfziger und sechziger Jahre, s. Gibb, Sensitivitätstraining als Mittel zur Förderung individueller Bildungsprozesse und Verbesserung zwischenmenschlicher Beziehungen, in: Horn (Hrsg.), Gruppendynamik und der „subjektive Faktor". Repressive Entsublimierung oder politisierende Praxis, Frankfurt 1973^{2}, S. 173—181

[324] Däumling/Fengler/Nellessen/Svensson, a.a.O., S. 58

methodischen Arbeitsweise weitgehend erhalten geblieben. Später wurden (v.a. im Dialog mit der Humanistischen Psychologie und anderen psychotherapeutischen Schulen) jedoch nach und nach neue Aspekte in das Basisschema integriert — sowohl in bezug auf die übergeordnete Absicht als auch im Hinblick auf das Interventionsrepertoire der Gruppenleiter —, so daß in den ausgehenden sechziger Jahren eine Fülle von Unterformen und Anwendungsvarianten der Trainingsgruppe zu finden ist, deren Unterschiede teilweise nur schwer zu bestimmen sind und deren Abgrenzungen voneinander oft recht beliebig erscheinen.[325] Ihre größte Gemeinsamkeit liegt mitunter darin, daß sie sich auf das NTL-Grundmodell als Wurzel berufen und ihre Praxis aus dessen Tradition ableiten. Als ursprüngliche Intention wird die „Ausbildung bzw. Verbesserung zwischenmenschlicher Fähigkeiten" genannt — ein Ziel, das die Initiatoren selbst folgendermaßen präzisieren:

„Das Trainingslaboratorium bietet Gelegenheit, die Mitgliedschaft in vielerlei Sozialgebilden und die Beteiligung an menschlichen Angelegenheiten zu verbessern. Damit dieses allgemeine Ziel erreicht wird, ist es erforderlich, daß die Lernenden ihre inneren Bedürfnisse, Wertvorstellungen, Wahrnehmungen und Fähigkeiten verstehen, ebenso müssen sie die Möglichkeiten und Erwartungen der sozialen und materiellen Umwelt erkennen, in der sie tätig sind. Erkennen und Verstehen alleine jedoch, so wichtig sie auch sind und so schwer sie sich gerade in den vertrautesten Lebensbereichen erreichen lassen, genügen nicht. Um den Grad der Beteiligung zu verbessern, ist es auch erforderlich, daß ‚innere' Bedürfnisse und ‚äußere' Anforderungen schöpferisch miteinander integriert werden. Im Menschen muß die Fähigkeit wachsen, Unstimmigkeiten in sich selbst, in der Umwelt, die seine Handlungen bedingt, und in den Verhaltensmustern, mit denen er diese zwei Welten zu vereinen sucht, zu diagnostizieren. Außerdem muß er seine Fähigkeit steigern, kohärent und anpassungsfähig auf Situationen zu reagieren. Fertigkeiten angemessenen Reagierens müssen mit Fertigkeiten des Diagnostizierens von Situationen gepaart sein, wenn eine gesunde Entwicklung erzielt werden soll. Weiterhin, wenn der einzelne die Ethik passiver Anpassung an äußere Kräfte ablehnen soll, so muß er lernen, wie er die äußeren Strukturen seiner Umwelt verändern kann, sofern sie Autonomie und Integrität seines eigenen Handelns oder des damit interdependenten Handelns anderer beeinträchtigen.
Das Laboratorium geht von der Annahme aus, daß Einsicht und Fertigkeiten sozialer Beteiligung nur dann erlernt werden können, wenn der Lernende in Beteiligungsprozesse einbezogen wird. Trainingsveranstaltungen sind also soziale Prozesse, an denen die Lernenden aufgefordert sind, sich zu beteiligen, Unstimmigkeiten in ihrem Beteiligungsverhalten zu entdecken und zu diagnostizieren. Sie sind ferner dazu bestimmt, die Hilfe anderer für das Erfinden und Erproben kohärenterer, weniger verstummender Reaktionsweisen zugänglich zu machen. Innerhalb dieser allgemeinen Zielsetzung sind von den Trainerstäben mehrere besondere Lernbereiche identifiziert worden, die für die meisten

325 Vgl. z.B. die Auflistung der gruppendynamischen Arbeitsformen in Gibb, a.a.O., S. 139—181

Teilnehmer in ihren Bemühungen um ein gleichzeitiges Wachstum ihrer persönlichen Autonomie und ihrer sozialen Effektivität wichtig sind."[326]

Kurz gesagt geht es in der T-Gruppe also um größere Einsicht in individuelles Verhalten mit dem Ziel der Förderung kommunikativer Kompetenz und der Optimierung sozialer Partizipation. Wie nun sieht die konkrete methodische Umsetzung dieses Ansatzes aus? Die klassische Trainingsgruppe ist eine Kleingruppe mit offener Struktur, d.h. ihre Tagesordnung ist ohne vorab fixierte Themen, ohne obligatorischen Stoffkatalog, und die Kommunikationsstruktur bietet den prinzipiell gleichrangigen Mitgliedern genügend freien Raum, ihr individuelles Verhalten ungehindert zu entfalten. Gleichzeitig sollen neue Einstellungen, Verhaltensvarianten und Interaktionsalternativen angeregt und erprobt werden. Durch den offenen Informationsfluß und die soziale Reversibilität der Interaktionen haben andere Mitglieder der Gruppe die Möglichkeit zu Reaktion und Kommentierung, zu Verhaltensweisen also, die im Sinn gegenseitigen Feedbacks als Lernmedium begriffen und unterstützt werden.
Die konzeptionell angelegte Unstrukturiertheit ist ein primäres Indiz der Trainingsgruppe in ihrer ursprünglichen Form. Außerhalb ihrer alltäglichen Lebenswelt wird den Teilnehmern ein interaktionaler Freiraum zur Verfügung gestellt, in dem sie für eine begrenzte Zeit (üblicherweise ein bis zwei Wochen) frei von beruflichen Verpflichtungen, von Familie und Freundeskreis sein können. Die Verknüpfung dieser Distanz zur Primärgruppe und zum gewohnten sozialen System bei gleichzeitigem Verzicht auf ein durchorganisiertes Programm soll die Bereitschaft zum mikrosozialen Experiment begünstigen und fördern. Im Vakuum des Verlustes gewohnter Kommunikationsraster hat der einzelne die Chance, genau zu beobachten, wie sich interpersonale Beziehungen und Interaktionsmuster konstituieren. Er wird seine mit in die Gruppe gebrachten Handlungsdispositionen und Beziehungsmuster deutlicher als sonst erleben, und er steht vor der Aufgabe, sein Verhalten im Austausch mit den anderen Teilnehmern gleichsam experimentierend zu gestalten. Ein solches Arrangement wird in der Regel mit spezifischen Ängsten besetzt sein, es kann verwirren, beunruhigen und verunsichern — auf jeden Fall aber werden sich mit der Zeit charakteristische Beziehungsstrukturen herausbilden, die den anfänglichen Freiraum füllen. Durch die Indifferenz des Designs provoziert, entsteht eine spezifische Gruppenkultur, die den subjektiven Standort der anwesenden Kommunikatoren spiegelt.[327]
Der Leiter der T-Gruppe unterstützt die offene Struktur des Laboratoriums durch eine Art und Weise der Übernahme seiner Rollenfunktion, die sich stärker von der sich allmählich entwickelnden Dynamik leiten läßt, als daß sie der Gruppe normative Orientierungshilfen anbietet. Der „Trainer" setzt lediglich Minimalstrukturen, wenn er Anfangszeiten, Pausen etc. festgelegt und beschränkt sich ansonsten weitgehend darauf, die

326 Bradford/Gibb/Benne, a.a.O., S. 35f.
327 Vgl. zur relativen Unstrukturiertheit der T-Gruppe: Bradford/Gibb/Benne, a.a.O., S. 212ff.; Däumling/Fengler/Nellessen/Svensson, a.a.O., S. 84ff.

Teilnehmer mit den Arbeitsprinzipien (Hier-und-Jetzt-Prinzip, Feedback-Technik usw.) der Veranstaltung bekannt zu machen und sein Interpretationspotential für Verlaufskontrolle und Prozeßanalyse zur Verfügung zu stellen. In Krisen regt er die Durcharbeitung von persönlichen und Gruppenproblemen an, doch auch selbst dann hält er sich mit Handlungsdirektiven zurück — seine Interventionen sollen eine gegenwartsbezogene Erlebnisverarbeitung fördern und dem Ausweichen in weniger relevante Themen vorbeugen. Er gibt präzise Verhaltensbeobachtungen und unterstützt konstruktives Feedback als eine Art „model-participant". Globales und stereotypes Abqualifizieren und ähnliche Verhaltensweisen versucht er bewußtzumachen, so wie er überhaupt alle interaktionsdeformierenden Tendenzen im kommunikativen Handeln der Gruppe auszuarbeiten hilft. Manche Trainingsgruppen beziehen auch Theoriesitzungen in ihre Arbeit mit ein. „Man nimmt an, daß diese beiden unterschiedlichen Lehrangebote in ihrer wechselseitigen Beeinflussung positive Effekte auf das Lernen des Individuums haben — allerdings wird die Selbsterfahrung in der T-Gruppe vorrangig angesehen."[328]

4.) *Sensitvity-Training*

Das Sensitivity-Training ist über weite Strecken mit der Anlage der T-Gruppe identisch. Manche Autoren gebrauchen beide Benennungen synonym,[329] was mir jedoch trotz erheblicher Übereinstimmungen sowohl historisch/methodengeschichtlich als auch inhaltlich nicht ganz korrekt erscheint.

Während die T-Gruppe als klassische Form der gruppendynamischen Laboratoriumsgruppe bezeichnet werden kann, deren Hauptziele mehr oder weniger *gruppenbezogen* sind, und die in Lewinischer Tradition in den NTL-Workshops entwickelt worden ist, handelt es sich beim Sensitivity-Training [330] genaugenommen um eine jüngere Anwendungsvariante dieses älteren Typus, die tendenziell stärker an der *individuellen* Persönlichkeitsentfaltung und am Training der sinnlichen Wahrnehmungsfähigkeit des einzelnen orientiert ist.

„Die Bezeichnung ‚Sensitivity-Training' wurde um das Jahr 1954 an der University of California, Los Angeles (UCLA) von Weschler, Kallejan, Tannenbaum u.a. eingeführt zur Charakterisierung eines Konzepts, das besseres zwischenmenschliches Verstehen bzw. Zusammenwirken intendierte, im Sinne der Formel ‚Therapie für Normale'. (...)

[328] Shaffer/Galinsky, a.a.O., S. 229f.

[329] So z.B. Bödiker/Lange, Gruppendynamische Trainingsformen, Reinbek 1975 und zum Teil auch Schmidbauer, Sensitivitätstraining und analytische Gruppendynamik, München 1974

[330] Vgl. zum Sensitivity-Training: Massarik/Carlson, The California Psychological Inventory as an Indicator of Personality Change in Sensitivity Training. Working paper. Inst. of Indust. Tel., UCLA; Gibb, Sensitivitätstraining als Mittel zur Förderung individueller Beziehungsprozesse und Verbesserung zwischenmenschlicher Beziehungen, in Horn (Hrsg.), Gruppendynamik und der „subjektive Faktor". Repressive Entsublimierung oder politisierende Praxis, Frankfurt 1973^2,S. 139—181; Däumling/Fengler/Nellessen/Svensson, in Kutter, Gruppendynamik der Gegenwart, Darmstadt 1981, S. 133—155; Schmidbauer, a.a.O.; Sbandi, Feedback im Sensitivity Training, in: Kutter, Gruppendynamik der Gegenwart, Darmstadt 1981, S. 188—206

Weschler, Massarik und Tannenbaum rücken die Persönlichkeitsentfaltung (personal growth) in den Vordergrund..."[331]

Im Sensitivity-Training verbindet sich das ältere gruppendynamische Paradigma mit Vor- und Frühformen der Humanistischen Psychologie. In seiner Zielschreibung klingt die Programmatik von Selbstverwirklichung und Persönlichkeitsentfaltung bereits deutlich an. Methodengeschichtlich ist das Sensitivity-Training eine Übergangsform zwischen dem gruppendynamischen Training sozialpsychologischer Prägung und dem humanistisch-psychologischen Encounter-Ansatz, wie ihn z.B. Carl Rogers vertreten hat. Auch an dieser Stelle sollen wieder Initiatoren des Konzepts zu Wort kommen, geben ihre Ausführungen doch den besten Einblick in die ursprüngliche Idee und Absicht, die hinter der Entwicklung der hier interessierenden Variante angewandter Gruppendynamik steht.
Weschler, Massarik und Tannenbaum schreiben zum Sensitivity-Training:

„Das Netz der sozialen Beziehungen, das unser Leben entscheidend beeinflußt, ist voller widersprüchlicher Anforderungen und Inkonsistenzen. Diese erheben ihren Tribut nicht nur von den klinisch manifesten Psychotikern, sondern sie wirken auch auf das Leben der meisten von uns ein, die scheinbar erträglich mit der Welt und mit den Menschen um uns herum ‚zurandekommen'...
Unsere neue Auffassung des Sensitivity Training stellt ein Mittel dar, um die Persönlichkeitsentfaltung (personal growth) von Menschen zu fördern, die, obgleich sie nach den meisten kulturell gültigen Standards als ‚normal' gelten, gerade durch diese Standards auf subtile und komplexe Weise in Mitleidenschaft gezogen werden. Für uns ... ist Sensitivity Training nicht mehr in erster Linie eine Technik zur Verbesserung des Gruppenverhaltens, zur Ausbildung interpersonaler Beziehungsfertigkeiten, zur intellektuellen Erörterung von menschlichen Beziehungsproblemen oder zur oberflächlichen Besprechung neurotischer Symptome ... Vielmehr zielt Sensitivity Training nun auf die ganzheitliche Stärkung des Individuums ab.
Unsere Version des Sensitivity Training widmet sich zunehmend der Stärkung des Individuums in seinem Wunsch, Menschen und Ereignisse unverkürzter zu erleben, sich selbst intimer und genauer zu kennen, zu einem sinnvolleren Verständnis des eigenen Lebens zu finden und einen Prozeß persönlicher Entfaltung zu ständig wachsender individueller Zulänglichkeit in Gang zu bringen oder in Gang zu halten. Wir beginnen, uns mit den Lebenswerten zu befassen, die sich schließlich in dem Gesamtmuster der Einstellungen und Verhaltensweisen eines Menschen widerspiegeln. Wir beschäftigen uns z.B. mit seiner Tendenz, andere zu kontrollieren oder sich von ihnen kontrollieren zu lassen, mit seinem Verhalten, wenn er wütend ist, mit seiner Fähigkeit zum Ausdruck von Liebe oder Zuneigung oder der Aufnahme solchen Ausdrucks, mit seinen Gefühlen oder Einsamkeit, seiner Suche nach persönlicher Identität, seiner Erprobung der eigenen Zulänglichkeit und mit anderen ähnlichen Problemen. Jedes dieser ‚Themen' ist bezeich-

[331] Däumling/Fengler/Nellessen/Svensson, a.a.O., S. 226

nenderweise für den einen von größerer persönlicher Bedeutung als für den anderen, jedes hat jedoch wahrscheinlich eine reale Bedeutung für alle, die zusammen eine Trainingserfahrung durchmachen."[332]

Typisiert man diese Lehrsätze und Zielvorgaben noch einmal, so muß man sagen, daß die Grundabsicht des Sensitivity Trainings in zwei Richtungen verläuft, die das Konzept miteinander zu verbinden versucht: es will der Deformation grundlegender Interaktionsformen entgegenwirken, die — so die dahinterstehende Annahme — im Kontext der westlichen Industriegesellschaften immer häufiger auftritt (gesellschaftliche Perspektive), und es tut dies, indem es dem einzelnen ein nicht-defizitäres Kommunikationsmodell anbietet, in dem er lernen soll, eigene und fremde Bedürfnisse subtil aufeinander abzustimmen (subjektive Perspektive).
Dabei geht es in erster Linie
— um die Schärfung der Selbst- und Fremdwahrnehmung,
— um die Entwicklung von Empfindsamkeit, Ansprechbarkeit und Einfühlung,
— um die Auflockerung stereotyper Verhaltensweisen,
— um die Verbesserung der Ausdrucksfähigkeit v.a. in Konfliktsituationen,
— um die Intensivierung des menschlichen Kontakts,
— um die Revision des Selbstkonzeptes und unter Umständen auch
— um eine Überprüfung der subjektiven Wertordnung bzw. der Lebensziele.[333]
Das, was das Sensitivity-Training erproben und einüben will, bezieht sich (und hierin unterscheidet es sich von der T-Gruppe) vorrangig auf das Rezeptions- und Expressionsverhalten des einzelnen.

„In psychologischer Terminologie ausgedrückt, erstreckt sich Sensitivity auf drei Bereiche, die sich naturgemäß unterscheiden:
1. Der sozial-kognitive Bereich, der die Wahrnehmung, Beurteilung und Kenntnis des anderen, einschließlich der Täuschungs- und Vorurteilsquellen, umfaßt;
2. der motivale Bereich, besonders die Fähigkeit, individuelle Beweggründe in vielfältigen Situationen aufzufassen und auf dem Hintergrund dispositioneller Gegebenheiten zu verstehen;
3. der expressive Bereich mit der feinen Abstufung der spontanen Ausdrucksmittel und der Abstimmung sprachlicher Äußerungen auf die Mentalität des Partners, ohne dabei an natürlicher Emotionalität einzubüßen, d.h. unecht zu werden."[334]

Zwar wird immer wieder betont, daß die Entwicklung sinnlicher Wahrnehmungsfähigkeit keineswegs der Selbstzweck des Trainings sei, daß „Sensitivität" vielmehr lediglich

[332] Weschler/Massarik/Tannenbaum, The Self in Process: A Sensitivity Training Emphasis, in: Weschler/Schein (Hrsg.), Issues in Human Relations Training. NTL Selected Readings Series, Nr. 5, 1962; zit. in Bradford/Gibb/Benne, a.a.O., S. 143

[333] Vgl. Däumling/Fengler/Nellessen/Svensson, a.a.O., S. 227

[334] Däumling, Sensitivity-Training, in: Kutter (Hrsg.), Gruppendynamik der Gegenwart, Darmstadt 1981, S. 134

die Basis zur Optimierung der Kommunikation darstelle, doch kommt diesem Ziel im Rahmen des Sensitivity-Trainings insgesamt eine so große Rolle zu, daß man von einem zentralen Aspekt der Methode sprechen kann. Die Funktion des Trainers ähnelt stark der Rolle des T-Gruppenleiters, wie sie oben beschrieben wurde. Allenfalls greift der Leiter des Sensitivity-Trainings häufiger aktiv in den Gruppenverlauf ein, indem er Wahrnehmungsübungen, Interaktionsspiele und Feedback-Experimente etc. von sich aus anbietet.

5.) *Encounter*

Der Encounter-Ansatz angewandter Gruppendynamik wurde im Zusammenhang der humanistisch-psychologischen Gruppentheorie bereits vorgestellt und besprochen. Hier sollen lediglich einige Methodendetails nachgetragen sein.

Weit stärker als im Sensitivity-Training bildet die Gruppe im Encounter[335] lediglich das Forum bzw. den Katalysator für die persönliche Weiterentwicklung des einzelnen. Die globale Zweckbestimmung (mit sich selbst, mit anderen und mit den eigenen Gefühlen in Kontakt kommen/Entwicklung von Authentizität/Entfaltung von Kreativität und Lebensfreude etc.) integriert neben dem üblichen Methodeninventar gruppendynamischer Selbsterfahrungsgruppen oftmals Techniken, wie sie in der Gruppenpsychotherapie üblich sind. Im Unterschied zum Sensitivity-Training und zur T-Gruppe ist hier v.a. die Auseinandersetzung mit biographischem Material zu erwähnen, das in der Gruppe durchgearbeitet wird, allerdings ohne daß es dabei zu Deutungen im psychoanalytischen Sinn käme.

Die Praxis der Encounter-Gruppe kann als Beispiel für die vielen Varianten des gruppendynamischen Trainings gelten, die über die Zeit eine enge Verbindung mit psychotherapeutischen Konzepten eingegangen sind. Hier wird deutlich, daß die rein interaktionsdynamischen Ansätze in der sozialpsychologisch orientierten Gruppenarbeit eher charakteristisch für die Frühzeit der Methodenentwicklung waren.

Zwei Tendenzen sind dabei aufeinandergestoßen:

a) Hatte man in der Praxis nach und nach die Entdeckung gemacht, daß nicht alle Wachstumsschritte und Krisen in Gruppen mittels des ,,klassischen“ Repertoires der gruppendynamischen Laborgruppe zu bearbeiten sind. Gerade in emotional belastenden Phasen wurde man im Verlauf von Trainingsgruppen oft mit psychischen Reaktionen seitens der Teilnehmer konfrontiert, die mit Feedback, Prozeßanalyse, Interaktionsübungen etc. allein nicht aufzulösen waren.
b) Hatten sich im Kontext der Humanistischen Psychologie psychotherapeutische Interventionstechniken entwickelt, die in Gruppen ausgezeichnet anwendbar waren, die wie die gruppendynamische Arbeit dem Hier-und-Jetzt-Prinzip folgen wollten[336]

335 Literatur zur Encounter-Gruppe s. Anm. 255

336 Ich denke hier v.a. an die von Fritz Perls u.a. entwickelte Gestalttherapie. Vgl. Perls, Gestalt-Therapie in Aktion, Stuttgart 1974. S. auch Ronall/Feder (Hrsg.), Gestaltgruppen, Stuttgart 1983

und die so in das eigene Setting integriert werden konnten, daß man dessen Gesamtrahmen nicht entscheidend verändern mußte oder daß eine detaillierte tiefenpsychologische Ausbildung nötig gewesen wäre.

So hatte teilweise bereits das Sensitivity-Training psychotherapeutische Techniken aufgenommen. In der Praxis der Encounter-Gruppen ist diese Integration dann zu ihrer vollen Entfaltung gekommen. Nur selten allerdings wurde die Übernahme therapeutischer Methodik, ihre Auswahl und Indikationsstellung in Einzelheiten reflektiert. Beschränkte man sich im Rahmen des Sensitivity-Trainings noch vornehmlich auf Techniken der Krisenintervention, so arbeitete man im Zusammenhang der Encounter-Gruppen schon stärker mit biographischem Material der Teilnehmer: Psychotherapiemethoden wurden hier zum integralen Bestandteil einer gruppendynamischen Arbeitsform. Im einzelnen blieb die Art und Weise der Methodenintegration in der Regel vom Arbeitsstil des jeweiligen Gruppenleiters abhängig — von seinen Schwerpunkten, Abneigungen und Vorlieben sowie natürlich von seinem Ausbildungsstand.

Weit weniger als bei den zuvor beschriebenen Ansätzen, die jeweils in einem gemeinsamen theoretischen Rahmen gegründet sind, handelt es sich beim Encounter um ein einheitliches Konzept. „Encounter" bezeichnet ein Bündel unterschiedlicher, jedoch verwandter Modelle, die in ihrer Methodik teilweise erheblich voneinander differieren können:

— das „personenzentrierte oder Verbal-Encounter" („Basic Encounter Group„) nach Rogers, Tausch u.a.,[337]
— das „Open Encounter" nach Schutz[338]
— und das „Marathon-Encounter" von Mintz[339]

stellen seine Hauptformen dar.

Während das von Rogers entwickelte Verfahren in seiner ursprünglichen Ausprägung als eine gruppenbezogene Variante der Gesprächstherapie anzusehen ist, verschmelzen in Schutz' Open-Encounter-Modell Gruppendynamik, Gruppenpsychotherapie, Gestalttherapie und verschiedene Methoden körperorientierter Psychotherapie zu einer einheitlichen, auf Selbstwahrnehmung, offenen Gefühlsausdruck und Körperbewußtsein zentrierten Gruppenarbeitsform. Elisabeth Mintz benutzt über weite Strecken psychoanalytische Terminologie, um ihr Vorgehen zu beschreiben. Sie begreift die Encounter-Gruppe als gruppenpsychotherapeutischen Ansatz, der v.a. dann wirksam ist, wenn die Teilnehmer ununterbrochen zusammen sind (in der Regel für ein Wochenende). Stadien kur-

[337] Vgl. Rogers, Encounter-Gruppen, München 1974; Tausch, Klientenzentrierte Gesprächspsychotherapie und personenzentrierte Encounter-Gruppen, Vortrag auf dem 1. Europ. Kongreß für Gesprächspsychotherapie, Würzburg 1974; eine gute Zusammenfassung des Konzepts enthält Leffers, Erwachsenenbildung — Förderung individuellen Wachstums und/oder sozialen Wandels, Münster 1980

[338] Schutz, Freude, Reinbek 1971; Ders., Encounter, Hamburg 1977

[339] Mintz, Marathon Groups, New York 1971

zer Regression und Katharsis sollen es den Gruppenmitgliedern ermöglichen, Kindheitserfahrungen aufzuarbeiten.[340]
Die Organisation einer Encounter-Gruppe ist den Rahmenbedingungen des Sensitivity-Trainings in vieler Hinsicht ähnlich.

„Eine Begegnungsgruppe kann sich wöchentlich für zwei Stunden treffen, über ein Wochenende von 2 1/2 Tagen oder im Extremfall für ein bis zwei Wochen. Eine besondere Variante ist das Marathon (Non-Stop-Gruppe, Langzeit-Begegnungsgruppe), das ununterbrochen bis zu 52 Stunden dauern kann. In der Bundesrepublik wird am häufigsten das zwei bis drei Tage dauerende Kurztraining ohne Nachfolge-Training angeboten. Damit Berufstätige teilnehmen können, finden diese Encounter gewöhnlich am Wochenende statt. Die Begegnungsgruppen bestehen aus 8—16 Personen. (...) Je ein Facilitator, Leiter, Trainer, eventuell mit einem Co-Trainer, aber kein Beobachter, kommen auf eine Gruppe."[341]

6.) *Marathon*
Ein Marathon[342] ist eine konzentrierte Gruppenaktivität, an der 12 — 24 Mitglieder teilnehmen, die

„... 24 Stunden oder länger bei wenig Schlaf mit Hilfe ritualisierter interaktioneller Übungen intensive Selbst- und Gruppenerfahrung betreiben und persönliche Entfaltung (growth) sowie Klarheit und engagierte Offenheit, Differenziertheit und Gelassenheit in interpersonellen Beziehungen erreichen oder weiterentwickeln möchten."[343]

Als Begründer der Marathon-Idee gelten Georg R. Bach und Frederic Stoller. Stoller beschreibt das Marathon vor allem in seiner klinischen Anwendung (sozusagen als Non-Stop-Gruppenpsychotherapie) — ein Arrangement, das seiner Meinung nach wesentlich wirksamer ist als ein vergleichbares Setting periodischer Sitzungen, die über einen längeren Zeitraum hinweg stattfinden. Bach dagegen gebraucht den Ansatz im nicht-klinischen, im Selbsterfahrungsbereich „in Form von Partner-Trainings und Kursen zur konstruktiven Handhabung von Intimität und Aggression".[344]

340 Vgl. als Zusammenfassung des Marathon-Encounter, Shaffer/Galinsky, Handbuch der Gruppenmodelle, Gelnhausen/Berlin 1977, Band 2, S. 275—279

341 Bödiker/Lange, Gruppendynamische Trainingsformen, Reinbek 1975, S. 98

342 Vgl. zur Marathon-Gruppe: Bach, The Marathon Group: Intensive Practice of Intimate Interaction, in: Psychological Report, 18, 1966, S. 995—1002; Ders., Marathon Group Dynamics II — Disjunctive Contacts, in: Psychological Report, 19, 1967, S. 1147—1158; Ders., Group Leader Phobias in Marathon Groups, in: Voices, Vol. 3, No. 3, 1967, S. 41—46; Ders./Bernhard, Aggression Lab, Dubuque 1969; Stoller, Accelerated Interaction, in: Calif. Dept. Mental Hygiene, No. 352, 1966; Ders., Marathon Group Therapy in: Gazda (Hrsg.), Innovations of Group Psychotherapy, Springfield 1968, S. 42—95; Däumling/Fengler/Nellesson/Svensson, a.a.O., S. 236—246; Shepard/Lee, Marathon 16, München 1872; Bach/Molter, Psychoboom. Wege und Abwege moderner Therapie, Reinbek 1979, S. 91—93

343 Däumling/Fengler/Nellessen/Svensson, a.a.O., S. 236

344 Ebenda

Die ursprüngliche Absicht der Marathon-Gruppe beschreibt Bach wie folgt:

„Die meiste Einsicht in therapeutische Prozesse beruht auf Beobachtungen und Erfahrungen von Therapeuten, die ihre Patienten in 50-Minuten-Sitzungen behandeln. Bei meinem Kollegen und Freund Frederic Stoller und mir wuchs das Unbehagen darüber, daß wir nach solchen Sitzungen beim nächsten Mal — überspitzt ausgedrückt — fast wieder von vorne anfangen mußten, das, was in den Sitzungen erarbeitet wurde, hielt dem Alltagsstreß nicht stand. Diesen verzögerten Wachstumsprozeß, einem Fortschritt mit mühselig gezahlten Raten vergleichbar, wollten wir durchbrechen. Unsere Hypothese war, daß wir in einem 24- bis 36-stündigen Marathon Widerstände leichter erkennen, da durch den intensiv andauernden Gruppenprozeß Verhaltensweisen nicht so leicht kaschiert werden können wie in der 50-Minuten- oder Dreistundensitzung. (...)
Die einzigartige Gelegenheit, einen Tag und eine Nacht lang an einer offenen und ehrlichen Begegnung (encounter) teilzunehmen, schafft Intimität unter den Teilnehmern. Sie bekommen einen Geschmack davon, was man mit Menschen, die einem wichtig sind (significant other), auch anderswo erreichen kann. Sie tauschen subjektive Wahrheiten miteinander aus, sie erkennen, daß sie irrationales und nicht effektives Verhalten, das sich als Störung ihrer Persönlichkeit auswirkt, aufgeben und Verhaltensmuster erlernen müssen, die mehr Intimität und Kompetenz garantieren. Dabei orientieren wir uns an dem ‚Hier-und-Jetzt', d.h., die Bearbeitung richtet sich auf das ‚Was' und das ‚Wie', nicht auf das ‚Warum' und ‚Woher'.
Die Aufgabe des Therapeuten besteht darin, jedem Gruppenmitglied optimale Bearbeitungsmöglichkeiten bereitzustellen. Weiter soll er dafür sorgen, daß möglichst viel Gruppenfeedback gegeben wird, daß die Mitglieder mit Gruppendruck in Kontakt kommen und sich mit ihm auseinandersetzen."[345]

Im Vergleich zur T-Gruppe, die, wie wir oben gesehen haben, absichtlich mit einem unstrukturierten Gruppengefüge arbeitet, ist das Marathon hochgradig formal organisiert. Bach u.a. haben zahlreiche Interaktionsrituale entworfen,[346] die den Teilnehmern im Gruppenverlauf angeboten werden. Es gehört zu den typischen Kennzeichen der Marathon-Gruppe, daß viele dieser Übungen weniger der Analyse bestimmter Verhaltensweisen dienen, sondern sie vielmehr im Sinn karthartischen Ausagierens emotionaler Inhalte (acting out) Verwendung finden.
Damit ist auch die Rolle des Gruppenleiters eine andere als in den meisten bisher vorgestellten gruppendynamischen Verfahren: der Trainer strukturiert den Prozeß von Anfang an stark mittels bestimmter Regeln[347] und greift aktiv und direktiv in den Gruppenverlauf ein.

345 Bach/Molter, Psychoboom. Wege und Abwege moderner Therapie, Reinbek 1979, S. 91 f.
346 Beispiele dafür s. Däumling/Fengler/Nellesson/Svensson, a.a.O., S. 238 ff.
347 Vgl. Däumling/Fengler/Nellessen/Svensson, a.a.O., S. 239

7.) *Organisationslaboratorien*

Neben den personorientierten Ansätzen mit ihren vielfältigen Formen und Varianten steht ein zweiter, von den Selbsterfahrungsgruppen zu unterscheidender Bereich gruppendynamischer Modelle, die den geplanten organisatorischen Wandel in Unternehmen und Institutionen zum Ziel haben.[348]

Diese „leistungsorientierten Trainings“[349] verfolgen organisationspsychologische Absichten und sind darum bemüht, T-Gruppen und andere gruppenbezogene Verfahren aus der angewandten Sozialpsychologie zur Verbesserung der interpersonalen Zusammenarbeit im betrieblichen Arbeitsprozeß einzusetzen. Da es diesen Konzepten längst nicht nur um die Optimierung der Kooperation in *Industrieunternehmen* geht, sondern sie ihren Ansatz auch auf *soziale Institutionen* wie Kommunalverwaltungen, Krankenhäuser, Kirchen, Schulen, Heime, Gefängnisse etc. ausgedehnt haben, spricht man hier ganz allgemein von „gruppendynamischen Modellen der Organisationsentwicklung“.

Eine übergreifende Definition haben French und Bell vorgelegt:

„Im sozialwissenschaftlichen und vielleicht idealen Sinn des Wortes ist Organisationsentwicklung eine langfristige Bemühung, die Problemlösungs- und Erneuerungsprozesse in einer Organisation zu verbessern, vor allem durch eine wirksamere und auf Zusammenarbeit gegründete Steuerung der Organisationskultur — unter besonderer Berücksichtigung der Kultur formaler Arbeitsteams — durch die Hilfe eines OE-Beraters oder Katalysators und durch Anwendung der Theorie und Technologie der angewandten Sozialwissenschaften unter Einbeziehung von Aktionsforschung.“[350]

Hier wäre hinzuzufügen, daß gruppendynamische Organisationstrainings und -laboratorien nur eine unter vielen Methoden der Organisationsentwicklungspraxis sind, die insgesamt vielfältiger ist und heute einen autonomen Gegenstandsbereich der Sozialwissenschaften darstellt.

Die Arbeitsformen, die in unserem Zusammenhang interessieren, sind Weiterentwicklungen der klassischen gruppendynamischen Trainingsform, „in denen Intergruppenprozesse und die Analyse des Verhaltens in seiner Abhängigkeit von sozialer Organisation eine größere Rolle spielen.“[351]

348 Vgl. zu den Organisationslaboratorien: Bennis/Benne/ Chin (Hrsg.), Änderungen des Sozialverhaltens, Stuttgart 1975; Smith, Kleingruppen in Organisationen, Stuttgart 1976; French/Bell, Organisationsentwicklung, Bern/Stuttgart 1977; Gebert/Rosenstiel, Organisationspsychologie, Stuttgart 1981; Bödiker/Lange, Gruppendynamische Trainingsformen, Reinbek 1975, S. 19 ff., Däumling/Fenggler/Nellessen/Svensson, a.a.O., S. 102—106 u. S. 254—268; Hürter, Stichwort „Organisationsentwicklung“, in: Meyer (Hrsg.), Handbuch Gruppenpädagogik — Gruppendynamik, Heidelberg 1977, S. 65 f.; Lindner, Gruppendynamik in der berufsbegleitenden Fortbildung von Angehörigen der Wirtschaft, in: Heigl-Evers (Hrsg.), Die Psychologie des 20. Jahrhunderts, Band VIII, Lewin und die Folgen, Zürich 1979, S. 696—702

349 Bödiker/Lange, a.a.O., S. 19

350 French/Bell, a.a.O., S. 31 (OE= Organisationsentwicklung)

351 Däumling/Fengler/Nellessen/Svensson, a.a.O., S. 254

Folgende Intentionen sind den meisten Modellen gemeinsam:

- Datensammlung, Diagnose und Kritik von Organisationszuständen als Ist-Kritik von unterschiedlichen Standpunkten aus;
- „Geplanter und gesteuerter Wandel als Antwort auf sich verändernde Erfordernisse und Aufgaben im zwischenmenschlichen und im institutionellen Rahmen"[352] im Sinne einer Humanisierung des Systems;
- Identifikation und Artikulation von Bedürfnissen und Interessen;
- Hilfen zur Auswahl neuen Verhaltens angesichts sich ändernder Bedürfnisse oder der Umverteilung von Macht (Entwicklung und Implementation adäquater Veränderungsstrategien);
- Förderung kommunikativer Kompetenz;
- Verbesserung der organisationsspezifischen Kommunikation bzw. Kommunikationsstruktur;
- Analyse von internen und externen Gruppenkonflikten, Entwicklung von Lösungsstrategien im Sinne sachbezogener Konfliktaustragung;
- Vergrößerung der Problemlösungskapazität, Konflikttoleranz, Entscheidungs- und Teamfähigkeit;
- Ausbau der Selbstregulation aufeinander bezogener Teilsysteme;
- Klärung des Umgangs mit deviantem Individual- und Gruppenverhalten sowie mit Minoritäten;
- Bewußtsein über individuelle institutionelle Führungsansprüche;
- Reflexion bestehenden Führungsverhaltens;
- Aktivierung von Potenzen und Ressourcen, Freisetzen sozialer Phantasie.

Bödiker/Lange[353] unterscheiden zwei grundlegende Trainingsrichtungen, die sich aus der T-Gruppe entwickelt haben:

a) *Instrumentelles Laboratorium (Instrumented Lab)*

Das Instrumentelle Laboratorium ist eine leistungsorientierte Variante der Trainingsgruppe, in der der *einzelne* im Mittelpunkt steht. Ziel ist v.a. die bessere Selbstwahrnehmung im Sinne einer selbstreflexiven Beschäftigung mit dem eigenen Team-, Konflikt- und Führungsverhalten als Mittel zur Entfaltung interaktionaler Fähigkeiten, wie sie berufsrelevant sind, d.h. wie sie das kommunikative Handeln in der Herkunftsorganisation effizienter zu gestalten vermögen. Latente Verhaltenspotentiale sollen entdeckt und optimal genutzt werden.

„Die Instrumented Labs sind sehr stark strukturiert. Es werden standardisierte und teilweise programmierte Übungen vorgegeben, die nach der Durchführung analysiert und interpretiert werden. Besonders beliebt sind hier Kommunikationsübungen und Rollenspiele zum Thema: ‚Wie sieht mein Führungsverhalten aus und wie kann es verbessert

[352] Hürter, a.a.O., S. 65
[353] Bödiker/Lange, a.a.O., S. 19 ff.

werden?‘ Der Einfluß des einzelnen auf die Gruppenarbeit und deren Auswirkungen werden kritisch betrachtet, analysiert und an Hand von Prozeß- und Interaktionsskalen gewichtet:

* Wer hat was, wie stark und wie häufig getan?
* Was ist abgelaufen?
* Wie habe ich das Verhalten der anderen erlebt?“[354]

Als Beispiel eines differenzierten instrumentellen und streng systematisierten Ansatzes für den Bereich der Industrieunternehmen wird in diesem Zusammenhang häufig das *‚Managerial-Grid‘-Verfahren* von Blake und Mouton genannt,[355] ein Führungstraining, das wegen der starken Betonung von Autorität und Hierarchie sowie wegen seiner Gewichtung wirtschaftlicher Effizienz als Erfolgskriterium gelungener Organisationsentwicklung zum Teil erheblich kritisiert worden ist.[356] Dem Konzept liegt ein zweidimensionales Koordinatensystem als Modell der wesentlichen Organisationsperspektiven zugrunde: während die eine Achse für das Interesse am Menschen, für die Mitarbeiter-Dimension steht, bezeichnet die zweite Achse das Interesse an den Unternehmenszielen und -aufgaben, die Produktionsperspektiven. Anhand dieses Koordinatensystems, das auch in Form eines diagnostischen Fragebogens Verwendung findet, wird ein Führungsstil eingeübt, der das Mitarbeiter- und das Firmeninteresse gleichermaßen berücksichtigen soll.

„Bei diesem Training wird eine kleine Gruppe von weniger als zehn Vorgesetzten zusammengefaßt, die die Konsequenzen verschiedener innerhalb des Verhaltensgitters möglicher Führungsformen an konkreten Beispielen diskutieren und dabei ihr eigenes Führungsverhalten — mit Hilfe der Rückmeldung durch die anderen — diagnostizieren, wobei auf diese Weise eine Annäherung an das Ziel ‚9.9.‘ angestrebt wird.“[357]

Die sogenannte „9.9.-Position“ steht für das leistungsfähigste Führungsverhalten, das das Managerial-Grid-Konzept kennt, für den Führungsstil mit der höchsten Wertigkeit. Gemeint ist ein tendenziell kooperativer Führungsstil, der die Mitarbeiter in einem hohem Maß für das Organisations- bzw. Unternehmensziel zu begeistern versteht, der über dieses Engagement effektive Arbeitsleistungen erzielt und der die Gesamtproduktivität (Gewinnmaximierung, Verminderung von Kosten und Ausschuß etc.) damit erfolgreich zu steigern vermag. Eine solche Führungskraft legt großen Wert auf kreative und vernünftige Entscheidungen, an denen die Mitarbeiter partizipieren können. Die Identifikation mit einem gemeinsamen Ziel und dessen konsequente Verfolgung steht dabei im Vordergrund.

354 Bödiker/Lange, a.a.O., S. 21 f.

355 Blake/Mouton, Verhaltenspsychologie im Betrieb, Düsseldorf 1968; Dies., Corporate Exellence through Grid Organiszation Development, Houston 1968; s. auch die Zusammenfassung des Konzepts in: French/Bell, a.a.O., S. 166—170

356 Vgl. Glasl/de la Houssaye, Organisationsentwicklung, Bern/Stuttgart 1975, S. 66 ff.

357 Gebert/Rosenstiel, a.a.O., S. 206

Nach der Beschäftigung mit dem Führungsverhalten der einzelnen Teilnehmer und der persönlichen Auseinandersetzung mit dem geschilderten idealtypischen Leitungsmodell geht es in einer zweiten Phase um die Prozesse der Teamentwicklung in der Organisation. Ähnlich der Reflexion der Führungsmentalität sollen die Teilnehmer zunächst einmal die bestehende Gruppenstruktur ihres Unternehmens und das damit verbundene Teamverhalten diagnostizieren lernen. Wieder wird eine Idealvorstellung aufgebaut, der es sich anzunähern gilt. Darüber hinaus werden die Fähigkeiten im Planen, Zielesetzen und Problemlösen entwickelt, und jeder Teilnehmer erhält Feedback hinsichtlich seines eigenen Verhaltens und dem seiner Gruppe.
In der dritten Phase schließlich steht die Reflexion der organisationsspezifischen Intergruppenbeziehungen auf dem Programm. „Die Dynamik der Zusammenarbeit und der Konkurrenz zwischen Gruppen wird untersucht. Jede Gruppe definiert für sich, welcher Art die Beziehungen idealerweise sein sollten, und diese Definitionen werden dann zwischen den Gruppen ausgetauscht. Aktionspläne zur Verwirklichung der Idealvorstellungen werden entwickelt und einzelnen Mitarbeitern zugeteilt. Unter anderem werden operationale Pläne ausgearbeitet, um die zwei Gruppen von ihrem Ist-Zustand in einen Zustand idealer Beziehungen zueinander zu bringen."[358]
Die vierte Phase ist dem Aufbau eines idealen strategischen Unternehmensmodells gewidmet. Mittels standardisierter Instrumente erarbeiten die (inzwischen trainierten) Führungskräfte im Feedback mit anderen Gruppenmitgliedern im Hinblick auf Strukturen, Prozesse und Klima ein Unternehmensmodell für ihren besonderen Fall.
In der fünften Phase wird dieses strategische Idealmodell im Hinblick auf seine konkrete Umsetzung überdacht. Schritte und Maßnahmen werden entwickelt, mit denen das Modell auf die reale Situation übertragen und in die Tat umgesetzt werden kann. Schließlich wird aufgrund der bisherigen Ergebnisse mit der kontrollierten Neu- bzw. Umstrukturierung der Organisation begonnen.
Die sechste Phase gilt dann der Erfolgskontrolle, die mittels eines bestimmten, dazu entworfenen Instrumentariums (systematische Kritik, Messung, Beurteilung etc.) vorgenommen wird. Eventuell werden neue zusätzliche oder ergänzende Maßnahmen beschlossen.
Man hat das hier vorgestellte Modell eines Instrumentellen Laboratoriums vor allem deshalb kritisiert,
— weil es die Fülle der Sozialbeziehungen in einer Organisation auf im Grunde zwei Faktoren reduziert,
— weil es als Klientel lediglich Führungskräfte (im Regelfall Spitzenmanager) vorsieht,
— weil es vom Bestreben nach Gewinnmaximierung dominiert ist und das gemeinsame Interesse aller Mitarbeiter daran voraussetzt
— und weil es mit seinem streng systematisierten Ansatz (indem es ein uniformes Lernprogramm vorschreibt) an den Besonderheiten der individuellen Organisation mög-

[358] French/Bell, a.a.O., S. 168

licherweise leicht vorbeigehen kann und damit wenig Freiheit für subjektive Wahlen läßt.

b) *Organisationsentwicklungslaboratorium* (Organization Development Lab)
Die von Bödiker/Lange unter dieser Rubrik subsumierten Modelle beschreiten einen etwas anderen Weg.[359] Sie sind weniger leistungsbezogen, weniger stark formalisiert und gehen statt vom einzelnen und seinen Führungsmöglichkeiten stärker von der Organisation als Ganzheit aus. Sie sind eher systemisch orientiert.

In seiner übergeordneten Zielsetzung unterscheidet sich das Organisationsentwicklungstraining nicht sehr von der Intention der personorientierten T-Gruppen, dessen organisationsspezifische Weiterentwicklung es darstellt. Nur selten allerdings sind die Lernziele so offen definiert, so allgemein und so weitgefaßt wie in der klassischen Trainingsgruppe. Am deutlichsten decken sich die beiden Ansätze dort, wo es um „erfahrbare" Einsicht in Gruppenstrukturen (Funktions- und Rollenverteilung, typische Prozeßphänomene, Entwicklungsphasen etc.) und deren Organisation geht. Im Unterschied zur T-Gruppe ist das Organisationsentwicklungslaboratorium stärker, im Vergleich mit dem Instrumentellen Laboratorium ist es weniger stark strukturiert. Eines seiner Hauptziele besteht darin, vorhandene Problemlösungskapazitäten durch das Training von Sensitivität und Empathie auszubauen. Das, was Lindner allgemein bemerkt, gilt auch und gerade für die Organisationsentwicklungsverfahren:

„Für die Welt der arbeitenden Menschen, die wissen wollen, unter welchen Voraussetzungen Teams funktionieren, wie Konflikte innerhalb und zwischen Gruppen kooperativ gelöst und wie große Organisationen vor bürokratischer Erstarrung bewahrt werden können, sind eher Probleme der Kommunikation, der Koordination, der Entscheidungsfindung und der Autorität die zentralen Anliegen."[360]

Wo solche Laboratorien in der Organisationsentwicklung angewandt werden, sind es häufig passiv-rezeptive Verhaltenskomponenten, die man in erster Linie fördert, z.B.
— präzisere Wahrnehmung der eigenen Person und der Konsequenz ihres Handelns,
— tieferes Verständnis für die Eigendynamik subjektiven Verhaltens in bestimmten Situationen,
— Förderung der empathischen Einstellung anderen Menschen gegenüber (sich in die Bedürfnisse anderer einfühlen, aufmerksameres Zuhören-können etc.),
— adäquates Wahrnehmen gruppendynamischer Prozesse,
— aufgabenangepaßteres und weniger stereotypes Verhalten.

359 Bödiker/Lange, a.a.O., S. 23 ff.

360 Lindner, Gruppendynamik in der berufsbegleitenden Fortbildung von Angehörigen der Wirtschaft, in: Heigl.Evers (Hrsg.), Die Psychologie des 20. Jahrhunderts, Band VIII, Lewin und die Folgen, Zürich 1979, S. 698

Die Zusammensetzung von Gruppen, die unter dem Thema „Organisationsentwicklung" zusammenkommen, kann mitunter sehr verschieden sein. Es haben sich mit der Zeit einige Hauptformen herausgebildet, die sich anhand der jeweiligen Zielformulierung und dem Bekanntheitsgrad der Teilnehmer voneinander abgrenzen lassen:

Family Lab

Im Family Laboratorium werden ganze Arbeitsgruppen, Firmenabteilungen, Lehrerkollegien etc. gemeinsam trainiert, also Gruppierungen, die auch ihren Arbeitsalltag miteinander teilen und die eine gemeinsame Vergangenheit und Zukunft haben. Probleme der Hierarchie, der Aufgabenverteilung und der Konfliktlösung sollen bearbeitet werden.

Cousin Lab

Das Cousin Laboratorium faßt Teilnehmer derselben Organisation in einer Gruppe zusammen, die im Alltag keine direkten Arbeitsbeziehungen miteinander haben und die sich kaum oder nur zum Teil kennen. Die Zugehörigkeit zum gleichen Unternehmen bildet den gemeinsamen Nenner und die Basis des Trainings.

Cluster Lab

„Eine andere Zusammenstellung wird als ‚cluster-lab' bezeichnet. Dabei wird die Gruppe auch aus verschiedenen Teilen der Organisation zusammengestellt, aber jede Gruppe erhält Untergruppen von einzelnen, die auch an ihrem Arbeitsplatz zusammenarbeiten. So könnte eine Trainingsgruppe von zwölf Mitgliedern aus drei Untergruppen von je vier Personen bestehen, die in der Organisation arbeitsmäßig miteinander zu tun haben."[361]

Team Development Lab

Hier versucht man, in einer Projektgruppe von Spezialisten, die einen zeitlich limitierten Arbeitsauftrag zu erledigen haben, Teamfähigkeit einzuüben. Dadurch, daß man sich vor der Beschäftigung mit der eigentlichen Sachaufgabe den zwischenmenschlichen Beziehungen, der Kommunikation und der Kooperation widmet, sollen die Voraussetzungen für ein reibungsärmeres Miteinander und für das optimale Gelingen des Projektes verbessert werden.

Confrontation Lab

Das Confrontation Lab ist eine konfliktorientierte Variante des Intergruppen-Laboratoriums, das Vorurteile und kooperationsblockierende Verhaltensweisen abbauen will. Entweder werden mögliche Reibungssituationen zwischen zwei oder mehreren Untergruppen simuliert und durchgespielt, oder es sitzen sich tatsächlich Gruppen mit real unterschiedlicher Interessenlage (z.B. Betriebsrat — Unternehmensleitung) zur Bearbeitung anstehender Probleme gegenüber.

Stranger Lab

Daneben existiert das Stranger Lab als eine Trainingsform, die, wie der Name schon sagt, von Mitgliedern verschiedener Organisationen besucht wird. Gerade die Mischung von Teilnehmern soll das gegenseitige Sich-anregen fördern.

361 French/Bell, a.a.O., S. 178f.

Dieser knappe Überblick über die organisationsorientierten Verfahren der angewandten Gruppendynamik läßt sich folgendermaßen graphisch zusammenfassen:

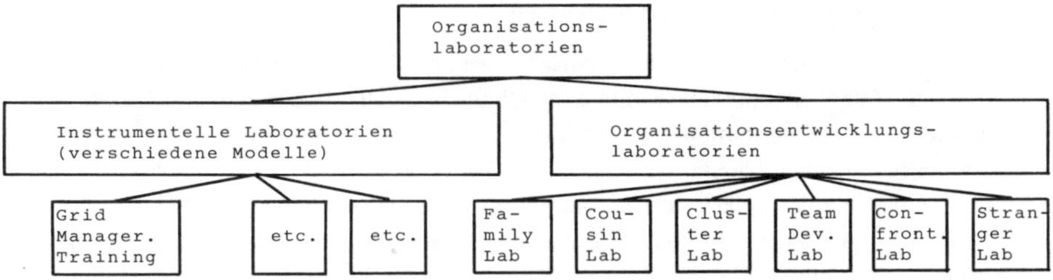

7.2. Gruppenpädagogik

Eines der ersten Bücher, das die Begriffe und Methoden der Gruppendynamik in der Bundesrepublik Deutschland bekannt gemacht hat, war Tobias Brochers Buch „Gruppendynamik und Erwachsenenbildung".[362] Es erschien 1967, trug den Untertitel „Zum Problem der Entwicklung von Konformismus oder Autonomie in Arbeitsgruppen" und war Alexander Mitscherlich zum sechzigsten Geburtstag gewidmet. Innerhalb der nächsten zwölf Jahre konnte es diese Veröffentlichung zu beachtlichen vierzehn Auflagen bringen.

Dieser Umstand kann dreierlei deutlich machen:

1. Die Konzepte der angewandten Gruppendynamik wurden nicht als allgemeine, als reine Laboratoriumsmethoden (also für einen neu zu schaffenden Praxisbereich) rezipiert. Von Anfang an war das Interesse an ihren Arbeitsformen mit den speziellen Anforderungen bestimmter (bestehender) Handlungsfelder verknüpft. Die Einführung gruppendynamischer Methodik war bewußt pragmatisch, wie Brocher selbst sagt,[363] und wollte tatsächlichen Informations-, Ausbildungs- und Praxismängeln in den helfenden Berufen mit ihren Einsichten entgegenkommen. Sie bezog sich in der Regel auf solche Felder, die man als soziale Orte institutionalisierten kommunikativen Handelns bezeichnen kann, und wurde mit zunehmender Verbreitung funktional verstanden.
2. Auch und gerade der Bereich institutionalisierter Bildung (Erwachsenenbildung, Schule etc.) ist früh eine enge Verbindung mit den gruppendynamischen Wissensbeständen und Methodologien eingegangen.
3. Die gewaltige Nachfrage signalisiert ein Sachinteresse, das über lange Zeit unvermindert anhielt und das viele Hoffnungen mit den neuen didaktisch-pragmatischen

[362] Brocher, Gruppendynamik und Erwachsenenbildung. Zum Problem der Entwicklung von Konformismus oder Autonomie in Arbeitsgruppen, Braunschweig 1967 (1979[14])

[363] Brocher, Vorwort zur Neuauflage, a.a.O., 1979[14], S. 1

Hilfestellungen des gruppendynamischen Paradigmas verband. Auf der Suche nach wirksameren Methoden zur positiven Beeinflussung von Lehr- und Lernprozessen war man zum Experiment mit dem gruppendynamischen Ansatz in Schule und Erwachsenenbildung in hohem Maß bereit.

In diesem Zusammenhang wurden zahlreiche gruppendynamische Modelle für Erziehung und Unterricht entwickelt, und es entstand ein eigener, mehr oder minder abgegrenzter Bereich einer Gruppendynamik im pädagogischen Feld — und damit das, was man heute weitgehend übereinstimmend als *Gruppenpädagogik* bezeichnet.[364]
Gruppenpädagogik, so läßt sich definieren, ist die Anwendung gruppendynamischer Konzepte im pädagogischen Kontext. Sie ist ein Ansatz pädagogischen Handelns, der die Gruppe als Ort und Medium sowohl individueller als auch sozialer Reifung betrachtet und der die Förderung subjektiver Entfaltungsmöglichkeiten und kooperativer Interaktion in der Auseinandersetzung mit einer Sachaufgabe zu verbinden sucht.
Magda Kelber, eine der Mitbegründer der gruppenpädagogischen Arbeit in Deutschland, bestimmt die gruppenpädagogische Absicht folgendermaßen:

„Die Gruppenpädagogik wird verstanden als eine Methode des helfenden Prozesses, der das Sammeln der Fakten, die Analyse der Gruppensituation, die Planung, Durchführung und fortlaufende Auswertung helfender Schritte und schließlich eine gut vorbereitete Ablösung des Helfers von der Gruppe in sich schließt..."[365]

Die Anfänge der Gruppenpädagogik in Deutschland reichen bis in die Nachkriegszeit zurück. Sie sind eng mit dem Namen und der Person Magda Kelbers verbunden, der langjährigen Leiterin des „Haus Schwalbach", einer ersten deutschen Arbeitsstätte für gruppenpädagogische Kurse, Lehrgänge und Tagungen.

[364] Vgl. zur Gruppenpädagogik: Kelber, Gruppenpädagogik: Auswahl aus den Schwalbacher Blättern 1949—1959, Wiesbaden 1959; Dies., Was verstehen wir unter Gruppenpädagogik?, in: Neue Auswahl, Wiesbaden 1965; Dies., Zum Verständnis der Gruppenpädagogik, in: Auswahl 3, Wiesbaden 1971; Walz, Soziale Reifung in der Schule, Hannover 1960; Schiller, Gruppenpädagogik (Social Group Work) als Methode der Sozialarbeit, Wiesbaden 1963; Müller (Hrsg.), Gruppenpädagogik. Auswahl aus Schriften und Dokumenten, Weinheim 1968; Konopka, Soziale Gruppenarbeit, ein helfender Prozeß, Weinheim 1968; Spangenberg, Chancen der Gruppenpädagogik, Weinheim 1969; Mollenhauer, Zur Theoriebildung der Gruppenpädagogik, München 1969; Meyer (Hrsg.), Die Gruppe im Lehr- und Lernprozeß, Frankfurt 1970; Ders. (Hrsg.), Gruppenpädagogik zwischen Moskau und New York, Heidelberg 1972; Ders. (Hrsg.), Handbuch Gruppenpädagogik — Gruppendynamik, Heidelberg 1977; Prior, Gruppendynamik in der Seminararbeit, Blickpunkt Hochschuldidaktik Nr. 11, Hamburg 1970; Betz/Kasper (Hrsg.), Die Gruppe als Weg. Einführung in Gruppendynamik und Religionspädagogik, München 1973; Weber, Projektgruppen im Religionsunterricht, Heidelberg 1973; Sjolund, Gruppenpsychologie für Lehrer, Erzieher und Gruppenleiter, Heidelberg 1974; Geißler (Hrsg.), Gruppendynamik für Lehrer, Reinbek 1979

[365] Kelber, 1971, a.a.O., S. 14

„Am 26. Juni 1949 wurde ‚Haus Schwalbach‘ ins Leben gerufen. Das neugegründete ‚Heim für Volksbildung und Jugendpflege‘ lag in der Nähe von Bad Schwalbach im Taunus und leitete seinen Namen daher. Das von den Amerikanern zunächst finanziell unterhaltene Institut sollte nach deren Vorstellung ein ‚Leadership Training Center‘ werden, in dem die Deutsche Jugend- und Erwachsenenbildung einen neuen Anfang auf breiter demokratischer Basis setzen sollte. Bald bekam ein deutsches Kuratorium für alle Angelegenheiten die Entscheidungsbefugnis. Am 30. September 1949 übernimmt Dr. Magda Kelber auf Bitte des Kuratoriums die pädagogische Leitung von „Haus Schwalbach“. Mit einem von ihr sorgsam ausgewählten Team ist gewährleistet, daß die geplanten Lehrgänge und Kurse beginnen und nach und nach thematisch erweitert werden können. Magda Kelber stellt die Gruppenarbeit in den Mittelpunkt der pädagogischen Aufgabe, wobei die Gruppe als erzieherisches Medium eingesetzt wird.
In der Zeit vom Juni 1949 bis Oktober 1950 verzeichnet ‚Haus Schwalbach‘ bereits 109 Tagungen und Lehrgänge, die 4412 Teilnehmern die Möglichkeit erster gruppenpädagogischer Erfahrung gibt. Sie erleben konkret, daß Leitung nicht Dirigismus, sondern Beratung und Diskussion ist und der einzelne in der Gruppe ebenso gefördert wird wie die kleine überschaubare Gruppe. Sie lernen in diesem neuen Übungsfeld für ihre eigene Praxis wichtige Methoden.“[366]

Eine der Ursprungsabsichten der gruppenpädagogischen Arbeit war demnach die Demokratisierung des Bildungswesens, die durch intensive Multiplikatorenfortbildung garantiert werden sollte. Man wollte theoretische und praktische Einsichten über Gruppenprozesse an alle, die mit Gruppen im Bildungsbereich arbeiteten, weitergeben und sah gerade in der Schulung von Führungskräften und Leitern die Chance und den Weg zur demokratisierenden Breitenwirkung. Mitarbeitern aus den verschiedensten pädagogischen und sozialpädagogischen Handlungsfeldern wurde qualifiziertes gruppendynamisches Rüstzeug vermittelt, das sie einerseits dazu befähigen sollte, über die Wirkung ihrer Erziehungsziele und deren methodische Umsetzung nachzudenken und das ihnen andererseits neue Kenntnisse über gruppendynamische Phänomene ermöglichen sollte, mit deren Hilfe sie neue, partnerschaftliche Praxisformen erproben konnten.
Mit diesem Ansatz scheint eine der wesentlichen Intentionen Lewins nach Deutschland zurückgekehrt zu sein: sein Wunsch, „daß man es vermöge, die Sozialpsychologie mit der Lösung praktischer Probleme in Zusammenhang zu bringen“,[367] und sein Ziel, Toleranz und das Bemühen um Verständnis zur Grundlage eines Umgangs mit dem sozialen Lebensraum „Gruppe“ zu machen, der die Fähigkeit zu kooperativem Miteinander wachsen und sich erneuern lassen wollte. Die gruppenpädagogische Konzeption, die Magda Kelber vertrat, wurzelt im amerikanischen Ansatz wurzelt im amerikanischen „Social Group Work“, einem gruppenmethodischen Ansatz aus dem Bereich der Sozial-

366 Walz, Dreißig Jahre Haus Schwalbach — Ein Rückblick, in: Schwalbacher Blätter 142, 35, 1984, S. 41

367 Horkheimer, Vorwort, in: Lewin. Die Lösung sozialer Konflikte, Bad Nauheim 1953, S. 7 f.

arbeit, den Konopka[368] und Schiller[369] ausführlich dargestellt haben. Es war vor allem diese Richtung einer sozialpädagogisch ausgerichteten Gruppenarbeit, die man im „Haus Schwalbach" abgewandelt und umgesetzt hat. Dabei lag es nicht in der Absicht, die sozialpsychologische Theorieentwicklung voranzutreiben oder detaillierte Wirkungsforschung zu initiieren. Vielmehr bestand die Leistung des Kreises um Magda Kelber im wesentlichen in einer eigenen, kreativen Rezeption der amerikanischen Fachliteratur zum Thema „Theorie und Praxis der sozialen Gruppenarbeit" und deren pragmatischer Aufbereitung in der Art eines „Leadership Trainings". Neben verschiedenen Aspekten des Social Group Work wurden insbesondere die Arbeiten der Lewin-Schule (Lewin, Lippitt, White u.a.) — meines Wissens erstmals für den deutschsprachigen Raum — einer breiteren Öffentlichkeit zugänglich gemacht.[370]

„Magda Kelber und ihre Mitarbeiter, die sich vergleichsweise früh den Zugang zu der amerikanischen Fachliteratur auf dem Gebiet des social group work erarbeitet hatten, können zweifelsfrei den Verdienst in Anspruch nehmen, wichtige Aspekte der auf internationale reformpädagogische Bestrebungen gegründeten, durch den Filter der amerikanischen Entwicklung gegangenen Gruppenarbeit als Methode wieder in Deutschland beheimatet zu haben."[371]

Will man die Grundrichtung und Zielvorstellung dieses ersten Versuchs einer gruppenpädagogischen Methodik in der Rückschau umschreiben, so sind folgende Perspektiven als zentral festzuhalten:

— Unter „Gruppenpädagogik" versteht man hier jenen Teilbereich der allgemeinen Pädagogik, der sich „mit dem pädagogischen Geschehen in der kleinen, personennahen Gruppe befaßt."[372]
— Zur Klärung ihrer Ziele und Methoden setzt sich die Gruppenpädagogik mit den Erkenntnissen der sozialpsychologischen (Klein-)Gruppenforschung auseinander: sie nimmt sie in ihr pädagogisches Anliegen auf und versucht, sie in ihren Praxisfeldern umzusetzen.
— Ihr primäres Interesse liegt verstärkt in der pädagogischen Arbeit mit „freien Gruppen von Kindern, Jugendlichen und Erwachsenen"; ein Feld, das sie — im Gegensatz zum Kontext schulischer und universitärer Bildung — als ihren „eigentlichen und ursprünglichen Bereich"[373] begreift.
— Ziel des gruppenpädagogischen Bemühens ist „die individuelle und soziale Reifung

368 Konopka, Soziale Gruppenarbeit, ein helfender Prozeß, Weinheim 1968
369 Schiller, Gruppenpädagogik (Social Group Work) als Methode der Sozialarbeit, Wiesbaden 1963
370 Vgl. Kelber (Hrsg.), Neue Auswahl aus den Schwalbacher Blättern, Wiesbaden 1965
371 Müller (Hrsg.), Gruppenpädagogik. Auswahl aus Schriften und Dokumenten, Weinheim 1968, S. 115
372 Kelber, Was verstehen wir unter Gruppenpädagogik?, in: Gruppenpädagogik: Auswahl aus den Schwalbacher Blättern 1949—1959, Wiesbaden 1959, S. 11ff.
373 Ebenda

des Menschen. Es erwächst aus den sittlichen Maximen der Ehrfurcht vor dem Menschen und seiner Verantwortung für die Gemeinschaft."[374]

— „Die Gruppenpädagogik wandelt einige allgemeingültige pädagogische Grundsätze auf ihre besondere Arbeit mit kleinen Gruppen ab:

(a) Anfangen, wo die erste Gruppe steht — und sich mit ihr in Bewegung setzen,
(c) Raum für Entscheidungen geben — und Grenzen setzen,
(c) mit der Stärke arbeiten,
(d) individualisieren,
(e) Zusammenarbeit ist besser als Einzelwettbewerb,
(f) notwendige Beschränkungen positiv ausnutzen."[375]

— Wo Gruppen in diesem Sinn als „Werkzeug der Erziehung" eingesetzt werden, ist damit „eine systematische Pflege der Methodik der Gesprächsführung in der Gruppe und mit dem einzelnen, die Methodik alles Musischen und die Methodik der Ausbildung und Fortbildung der gruppenpädagogisch Tätigen" verbunden.[376] „Insbesondere die Abfassung von Gruppenberichten und ihre Auswertung in regelmäßigen Besprechungen zwischen dem Studierenden oder Gruppenleiter und dem Praxisberater (supervisor)" soll den Prozeß der Qualifizierung zum Gruppenpädagogen unterstützen.[377]

Es ist das Verdienst der Arbeit von „Haus Schwalbach" — „dieser Institution, die für die Entwicklung der Gruppenpädagogik innerhalb der Bundesrepublik eine Zeitlang bestimmenden Charakter hatte"[378] —, den Dialog zwischen pädagogischer Praxis und gruppendynamischer Praxistheorie begründet und ihm eine realisierbare Perspektive gewiesen zu haben. Man hat hier die aktuelle Bedeutung des gruppendynamischen Ansatzes für den pädagogischen Zusammenhang frühzeitig erkannt und damit methodisch-didaktisches Neuland betreten und zu erschließen begonnen, in dem die programmatischen und praktischen Grundlagen eines sozialen Lernens erstmals deutlich sichtbar werden konnten.
Allerdings blieb es hier bei der mehr oder minder pragmatischen Übertragung der sozialpsychologischen Methodik in den pädagogischen Bereich. Naheliegende weiterführende Schritte wurden nicht getan, und man wird sich Kurt Spangenbergs Urteil anschließen können, wenn er in bezug auf Haus Schwalbach resümierend bemerkt:

„Es fehlt an Bewährungskontrollen der gruppenpädagogischen Ansätze, ohne die eine Weiterentwicklung der Ziele, Inhalte und Verfahren nicht denkbar ist. Wenn der Versuch unterbleibt, die Variablen der Ziele, Inhalte und Verfahren im Interesse einer solchen Er-

374 Ebenda, S. 13
375 Entnommen einer Zusammenfassung des Ansatzes von Haus Schwalbach, in: Spangenberg, Chancen der Gruppenpädagogik, Weinheim 1969, S. 92
376 Kelber, 1959, a.a.O., S. 16
377 Ebenda
378 Spangenberg, a.a.O., S. 95

folgskontrolle näher zu definieren, sind auch die Aussagen über Erfolge beliebig. Es ist daher nicht verwunderlich, wenn Henningsen die Frage nach den Inhalten der Gruppenpädagogik an das Haus Schwalbach stellt und in der sich daran anschließenden Diskussion keine klare Antwort darauf erhält, so daß er feststellt: Es wäre ein bedauerliches und der Sache selbst abträgliches Selbstmißverständnis, wenn pädagogische Bemühungen vom Range der Gruppenpädagogik in einer ohne vorgängige didaktische Besinnung letztlich unzureichenden Theorie der Methode steckenblieben.“[379] [380]

Auch auf einem anderen Gebiet pädagogischen Handelns ließ man sich von den Praxisperspektiven des gruppendynamischen Ansatzes bereitwillig anregen. Mit einer eigenen (und von den oben skizzierten Entwicklungen im Umkreis des Haus Schwalbach unabhängigen) Art und Weise der Rezeption, die in den reformpädagogischen Bestrebungen des beginnenden 20. Jahrhunderts wurzelt, nahm auch die *Schulpädagogik* zunehmend von den Möglichkeiten Kenntnis, die die amerikanischen Laboratoriumsstudien und deren theoretische Konzepte für das spezielle Handlungsfeld Schule anzubieten hatten.[381]

Die Berührungspunkte sind offensichtlich: jede Schulklasse ist ein mikrosoziales System, dessen Struktur und Dynamik, dessen unausgesprochene Regeln, Rollen-, Kommunikationsmuster und Rangunterschiede die Vollzüge des Stofflernens hochgradig mitorganisiert. Es zählt zum Common sense nicht nur der Schulpädagogik, daß Unterricht mehr als die bloße Vermittlung diverser fachlicher Inhalte ist: er sollte vielmehr ebenso zur personalen und sozialen Entwicklung des Schülers beitragen und die Förde-

379 Ebenda

380 Henningsen, Die Diskussion um die Gruppenpädagogik, in: Kulturarbeit, 12, 1960, S. 114; s. auch Ders., Zur Kritik der Gruppenpädagogik, in: Kulturarbeit, 11, 1959, S. 193—197

381 Vgl. zum Dialog Schulpädagogik — Gruppendynamik: Fuhrich/Gick, Der Gruppenunterricht. Theorie — Praxis, Ansbach 1952; Kahlert, Schulklassen und Kleingruppen, in: Zeitschrift für Pädagogik, 4, 1958, S. 43—47; Bradford, Developing Potentialities through Class Groups, in: Teachers College Record, May 1950; Lichtenberger, Formelle und informelle soziale Ordnung im Verband einer Schulklasse, in: Schule und Psychologie, 7, 1960, S. 33—42; Walz, Soziale Reifung in der Schule, Hannover 1960; Charters/Gage (Hrsg.), Readings in the Social Psychology of Education, Boston 1963; Bany/Johnson, Classroom Group Behavior: Group Dynamics in Education, New York 1964; Minssen, Gruppendynamik und Lehrerverhalten, in: Internationale Zeitschrift für Erziehungswissenschaften, 11, 1965, S. 305—325; Novotny, Führungsstil des Lehrers und Sozialstruktur der Klasse, Phil. Diss., Wien 1967; Weber, Lernen in der Gruppe, München 1967; Dietrich, Bildungswirken des Gruppenunterrichts, München 1969; Meyer (Hrsg.), Die Gruppe im Lehr- und Lernprozeß, Frankfurt 1970; Meyer (Hrsg.), Gruppenpädagogik zwischen Moskau und New York, Heidelberg 1972; Meyer, Gruppenunterricht — Grundlegung und Beispiel, Oberursel 1975[7]; Meyer/Forsberg, Einführung in die Praxis der schulischen Gruppenarbeit, Heidelberg 1976[2]; Meyer (Hrsg.), Handbuch Gruppenpädagogik — Gruppendynamik, Heidelberg 1977; Ulrich, Gruppendynamisches Training in der Schule, Heidelberg 1974; Fritz, Methoden des sozialen Lernens, München 1977; Sjolund, Gruppenpsychologie für Erzieher, Lehrer und Gruppenleiter, Heidelberg 1974; Grundke, Interaktionserziehung in der Schule, München 1975; Schroeder/Schroeder, Gruppenunterricht, Berlin 1975; Geißler (Hrsg.), Gruppendynamik für Lehrer, Reinbek 1979

rung von Selbstverantwortung, Kommunikationsfähigkeit und Kooperationsbereitschaft als zentrale Absicht mit enthalten. Hier bietet sich die sozialpsychologische Gruppenforschung dem pädagogischen Bemühen als kompetenter Gesprächspartner an.Wie bereits bemerkt, ist diese Ausrichtung für die Pädagogik keine im wesentlichen neue. Sie ist eine weitreichende Übereinkunft, deren Erörterung in der Geschichte der pädagogischen Diskussion seit etwa der Jahrhundertwende eine zunehmende Rolle gespielt hat und die in den Ideen der liberalen Schulreformbewegungen vorgeprägt ist.[382]

Ernst Meyer, dessen Lebenswerk der Verwirklichung eines zeitgemäßen Gruppenunterrichts gewidmet ist, summiert die historische Entwicklung gruppenmethodischer Ansätze im Schulbereich wie folgt:
„Der Begriff Gruppenunterricht taucht erst seit Ende des 19.Jh. in der pädagogischen Terminologie auf, obwohl die Idee der Schülerzusammenarbeit schon mit den Helfersystemen des Mittelalters ihren Eingang in den Schulen sucht. Verschiedene Pädagogen hatten schon vor 1900 begonnen, dem jahrhundertelang proklamierten Richtziel der Pädagogik „Emanzipation“ mit Hilfe kooperativer Stilformen gerecht zu werden (BELL, LANCASTER, GIRARD, PESTALOZZI). Besonders ausgeprägt zeigt sich diese Entwicklung in der amerikanischen Schulreformbewegung, in dem Erziehungsversuch MAKARENKOS in der Sowjetunion, in den besonderen gruppenunterrichtlichen Verfahren COUSINETS in Frankreich. In Deutschland gestalteten KERSCHENSTEINER (1854-1932), GAUDIG (1860-1932), BERTHOLD OTTO (1859-1933), PETERSEN (1884-1952) die Lernorganisation von lehrerzentriertem Frontalunterricht in schülerzentrierte Gruppenunterrichtsformen um.“[383]

Mit dem zunehmenden Konsens eines Verzichts auf autoritäre Lernverfahren zugunsten kooperativer, gemeinschaftsbezogener Formen wuchs auch der Wunsch nach wissenschaftlicher Fundierung der Praxisversuche und einer Grundlagenreflexion des Zusammenhangs von Gruppe und Unterricht. Darüber entspann sich ein Gespräch mit der Gruppenpsychologie und -soziologie, das intensiver wurde, je mehr sich deren Einsichten als eigene wissenschaftliche Ansätze profilieren konnten. Ziel war es, der Suche nach neuen, effizienten Möglichkeiten gemeinsamen Lernens eine empirische Basis zu geben und die Frage zu klären, „inwieweit die durch den Gruppenunterricht ermöglichten sozialen und emotionalen Bindungen und Bestrebungen den Lernprozeß erleichtern, stören oder hindern.“[384]
Im Unterschied zur Gruppenpädagogik, wie sie uns bei Magda Kelber begegnet, sind die Intentionen des Gruppenunterrichts historisch um einiges älter. Es handelt sich hier um

[382] Ein ausführlicher historischer Exkurs zu diesem Thema findet sich in Meyer, Vorwort zur 5. Auflage, in: Meyer, Gruppenunterricht. Grundlegung und Beispiel, Oberursel 1975, S. 21—37

[383] Meyer, Art. Gruppenunterricht, in: Meyer (Hrsg.), Handbuch Gruppenpädagogik — Gruppendynamik, Heidelberg 1977, S. 41—43

[384] Ebenda, S. 42

eine eigene pädagogische Strömung, die bereits mannigfaltige Praxisversuche kannte, bevor sie den Kontakt zur sozialpsychologischen Gruppenforschung aufnahm und ausbaute. Erst im nachhinein hat sich der Gruppenunterricht der interdisziplinären Diskussion seines Propriums gestellt. Gruppenunterricht ist schulbezogene Gruppenpädagogik, so lautet die unumstrittene Grundbestimmung der Fachveröffentlichungen zum Thema. Darüber hinaus allerdings gehen die begrifflichen Erklärungen auseinander, und es kann durchaus verschiedenes gemeint sein, wo man von „Gruppenunterricht" spricht.

Ursula Walz nennt insgesamt fünf Richtungen, in die man den gruppenpädagogischen Gegenstand im Hinblick auf die Schule zu präzisieren und in die Praxis zu übertragen versucht hat:

1 „....als eine neue Organisationsform des Unterrichts (...), die als geschickter Kunstgriff eine Abwechslung gegenüber den traditionellen Unterrichtstechniken geben soll."

2 ....als „Abteilungsunterricht", „der lediglich dazu dienen soll, dem Lehrer — besonders in überfüllten Klassen — Entlastung zu verschaffen."

3 ....als Möglichkeit, „den Unterricht aufzulockern und die Selbsttätigkeit des Schülers anzuregen."

4 „....als willkommene Hilfe, den Schulunterricht arbeitsteilig auszubauen."

5 ....als Angebot eines individuellen und sozialen Entwicklungsfreiraums mit dem Ziel, „neben den selbstverständlichen Forderungen nach Leistung, Wissensvermittlung und Aktivierung der Schüler (...) die mitmenschlichen Beziehungen in einer Klasse produktiv zu gestalten"; „die sozialen Tugenden nicht nur zu lehren, sondern sie in den ‚nötigen Situationen' (...) des Gruppenlebens erleben und erfahren zu lassen".[385]

Die neueren Konzepte einer gruppenpädagogischen Praxis in der Schule schließen sich in der Regel der letzten Perspektive an. Mit der Absicht der „Umstellung auf den demokratischen Führungsstil" (so Walz in Anlehnung an Lewin) will man damit gleichzeitig eine Revision des traditionellen Lehrer-Schüler-Verhältnisses einleiten und Isolation und Bevormundung durch partnerschaftliche Verhaltensangebote ersetzen. Den Vertretern des Gruppenunterrichts geht es darum, bestehende Praxis zu kritisieren und zu reformieren. Ein auf möglichst reibungslose Wissensvermittlung ausgerichteter Frontalunterricht ist für sie jenes Kernstück der pädagogischen Tradition, gegen das es sich abzusetzen gilt. In dieser Kritik knüpft man dabei, wie gesagt, an die Reformbewegungen des frühen 20.Jahrhunderts an und betrachtet etwa die Arbeitsschule Kerschensteiners[386] oder die Lebensgemeinschaftsschule Petersens[387] als Vorläufer, die man aktuali-

385 Walz, Soziale Reifung in der Schule, Hannover 1960, S. 33—35

386 Vgl. Kerschensteiner, Das Grundaxiom des Bildungsprozesses und seine Folgerungen für die Schulorganisation, München 1953[8]; Ders., Begriff der Arbeitsschule, München 1955[12]

387 Petersen, Allgemeine Erziehungswissenschaft, München 1954; Ders.; Führungslehre des Unterrichts, Braunschweig

sieren will. Man wendet sich gegen die Lernschule des 19. Jahrhunderts und deren Neuauflage in der heutigen Zeit.

Folgt man dem Gang der gruppenpädagogischen Problemgeschichte, so zeigt sich, daß hier ein konzeptionelles Selbstverhältnis gewachsen ist, das sich zunehmend als Programmatik sozialen Lernens begreift. Auch dieser Topos wird unterschiedlich gefüllt.

Meyer meint damit einen „sozial-orientierten Unterricht", durch den „die Ziele einer der heutigen Gesellschaftsstruktur angepaßten Sozialerziehung wirksam" werden können.[388] Diese liegen für ihn im wesentlichen in drei Bereichen:

„1. Im sozialen Bereich
Der Gruppenunterricht soll
die für das Leben notwendigen sozialen Tugenden entwickeln,
die Arbeitslust der Kinder befriedigen,
die Anwendung der Zusammenarbeit, der gegenseitigen Hilfe, der Solidarität und des gegenseitigen Verständnisses fördern,
die Entwicklung der Individualität begünstigen, natürliche Lebens- und Arbeitsgemeinschaften schaffen,
einen engen Kontakt zwischen Schule und Elternhaus herstellen,
die Kinder auf ihre zukünftige Lebensaufgabe erziehen,
sie von jedem Zwang befreien.
2. Im intellektuellen Bereich
Der Gruppenunterricht soll
den Erwerb der Kenntnisse angenehmer, tiefer, reicher, genauer und dauerhafter machen,
eine gewisse Ökonomie der Zeit realisieren helfen,
die Kinder zur Freude an der Arbeit erziehen,
die Kinder von der Notwendigkeit und dem Sinn der Arbeit überzeugen,
sie lehren, wie man am besten lernt,
den Kindern Arbeit gestatten, die sich mit ihrem Interesse und ihrer Befähigung decken,
in den Kindern den Wunsch erwecken, sich selbst zu unterrichten und zu bilden,
die Entfaltung der Persönlichkeit begünstigen,
die Initiative, den Scharfsinn und Unternehmungsgeist fördern,
die Aktivität und die schöpferische Tätigkeit des einzelnen entwickeln,
das Vertrauen zu sich selbst und Kritikfähigkeit gewinnen helfen,
in den Kindern den Ehrgeiz erwecken, angeordnete und kontrollierte Arbeit zu bewältigen,
die Kindern befähigen, Gedanken sauber und klar zu formulieren,

388 Meyer, Gruppenunterricht, Grundlegung und Beispiel, Oberursel 1969[5]

sie an ein stilles und ernsthaftes Arbeiten mit den verschiedenen Arbeitsmitteln gewöhnen,
ein Gleichgewicht zwischen den Kindern verschiedener Temperamente herstellen und jede künstliche Auslese vermeiden,
den individuellen und kollektiven Unterricht ersetzen durch den individualisierten Unterricht in der Gemeinschaft.

3. Im moralischen Bereich
Der Gruppenunterricht soll als Gruppenleben herbeiführen:
Die Achtung vor dem Nächsten,
die persönliche Würde,
die innere Disziplin,
die Selbstbeherrschung,
den Mut zur Meinungsäußerung,
den Sinn für dialogische Verantwortung.“[389]

Ursula Walz teilt die von Meyer abgesteckten Grundpositionen. Sie formuliert die gruppenpädagogische Aufgabe ganz ähnlich, gewichtet allerdings die Rolle des Führungsstils in der Klase etwas stärker. Häufig spricht sie vom sozialerzieherischen Aspekt des Gruppenunterrichts, der bei ihr deutlicher als bei Meyer hervortritt. Damit bezieht sie sich auf den Ansatz von „Haus Schwalbach“, den sie an die Schulgruppenarbeit anzunähern versucht.
Ihre Bestimmung hört sich folgendermaßen an:
„Die Gruppenarbeit im gruppenpädagogischen Sinne erstrebt neben der Erreichung vorteilhafter Arbeitsbedingungen, besserer Arbeitsergebnisse und Leistungen, die Pflege und Förderung mitmenschlicher Beziehungen und demokratischer Lebensformen und ist auf die Entfaltung und Festigung sozialer Mitverantwortlichkeit des einzelnen und der Gruppe ausgerichtet. Sie zielt auf die individuelle soziale Reifung des Menschen in der inneren sozialen Haltung und der Verhaltensweisen der Gruppenmitglieder und der Gruppenführung. Sie verlangt also eine Umstellung des Gesamtverbandes und der Einzelperson von der reinen Sachbezogenheit auf eine sachliche und soziale Verbundenheit. Erst dann kann von gruppenpädagogischen Bemühungen gesprochen werden. Gruppenarbeit im Sinne der Gruppenpädagogik setzt also den Akzent eindeutig auf das sozialerzieherische Moment, mindestens aber sucht sie eine fruchtbare Ausgewogenheit zwischen dem Sachlichen und dem Menschlichen. Sie verzichtet notfalls lieber auf eine schulische Forderung, die nur durch Vernachlässigung oder unter Gefährdung der Erziehung zur Menschlichkeit und Mitmenschlichkeit verwirklicht werden könnte.“[390]
Neuere Konzepte der schulischen Gruppenabeit bauen auf Ansätzen wie demjenigen Ernst Meyers oder Ursula Walz’ auf und erweitern sie in verschiedenen Punkten.

[389] Ebenda, S. 36 f.
[390] Walz, Soziale Reifung in der Schule, Hannover 1968, S. 13

Ulich[391] z.B. ist in seinem Vorgehen ganz unmittelbar an die Sozialwissenschaften gebunden, die er konsequent nach ihrem Beitrag für die Schulpraxis befragt. Auf dem Hintergrund differenzierter Überlegungen zur gesellschaftlichen Rolle der Schule und ihrer sozialen Organisation rezipiert er sozialwissenschaftlich-empirische Analysen von Klassengruppen, verknüpft sie mit seiner pädagogischen Absicht und formuliert auf dieser Basis die Prämissen einer konfliktorientierten Schulgruppenarbeit. Ein vergleichbares Konzept vertritt Rolf Gutte, der die potentiell gesellschaftsverändernden Implikationen einer solchen gruppenorientierten Unterrichtspraxis insgesamt noch deutlicher herausgearbeitet hat.[392] Seit etwa Mitte der siebziger Jahre läßt sich eine Öffnung der gruppenpsychologischen und -soziologischen Didaktiken feststellen. Über das Gruppenparadigma — im engeren Sinne — hinaus, wird soziales Lernen in der Schulklasse z.B. von Jürgen Fritz umfassender verstanden und im Rahmen einer Interaktionspädagogik begründet.[393]
„Das soziale Verhalten der Lernenden ist unmittelbarer Gegenstand dieser Pädagogik; Methoden wie das Rollenspiel, das Kommunikationstraining, die gruppendynamische Selbsterfahrung und andere werden unter diesem Begriff zusammengefaßt."[394]

Fritz ordnet die Interaktionspädagogik in die Reihe der kommunikativen Didaktiken ein und definiert:

„Unter Interaktionspädagogik wollen wir (...) eine Erziehung verstehen, die darauf gerichtet ist, den Austausch von und die wechselseitige Reaktion auf Zeichen im direkten Kontakt zwischen Menschen wahrzunehmen und zu verbessern."[395]

Auch der von Fritz vorgelegte Versuch kann als gruppenpädagogisch bezeichnet werden, denn nach wie vor findet er in der Reflexion des sozialen Raumes der Schulklasse und der damit verbundenen psychosozialen Prozesse seine wesentlichen Ansatzpunkte. Auf der anderen Seite allerdings reicht er über die bislang vorgestellten Konzepte hinaus: die Wahl seiner Mittel ergänzt und bereichert er durch Elemente aus Musik-, Theater- und Spielpädagogik sowie durch Rückgriffe auf Methoden aus neueren Psychotherapieverfahren (Psychodramatechniken, Übungen aus der Gestalttherapie etc.).[396]

Ein Überblick über das Material der Gruppenpädagogik wäre unvollständig, ohne zwei weitere Bereiche wenigstens erwähnt zu haben: Im Dialog mit der Sozialpsychologie sind vielfältige Versuche einer *gruppendynamisch orientierten Lehrerfortbildung* entstan-

391 Ulich, Gruppendynamik in der Schulklasse. Möglichkeiten und Grenzen sozialwissenschaftlicher Analysen, München 1972²

392 Gutte, Gruppenarbeit: Theorie und Praxis sozialen Lernens, Frankfurt 1976

393 Vgl. Fritz (Hrsg.), Interaktionspädagogik, München 1975; Ders., Methoden sozialen Lernens, München 1977

394 Fritz, 1977, a.a.O., S. 7

395 Ebenda, S. 37 f.

396 Vgl. Ebenda, S. 166 ff. Zum Methodeninventar der klassischen Gruppenpädagogik s. Gutte, Gruppenarbeit: Theorie und Praxis sozialen Lernens, S. 46 ff.

den, deren verschiedene Praxismodelle Lehrern Gelegenheit geben wollen, den psychosozialen Stellenwert ihres Berufs gemeinsam mit Kollegen zu reflektieren — ihr Verhalten in der Klassengruppe und in der Unterrichtssituation, im Schulkollegium sowie gegenüber den staatlichen Aufsichtsbehörden. Es bleibt hier kein Raum, die angebotenen Seminare und Veranstaltungen mit ihren jeweils spezifischen inhaltlichen und strukturellen Schwerpunkten im einzelnen vorzustellen. Ein Verweis auf weiterführende Literatur muß an dieser Stelle genügen.[397]
Ebenso soll mit den Ansätzen einer Verbindung von *Gruppendynamik und Hochschuldidaktik* verfahren sein, über die v.a. in den siebziger Jahren ausführlich publiziert worden ist.[398]

7.3 Gruppenpsychotherapie

Auch die Gruppenpsychotherapie ist ein Feld angewandter Sozialpsychologie. Ihr Vorgehen ähnelt dem der gruppenpädagogischen Modelle strukturell insofern, als sich auch hier sozialpsychologische Überlegungen mit den originären Interessen einer benachbarten Humanwissenschaft verbunden haben: hier begegnet die traditionell auf den einzelnen gerichtete psychotherapeutische Absicht den Möglichkeiten und Chancen, die die Sozialpsychologie für die menschliche Reifung im interpersonalen Kontakt gegeben sieht.
Die theoretische Basis jener Verbindung ist, wie wir an anderer Stelle bereits gesehen haben,[399] schon bei Freud angelegt. Wo dieser über die sozialen Aspekte der tiefenpsychologischen Therapie nachdenkt, deuten sich Praxisperspektiven an, die zu eigenen

398 Literaturauswahl: Eckstein/Bornemann, Arbeit mit kleinen Studentengruppen, Hamburg 1969, Blickpunkt Hochschuldidaktik 4; Eckstein/Hrabowski, Gruppendynamische Arbeit an der Hochschule — ein Report, Heidelberg 1973; Eckstein, Gruppenmethoden in der Hochschule, in: Meyer (Hrsg.), Handbuch Gruppenpädagogik — Gruppendynamik, Heidelberg 1977, S. 172—196; Prior (Hrsg.), Gruppendynamik in der Seminararbeit, Reflexion und Materialien aus einem Seminar, Hamburg 1970, Blickpunkt Hochschuldidaktik 11; Doerry/Breloer/Striemer, Zur Kontrolle gruppendynamischer Störfaktoren im Hochschulunterricht, in: Gruppendynamik, 2, 1971, S. 254—262; Meyer (Hrsg.), Hochschuldidaktische Projekte, Stuttgart 1973; Leber, Der Beziehungsaspekt in der Hochschuldidaktik, in: Gruppenpsychotherapie und Gruppendynamik, 9, 1975, S. 129—141; Nigsch, Studentische Lernapathie - Herausforderung oder Überforderung der Gruppendynamik? in: Gruppendynamik, 6, 1975, S. 437—447; im Gruppenstudium der Germanistik, Heidelberg 1975; Quensel, über einige Schwierigkeiten in der Interaktion zwischen Lehrenden und Lernenden. Hochschullehrer und Studenten, in: Gruppendynamik, 6, 1976, S. 411—425; Kutter, Gruppenmethoden an der Hochschule, in: Heigl-Evers (Hrsg.), Die Psychologie des 20. Jahrhunderts, Band VIII, Lewin und die Folgen, Zürich 1979, S. 1016—1023
399 Vgl. Kapitel 6.1

Formen gefunden haben, je mehr sich die Psychoanalyse selbst ihrer sozialen Dimension bewußt wurde und sie ihr Instrumentarium auf das Verständnis der Interaktionsprozesse anzuwenden begann. Auf der anderen Seite formulierte die gruppendynamische Forschung seit etwa Mitte der vierziger Jahre verstärkt ihren eigenen Ansatz, und über die wechselseitige Kritik kam es zu einem intensiven Dialog, der schließlich zu einer ganzen Reihe praktischer Innovationen auf psychotherapeutischem Gebiet geführt hat. Wenn wir von Gruppenpsychotherapie oder von Gruppentherapie sprechen (die Begriffe werden synonym gebraucht), geht es um eine Spezialform psychologischer Medizin, die gruppendynamische Prozesse gezielt als Medium und Maßnahme zur Behandlung (d.h. zur Linderung oder Heilung) psychischer oder psychisch bedingter körperlicher Erkrankungen einsetzen will. So weit besteht im allgemeinen Übereinstimmung.

Die klassische Definition Corsinis wird von den Vertretern der meisten gruppentherapeutischen Schulen geteilt:

„Gruppenpsychotherapie bezieht sich auf Prozesse, die in formal organisierten, geschützten Gruppen ablaufen, und sie hat das Ziel, schnell Veränderungen in der Persönlichkeit und im Verhalten des einzelnen Teilnehmers zu erreichen, und zwar durch spezifische und kontrollierte Gruppeninteraktionen."[400]

Darüber hinaus scheiden sich die Geister, und die Zugehörigkeit zu einer bestimmten gruppentherapeutischen Tradition wirkt prägend auf die Formulierung dessen, was jeweils im einzelnen unter Gruppenpsychotherapie verstanden wird.

So formuliert Hans G. Preuss für die psychoanalytische Richtung:

„Analytische Gruppenpsychotherapie will die Gruppe als Medium benutzen, um durch sie eine intra-psychische Veränderung, also eine Veränderung in der Ich-Struktur herbeizuführen. Dadurch sollen Abhängigkeiten von früheren Objekten, die Angst erzeugen, beseitigt werden und der Patient auf eigene Füße zu stehen kommen, ohne unter dem Bedürfnis nach Unterstützung zu leiden."[401]

Schaut man sich diese und andere Bestimmungsversuche näher an, ergeben sich folgende Punkte als wesentlich, was die Präzisierung der Prinzipien einer psychotherapeutischen Gruppe angeht:

— Gruppentherapie ist eine psychotherapeutische Methode, die sich formal organisierter Gruppenprozesse als Mittel bedient. Wie jede explizit psychotherapeutische Bemühung, ist auch die Gruppentherapie kein beiläufiger, sondern ein bewußt intendierter Akt.

400 Corsini, Methods of Group Therapy, Chikago 1957, S. 5

401 Preuss, Die psychotherapeutische Gruppe. Zur Einführung in die analytische Gruppenpsychotherapie, in: Preuss (Hrsg.), Analytische Gruppenpsychotherapie. Grundlagen und Praxis, München/Berlin/Wien 1966, S. 15—22

— Die mikrosoziale Situation der Therapiegruppe ist ein intimer und geschützter Raum, dessen Vertrauensatmosphäre es den Teilnehmern ermöglichen soll, sich ihrer Reaktionen im Zusammensein mit anderen bewußt zu werden und mit der Zeit solche Verhaltensweisen zu erproben, die früher durch unbewußte Konflikte blockiert waren.
— Damit ist die psychotherapeutische Gruppenarbeit auf Veränderungen aus, und das heißt ihrer Bestimmung gemäß: sie zielt auf die Therapie der seelischen Störung.

Hier unterscheidet sich ihre Intention in keiner Weise von der Absicht anderer psychotherapeutischer Verfahren, und eine Definition, wie sie Strotzka gegeben hat, gilt auch für die gruppentherapeutische Methode:

Psychotherapie ist ein bewußter und geplanter interaktioneller Prozeß zur Beeinflussung von Verhaltensstörungen und Leidenszuständen, die in einem Konsensus (möglichst zwischen Patient, Therapeut und Bezugsgruppe) für behandlungsbedürftig gehalten werden, mit psychologischen Mitteln (durch Kommunikation) meist verbal oder auch averbal, in Richtung auf ein definiertes, nach Möglichkeit gemeinsam erarbeitetes Ziel (Symptomminimalisierung und/oder Strukturänderung der Persönlichkeit) mittels lehrbarer Techniken auf der Basis einer Theorie des normalen und pathologischen Verhaltens. In der Regel ist dazu eine tragfähige emotionale Bindung notwendig.“[402]

Ebenso teilt sie die allgemeine Umschreibung der gelungenen Bearbeitung psychischer Konflikte:

„Eine psychotherapeutische Behandlung wäre dann erfolgreich, wenn ihr Patient nicht mehr in Angst gerät, nachdem ihm die äußeren Stützen genommen werden und er nicht mehr einem äußeren Halt, Symbolen und mythisch-magischen Zeichen nachjagt. Er ist durch die Therapie stark genug geworden, Krisen ohne äußere Hilfe zu überwinden und kann in sich selbst das Gleichgewicht herstellen, wenn es durch Druck oder Drohungen von innen oder außen gestört wird. Er vermag Kräfte in sich selbst zu mobilisieren, um damit den nächsten Schritt vorwärts zu tun und das Leben zu meistern.“[403]

Im Gegensatz zu den Anwendungsformen der Gruppendynamik geht es der Gruppen-Psychotherapie ist ein bewußter und geplanter interaktioneller Prozeß zur Beeinflussung von Verhaltensstörungen und Leidenszuständen, die in einem Konsensus (möglichst zwischen Patient, Therapeut und Bezugsgruppe) für behandlungsbedürftig gehalten werden, mit psychologischen Mitteln (durch Kommunikation) meist verbal oder auch averbal, in Richtung auf ein definiertes, nach Möglichkeit gemeinsam erarbeitetes Ziel

402 Strotzka, zit. in Heigl-Evers/Heigl, Prinzipien und Methoden der Gruppenpsycholotherapie, in: Heigl-Evers (Hrsg.), Die Psychologie des 20. Jahrhunderts, Band VIII, Lewin und die Folgen, Zürich 1979, S. 753

403 Preuss, a.a.O., S. 17 f.

404 Buchinger, Gruppendynamik, Gruppenpädagogik und Gruppentherapie, in: Meyer (Hrsg.), Handbuch Gruppenpädagogik — Gruppendynamik, Heidelberg 1977, S. 227

Weg in der Regel auch mit einem Wachstum der kommunikativen Möglichkeiten verbunden, jedoch eben erst in zweiter Linie und als Wirkung jener Auseinandersetzung mit den Ursachen, die nicht im Hier-und-Jetzt der aktuellen Beziehungen, sondern in der individuellen Psychodynamik begründet liegen.

— Trotzdem, und das ist das Paradoxon der Gruppenpsychotherapie, bedient sie sich methodisch der Entfaltung des sozialen Potentials einer Gruppe. Sie nutzt die Mehrpersonenkonstellation, damit in deren Spiegel früh erworbene Interaktionsmuster wieder belebt werden können und über diese Bewußtwerdung die Auflösung der damit verbundenen Fixierung möglich wird.
— Wenn Corsini in seiner Definition der Gruppenpsychotherapie von einer „spezifischen und kontrollierten Gruppeninteraktion" spricht,[405] so ist damit die therapeutische Einflußgröße gemeint, die den Heilungsprozeß initiieren und beschleunigen soll. Ihre Anlage und ihre konkreten Strukturvorgaben werden je nach dem Schwerpunkt der gewählten Methode variieren.

Beschäftigt man sich mit den gegenwärtig vorliegenden Formen der Gruppenpsychotherapie und sucht man nach deren Beitrag für eine allgemeine Theorie der Gruppe und der Gruppenarbeit, ist man zunächst mit Unterscheidungsschwierigkeiten konfrontiert. Es existieren Konzeptualisierungen unterschiedlichster Provenienz, die zum Teil allenfalls durch Rückbezug auf ihre Entstehungsgeschichte voneinander abzugrenzen sind. Die Praxis arbeitet mehr als oft integrativ und verknüpft gern Methodenelemente verschiedener Richtungen. Die spezifische Zusammenstellung wird dabei theoretisch nicht mehr so eindeutig begründet, daß eigene profilierte Positionen entstünden. Weiter wird der systematische Überblick dadurch erschwert, daß einige neuere Psychotherapieverfahren *generell* in der Gruppe arbeiten, ohne daß damit eine eigentlich gruppentherapeutische Vorgehensweise verbunden wäre. So konstruiert die Gestalttherapie ihren Ansatz in der Nachfolge Fritz Perls' als Einzeltherapie *vor* der Gruppe: die Gruppe wird zum Forum, in dem die therapeutische Interaktion zwischen Therapeut und Klient stattfindet. Erst in der letzten Zeit finden auch hier Gruppenprozesse vermehrt Beachtung.[406]

So vielfältig sich psychotherapeutisches Vorgehen in der Gruppe zum gegenwärtigen Zeitpunkt auch darstellt, so geringfügig sind im einzelnen die Unterschiede in der inneren Anlage der Methoden:
— Den Kern bildet jeweils eine *Persönlichkeitstheorie* (psychoanalytisch, modifiziert psychoanalytisch, gestaltpsychologisch oder verhaltenstherapeutisch), die von einer entsprechenden *Auffassung der Gruppe* ergänzt wird.

Sieht man von der Verhaltenstherapie und ihren lerntheoretischen Modellen ab, dann sind es letztlich die psychoanalytischen Grundannahmen, die in theoretischer Hinsicht die Mitte der verschiedenen Gruppenpsychotherapieformen bilden — interessanterweise auch solcher Verfahren, die sich im Praktischen scharf vom analytischen Setting un-

[405] Corsini, a.a.O., S. 5
[406] Vgl. Ronall/Feder (Hrsg.), Gestaltgruppen, Stuttgart 1983

terscheiden. Ihre Fundamente wurden bereits beschrieben und können hier deshalb als bekannt vorausgesetzt werden:[407]

— Die theoretische Verschränkung von Individual- und Sozialpsychologie;
— die Annahme unbewußter seelischer Vorgänge und ihrer Verdrängung;
— der Gedanke der Verhaltensdetermination durch frühkindliche Prägungen.

In der Folge kann auch eine Bestimmung, wie sie Preuss ursprünglich für die analytische Gruppenpsychotherapie gegeben hat, weithin verallgemeinert werden: „Da sich der einzelne in der therapeutischen Gruppe genauso verhält wie anderswo, also in einer Weise, die für ihn charakteristisch ist, so stellt er damit die für ihn typischen Konfliktsituationen wieder her. Er ist sich dessen selbst nicht bewußt. Auf diesem Weg werden in der Gruppensituation die unbewußten Konflikte nachgestaltet und ans Tageslicht gebracht. Sie enthüllen sich selbst als die belastenden, ungelösten, pathogenen inneren Konflikte, die der Ursprung der Neurose sind und unter denen der Patient leidet. Sind sie doch der auslösende Faktor in der Symptombildung."[408]

Es ist das Verdienst der Freudschen Metapsychologie, die Grundlagen einer psychodynamischen Betrachtungsweise der Gruppe gelegt zu haben. Mit Blick auf die Vielfalt der Entwürfe zur Gruppenpsychotherapie läßt sich dabei feststellen, daß die analytische Methodik einerseits zwar oft Zielpunkt der Kritik war, daß ihre psychodynamischen Grundprinzipien als gemeinsamer Nenner — die Verhaltenstherapie ausgenommen — dabei andererseits selten grundsätzlich in Frage gestellt oder tatsächlich verlassen worden sind: hier besteht noch immer ein breiter Grundkonsens, während im praktischen Vorgehen zwischen den einzelnen Methoden (Rolle des Therapeuten, therapeutische Technik, Interventionsformen etc.) größere Unterschiede zu verzeichnen sind. „Eine Spezifizierung wird einmal die Planung des interaktionellen Prozesses betreffen müssen, ferner die Art der Kommunikation, die als therapeutisches Medium, als psychologisches Mittel fungiert, und schließlich die Art der (lehrbaren) Techniken, mit denen das Ziel Symptomminimalisierung und/oder Strukturveränderung der Persönlichkeit erreicht werden soll."[409]

Wegen ihrer grundlegenden Bedeutung für den Gesamtzusammenhang, und weil die therapeutische Funktion der Gruppe von der Psychoanalyse beispielhaft und differenziert durchdacht worden ist, sollen ihre Postionen in die Mitte dieses Kapitels gestellt sein.Wie Slavson in seinem Durchgang durch die Geschichte der Gruppentherapie zutreffend bemerkt,[410] ist die Entwicklung ihres Erkenntnis-, Untersuchungs- und Praxisgegenstan-

407 Vgl. Kapitel 6.1

408 Preuss, a.a.O., S. 18

409 Heigl-Evers/Heigl, Prinzipien und Methoden der Gruppenpsychotherapie, in: Heigl-Evers (Hrsg.), Die Psychologie des 20. Jahrhunderts, Band VIII, Lewin und die Folgen, Zürich 1979, S. 753

410 Slavson, Die historische Entwicklung der analytischen Gruppenpsychotherapie, in: Preuss (Hrsg.), a.a.O., S. 3—12

des weder organisch oder eingleisig noch chronologisch direkt aufeinander bezogen verlaufen. An anderer Stelle äußert Foulkes den Eindruck, „daß die Beschäftigung mit Gruppen zu Beginn der zwanziger Jahre ‚in der Luft gelegen' habe."[411]
Man wird sich hier sicher nicht auf das Jahr genau festlegen können, jedoch läßt sich deutlich erkennen, wie die Formen und Prozesse der Gemeinschaftsbildung seit der Jahrhundertwende für viele Wissenschaftler in den Brennpunkt des Interesses gerückt sind: Emile Durkheim beschäftigte sich mit der sozialen Bedeutung moralischer Normen, Freud formulierte in der Auseinandersetzung mit Le Bon seine sozialpsychologischen Thesen, Ortega y Gasset schrieb sein bedeutendes Essay über die Irrationalität der Massen,[412] Moreno spielte mit Kinder- und später auch mit Erwachsenengruppen in Wien Stegreiftheater und entwarf erste soziometrische Ansätze. Diese Liste ließe sich beliebig verlängern, und das Phänomen wäre einer eigenen Untersuchung wert. Die Vorgeschichte der Gruppenverfahren wurde bisher nirgends ausführlich rekonstruiert, allenfalls hier und da in knappen Hinweisen angedeutet.

Der Begriff „Gruppenpsychotherapie" geht auf Moreno zurück. Moreno prägte ihn um das Jahr 1931. 1942 gründete er die erste gruppentherapeutische Vereinigung. Wie oben bemerkt, arbeitete er im Wien der zwanziger Jahre mit Gruppen in einer Weise, die man als präkonzeptionell gruppentherapeutisch bezeichnen kann.[413] Der Gedanke zum therapeutischen Theaterspiel kam ihm, als er Kinder in Parkanlagen ihre häuslichen Konflikte im darstellenden Spiel austragen sah.

„Diese Beobachtung brachte ihm zunächst die Idee einer Reform des Theaterlebens ein. Er wandte sich gegen die Dramakonserve, die vorgeschriebene Rede und Handlung der Textbücher üblicher Theater. Moreno wollte die Spontaneität und Kreativität aller Teilnehmer, also auch der Zuschauer, durch ein Stegreiftheater anregen, in welchem auch die Zuschauer mitspielen. Er gründete ein solches in der Mayseder-Gasse in Wien. Die Bühne war in der Mitte, das Publikum saß um sie herum. Jeder war Schauspieler aus spontaner Initiative. Das Stegreiftheater in Wien konnte sich aber finanziell nicht halten. (...)
Doch diese Krise war die Geburt des therapeutischen Theaters. Hatte man sein Stegreiftheater als verrückt kritisiert, so drehte Moreno nun den Spieß um und betrieb gerade mit psychisch Kranken, nun jedoch mit dem Ziel einer Therapie, sein Theater der Spontaneität. (...) Dieses hat Moreno ausdrücklich als eine Antithese gegen die Psychoanalyse verstanden, und zwar in zweierlei Hinsicht: Die Psychoanalyse benutzt als Medium der

411 Foulkes zit. in Schulte-Herbrüggen, Historische Aspekte der Gruppentherapie, in: Heigl-Evers (Hrsg.), Die Psychologie des 20. Jahrhunderts, Band VIII, Lewin und die Folgen, Zürich 1979, S. 733

412 Ortega y Gasset, La rebelión de las masas, Madrid 1930; deutsch: Der Aufstand der Massen, Reinbek 1970[20]

413 Vgl. Moreno, Gruppenpsychotherapie und Psychodrama, Stuttgart 1959

Kommunikation das Wort, als Ziel ihrer Bemühungen das Individuum. Moreno wollte dem Wort die Tat, dem Individuum die Gruppe gegenübersetzen."[414]

Nach der Emigration entwickelte er seinen Ansatz in den USA zur psychodramatischen Methode weiter, einer Richtung, die von der psychoanalytischen Tradition bis heute weitgehend unabhängig geblieben ist.
Neben dem darstellerischen Spiel haben soziometrische Befragungen und Tests sowie die Erstellung und Analyse von Soziogrammen schon früh Eingang in Morenos System gefunden und zählen zu dessen Charakteristika.
Moreno verknüpfte vielfältige Hoffnungen mit der Verbreitung einer aktivierenden und gemeinschaftsbezogenen Psychotherapie. Seiner Meinung nach kommt der Entwicklung gruppentherapeutischer Methoden epochale Bedeutung zu, und so pflegte er sie als „dritte psychiatrische Revolution" neben der Befreiung der Geisteskranken von den Ketten und neben der Aufhellung des Unbewußten durch die Psychoanalyse zu bezeichnen. Seine vielzitierte Bemerkung, die Gruppenpsychotherapie sei in Wien gezeugt, aber in Amerika geboren worden,[415] stimmt nicht nur im Hinblick auf die auf ihn zurückgehende Tradition, sondern weitgehend auch für jene gruppentherapeutischen Verfahren, die sich der Psychoanalyse verpflichtet fühlen.

Der amerikanische Analytiker Samuel R.Slavson ist oft als Gegenspieler Morenos bezeichnet worden, der die Bedeutung der Gruppenarbeit in der Psychotherapie sachlicher und mit weniger Pathos vertreten habe, als Moreno selbst dies offensichtlich getan hat.[416] Obwohl sich Slavson in späteren Jahren mehr und mehr der psychoanalytisch fundierten Gruppentherapie zugewandt hat, sind seine ersten gruppentherapeutischen Versuche, die er in den dreißiger Jahren machte, stärker vom Interesse am korrigierenden emotionalen Erleben in der realen interpersonalen Beziehung geleitet, als sie auf die Wiederbelebung und Deutung unbewußter Phantasien zielen. Slavson steht hier in einer eigenständigen amerikanischen Tradition therapeutischer Gruppenarbeit, wie sie lange Zeit unabhängig neben Psychoanalyse und Psychodrama existieren konnte und wie sie in Irving D.Yalom einen jüngeren Vertreter gefunden hat.[417]

Als Begründer dieser Richtung gilt Joseph Hershey Pratt, ein Internist aus Boston, der Tuberkulosepatienten seit 1905 in Gruppen zusammengefaßt hat, um mit ihnen über ihre Krankheit zu sprechen und sie in den Grundlagen der Hygiene zu unterweisen. Pratt machte in diesem Zusammenhang die für ihn erstaunliche Entdeckung, daß sich in den

414 Ploeger, Vom Psychodrama zur tiefenpsychologisch fundierter Psychodrama-Therapie, in: Heigl-Evers (Hrsg.), Die Psychologie des 20. Jahrhunderts, Band VIII, Lewin und die Folgen, Zürich 1979, S. 840

415 Moreno zit. in Höck, Die Bedeutung der Gruppenbehandlung in der klinischen Psychotherapie, in: Höck (Hrsg.), Gruppenpsychotherapie in Klinik und Praxis. Ergänzter Bericht des Internationalen Symposions über Gruppenpsychotherapie in Berlin (Ost) vom 20. bis 22.01.1966, Jena 1967, S. 14

416 Ebenda

417 Vgl. Yalom, Gruppenpsychotherapie. Grundlagen und Methoden, München 1974

Tuberkuloseklassen der Zusammenhalt und die gegenseitige Unterstützung in einem Maß entwickelten, wie er dies zunächst gar nicht erwartet hatte. Depression und Isolation der einzelnen Patienten nahmen stark ab.
„Pratts Methode bestand aus inspirierenden Gesprächen und Lesungen weltlicher und geistlicher Schriftsteller sowie der Bibel, um eine gesündere Lebenseinstellung und optimistischere Weltanschauung zu bewirken. Seine Gruppen waren sehr groß und bestanden aus 80 bis 100 Patienten, die wie in Klassenzimmern in Reihen vor einer Art Rednerpult saßen. Die am häufigsten Teilnehmenden und Erfolgreichsten wurden nach vorn genommen, so daß sie nächst dem Redner sitzen konnten. Die ‚Star'-Patienten saßen auf einer Bank neben ihm und hatten ihr Gesicht der Gruppenversammlung zugewandt."[418]
Pratt wollte die Einstellung des Kranken sich selbst und seinem Leiden gegenüber einerseits durch medizinische Aufklärung, andererseits durch ermutigende Gespräche korrigieren. Der Austausch mit ebenfalls Betroffenen sollte helfen, eine innere Ausrichtung zu gewinnen, die der körperlichen Gesundung weniger im Wege stand.

„Pratt erkannte die Beziehung zwischen psychischer Gesundheit und dem physischen Verlauf der Tuberkulose und beschloß, die Person und nicht die Krankheit zu behandeln. Er entwarf einen Behandlungsplan, zu dem Besuche zu Hause, das Führen von Tagebüchern durch die Patienten und wöchentliche Zusammenkünfte einer Tuberkulose-Klasse von etwa 25 Personen gehörten. In dieser Unterrichtsstunde wurden die Tagebücher begutachtet, Gewichtszunahmen wurden öffentlich an die Wandtafel geschrieben, und erfolgreiche Patienten legten Zeugnis ab."[419]

Bis 1953 hat Pratt über seine Methoden publiziert,[420] die er über die Zeit nach und nach so veränderte, daß er ihre hierarchische und autoritäre Strukturierung allmählich aufgab und den mit ihr verbundenen Vortragsstil durch freiere Gruppengespräche ersetzte. Pratt wird häufig als der „erste Gruppentherapeut" bezeichnet.

Doch zurück zu Slavson. Slavson nutzte als erster die Form der Kleingruppe für therapeutische Zwecke. Unabhängig von Moreno hat er den Begriff „Gruppenpsychotherapie" zur Charakterisierung seiner Arbeit in der Kinderabteilung des Jewish Board of Guardians eingeführt, wo er seit 1934 mit Gruppen von Kindern und Jugendlichen arbeitete. Folgendermaßen beschreibt er selbst diese Anfänge:

418 Slavson, a.a.O., S. 7
419 Yalom, a.a.O., S. 385
420 Vgl. Pratt, The Home Sanitorium Treatment of Consumption, in: John Hopk. Hos. Bull., 1906; Ders., The Class Methode of Treating Consumption in the Homes of The Poor, in: Journ. Amer. med. Ass., 1970; Ders., Results Obtained in the Treatment of Pulmonary Tuberculosis and What It has Accomplished, in: Amer. Climatol. Ass., Vol. 27, 1911; Ders., The Tuberculosis Class. An Experiment in Home Treatment, Proc. New York Conf. Hos. Soc. Serv., Vol. 4, 1917; Ders., The Prinicples of Class Treatment and Their Application to Various Chron. Diseases, in: Hosp. Soc. Serv. 1922

„Meine Arbeit mit kleinen Gruppen gestörter Kinder (und später auch mit Erwachsenen) wurde zuerst als ein ‚Recreational Project' mit Mädchen im Sommer 1934 begonnen. Als dann der Winter kam, mußte dies abgeändert werden, um kunstgewerbliche Beschäftigungen in das Programm einzubauen. Wir betrachteten diese Arbeit noch als Teil eines ‚sozialisierenden' Erholungsvorganges, da alle ausgewählten Mädchen in ihren sozialen Beziehungen Schwierigkeiten hatten. Eindrucksvolle Besserungen bei den Mädchen ließen uns zu dem Schluß kommen, daß die ‚schöpferische Leistung' Ursache dieser Wendung war. Wir wählten deshalb für unser Programm den Begriff ‚Therapeutics of Creative Activity'.
Bei einer Ausstellung von Erzeugnissen der Mädchen aus verschiedenen Gruppen begannen wir jedoch daran zu zweifeln, ob das Herstellen dieser bescheidenen handwerklichen Schöpfungen allein auf die Kinder einen therapeutischen Einfluß gehabt haben konnte. Wir begannen deshalb eine sorgfältige Untersuchung und Werkanalyse der wöchentlichen Gruppensitzungen im Verlauf eines Jahres, um alle Faktoren zu erfassen, die zur Besserung geführt hatten.
Diese Untersuchung umfaßte annähernd tausend Gruppenstunden. Zwischenmenschliche Beziehungen in der Gruppe hatten sich für die Teilnehmer in 26 Fällen als vorteilhaft erwiesen, woraus wir den Schluß zogen, daß die *Gruppe per se* das therapeutische Potential enthielt, und schlugen den Ausdruck ‚Gruppenpsychotherapie' als umfassende Bezeichnung für unsere Arbeit vor. (...)
Zunächst brachte uns die oben erwähnte Studie die Erkenntnis ein, daß die vorherrschenden pysychodynamischen Prozesse auf folgendem beruhen: Erleichterung von innerseelischem Druck, unvoreingenommene Annahme, ‚bedingungslose Liebe', Beziehungsbildung und ähnlichen Phänomenen. Erst viele Jahre später, nachdem wir bereits mit analytischen Gruppen gearbeitet hatten, erkannten wir, daß diese dynamischen Prozesse, wenn auch abgewandelt, doch die gleichen sind, die in der Freudschen Psychoanalyse eine wesentliche Rolle spielen."[421]

Slavson hat seine gruppentherapeutische Methodik also in der Arbeit mit Kindern und Jugendlichen entwickelt. In ihrer ersten Form, der sog. „Aktivitäts-Gruppen-Therapie", lag der Schwerpunkt dabei auf der *sozial* korrigierenden Erfahrung, die eine Gruppe vermitteln kann: im Schutz des stabilen und akzeptierenden Rahmens, dessen Garant und Motor der Therapeut sein sollte, wurden Konflikte ausgetragen und soziale Fähigkeiten eingeübt. Die zweite Form dagegen setzt den Akzent stärker auf das korrigierende *emotionale* Erleben. Hier war der Therapeut nicht nur durch sein modellhaftes Verhalten präsent, sondern er griff durch gezielte Äußerungen in den Gruppenprozeß ein, indem er z.B. Konflikte von sich aus ansprach.
Später arbeitete Slavson dann vorwiegend mit Erwachsenen. In diesem Zusammenhang nennt er vier grundlegende Merkmale der therapeutischen Gruppe. Sie zu einer Zeit er-

[421] Slavson, a.a.O., S. 4f.

kannt zu haben, als man noch kaum an die Möglichkeit psychotherapeutischer Gruppenarbeit dachte, gilt als sein hervorragendes Verdienst.

„Der *erste* charakteristische Grundzug der therapeutischen Gruppe liegt in ihrer Größe verankert, die nicht mehr als acht Personen übersteigen darf. Die *Kleinheit der Gruppe* ist eine wesentliche Vorbedingungen, um zwischenmenschliche Reaktionen und Wechselbeziehungen stattfinden zu lassen, die grundlegend für die Gruppenpsychotherapie sind. (...)
Das *zweite* Charakteristikum einer therapeutischen Gruppe, das sie zugleich von normalen Gruppen unterscheidet, ist die *Funktion des Therapeuten (Leiters)*. In einer solchen Gruppe ist der Therapeut nicht der einzige Brennpunkt der Kathexis. Weder hält er ständig die zentrale Position inne, noch übernimmt er, wie dies in normalen Gruppen der Fall ist, die Funktion des Ichs und Über-Ichs der einzelnen Mitglieder. Dies ist der wesentliche Faktor, der es den therapeutischen Gruppen erlaubt, beweglich zu sein, im Gegensatz zu einer organisatorischen Starrheit (group fixity), die für andere Gruppen charakteristisch ist. Die *dritte* Überlegung für eine therapeutische Gruppe ist die, daß sie *strukturiert* sein muß, d.h. daß die Mitglieder von Therapeuten auf der Basis diagnostischer Kriterien und diesen entsprechend nach ihrem therapeutischen Wert gruppiert werden. Das *vierte* Element, das eine therapeutische Gruppe charakterisiert, ist die *Freiheit und Spontaneität der Handlung und Aussprache.* Keine Gruppe, ganz gleich ob sie erzieherische, soziale, dem Zweck der Erholung dienende oder irgendwelche anderen Ziele verfolgt, kann sich dieses Ausmaß an Spontaneität und Freiheit in Wort und Tat (Katharsis) leisten, das die therapeutischen Gruppen zulassen und gewähren können."[422]

Ausgehend von seinen praktischen Erfahrungen hat Slavson zahlreiche Bücher und Schriften verfaßt, die heute zu den Standardwerken der Gruppenpsychotherapie zählen.[423] Zudem gründete er die Amerikanische Gesellschaft für Gruppenpsychotherapie und initiierte „The International Journal of Group Psychotherapy" als eine der ersten großen Fachzeitschriften auf diesem Gebiet.

Es gibt noch eine ganze Reihe weiterer Namen, die hier eigentliche erwähnt werden müßten, wollte man dem komplexen Geschehen, das die Frühzeit der Methodenentwicklung in der Gruppenpsychotherapie darstellt, wirklich gerecht werden. Da unser

422 Slavson, a.a.O., S. 5f.

423 Vgl. Slavson, Introduction to Group Therapy, New York 1943; Ders., A Contribution to a Systematic Theory of Group Psychotherapy, in: Int. J. Group Psychother., 4, 1954, S. 3—29; Ders., Criteria for Selection and Rejection of Patients for Various Types of Group Psychotherapy, in: Int. J. Group Psychother., 5, 1955 S. 3—30; Ders., Gruppenpsychotherapie, in: Stern (Hrsg.), Die Psychotherapie der Gegenwart, Zürich/Stuttgart 1958; Ders., Einführung in die Gruppentherapie, Göttingen 1956; Ders., A Textbook in Analytic Group Psychotherapy. An Historical Fragment, 22nd Annual Confer. Amer. Group Psychother. Ass. 1965; Ders., Analytische Gruppenpsychotherapie. Theorie und praktische Anwendungen, Frankfurt 1977

Zusammenhang an dieser Stelle jedoch Beschränkungen gebietet, sei auf die vorliegenden Zusammenfassungen von Schulte-Herbrüggen und Slavson verwiesen.[424]

Die gruppentherapeutischen Ansätze wurden mit Bereitwilligkeit aufgenommen. Gerade in den USA fanden sie große Resonanz, und eigene, unabhängige Traditionen verbanden sich — nicht nur bei Slavson — mit den sozialpsychologischen Gedanken, die in Freuds Werk formuliert sind.
Preuss gibt dazu folgende Erklärung:

„Es ist kein Zufall, daß die analytische Gruppenpsychotherapie in einem Lande ihren Anfang nahm, in dem die Sozialpsychologie schon immer eine große Rolle gespielt hat. Bei vergleichender Betrachtung der deutschen und amerikanischen Psychiatrie fällt dem Beobachter auf, daß die amerikanische Psychiatrie den Patienten immer in seinem Milieu sieht und dem letzteren eine viel größere Bedeutung für die Entstehung und Entwicklung psychischer Störungen beimißt. Dies erklärt, warum die Ideen Freuds in den Vereinigten Staaten auf einen wohl vorbereiteten Nährboden trafen und daß sie schließlich auch in eine neue Therapieform einmündeten, die die sozialen Beziehungen des Patienten zum Gegenstand macht."[425]

Man wird diese Interpretation teilen können und sollte gleichzeitig bedenken, daß die Zurückhaltung der europäischen, speziell der deutschen Medizin und Psychiatrie, in deren Wissenschaftsgeschichte begründet ist. Durch den aufkeimenden Nationalsozialismus hat sie eine zusätzliche Verstärkung erfahren. Nicht nur Freud selbst, fast alle bedeutenden Psychoanalytiker gingen nach 1953 in die Emigration. So wurde die stürmische Entwicklung der Psychotherapie der zwanziger und frühen dreißiger Jahre hier abgebremst.

Erst etwa Mitte der sechziger Jahre ist ein deutlicher Wandel zu erkennen: man rezipierte die amerikanischen Modelle, veränderte und erweiterte sie und gab ihnen „europäische Formen". Man begann, sich mit der unheilvollen Rolle, die die Psychiatrie im Dritten Reich gespielt hatte, auseinanderzusetzen und konnte sich nach und nach von dieser moralischen Hypothek lösen. Der Rückstau, den die Entwicklung der Psychotherapie — und damit auch die der Gruppenpsychotherapie — während des Zweiten Weltkrieges erfahren hatte, löste sich auf und führte diese Disziplinen zu einer Wiederbelebung ihrer Konzepte.

Bevor wir im weiteren auf diese Neuansätze eingehen, deren Mehrheit im Bereich der psychoanalytischen Gruppentherapie liegt, müssen zunächst noch zwei Richtungen älte-

424 Vgl. Schulte-Herbrüggen, Historische Aspekte der Gruppentherapie, in: Heigl-Evers (Hrsg.), Die Psychologie des 20. Jahrhunderrs, Band VIII, Lewin und die Folgen, Zürich 1979, S. 733—740; Slavson, a.a.O., S. 3—12

425 Preuss, Zur Einführung, in: Preuss (Hrsg.), Analytische Gruppenpsychotherapie. Grundlagen und Praxis, München/Berlin/Wien 1966, S. VII

rer Versuche erwähnt werden, die für die Frage der systematischen Übertragung analytischer Prinzipien in die Gruppe von grundlegender Bedeutung sind. Als Vorläufer haben sie die Basis für die jüngeren Modelle geschaffen, sie mit vorbereitet und wesentlich beeinflußt.

Die Praxis der Psychoanalyse zielt auf die Zweierbeziehung Therapeut-Klient, darum läßt sich ihr Instrumentarium (freie Assoziation, Abstinenz des Therapeuten, Deutung der unbewußten Psychodynamik unter besonderer Berücksichtigung von Übertragung und Widerstand etc.) nicht ohne weiteres auf die Gruppensituation anwenden.

Versucht man dies dennoch, so kommen für ein systematisches Vorgehen in erster Linie zwei Möglichkeiten in Frage.

a) Man analysiert den einzelnen *in* der Gruppe und benutzt diese als eine Art Forum, deren Bedeutung u.a. darin liegen kann, daß gerade die unbeteiligten Mitglieder an der therapeutischen Arbeit partizipieren, indem durch die einfühlende Teilnahme eigene Prozesse und Einsichten angeregt werden. Solche Konzepte wurden von Wolf und Schwartz, von W. Schindler und von Locke vertreten.[426]

> „Wolf und Schwartz versuchen, (...) Patienten im Rahmen einer Gruppe nach den Prinzipien der Einzelanalyse zu behandeln. Dabei fokussieren sie auf das unbewußte Material des Individuums und auf die Erforschung innerseelischer Prozesse und ihrer Genese. Gruppe und Therapeut explorieren jeweils einen Patienten nach den Grundsätzen der dyadischen Analyse. Die Entwicklung eines durch spontane Interaktionen bestimmten Gruppenprozesses wird durch vergleichsweise direktives Verhalten des Therapeuten (Aufforderung, Träume bestimmter Art und bestimmten Inhalts zu berichten, in einer durch Sitzordnung bestimmten Reihenfolge zu Träumen oder anderem Material zu assoziieren, die Träume wechselseitig zu interpretieren) eher verhindert. Die multipersonale Situation der Gruppe wird lediglich als Möglichkeit gegenseitiger Stimulierung und Interpretation im Prozeß individueller analytischer Klärung benutzt.“[427]

b) *Man betrachtet die Gesamtheit der Gruppe als eigenständige Größe und behandelt diese.* Hier hat ein Gedanke in die psychoanalytische Gruppenarbeit Eingang gefunden, der uns bisher schon des öfteren begegnet ist: eine Gruppe ist mehr als die Summe ihrer Mitglieder; sie ist *auch* eine transpersonale Variable, die schärfer wahrnehmbar wird, je mehr sich Kohäsion entwickeln kann.
Mit der psychoanalytischen Betrachtungsweise kombiniert, hat diese Sichtweise zu einer konsequenten Anwendung des tiefenpsychologischen Modells der Persönlich-

426 Vgl. Wolf, The Psychoanalysis of Groups, in: Amer. J. of Psychother., 3, S. 525—628; Wolf/Schwartz, Psychoanalysis in Groups, New York 1962; Schindler, Family Pattern in Groupformation and Therapy, in: Int. J. Gr. Psychother., 1, 1951, S. 100—105; Ders., Übertragung und Gegenübertragung in der Familien-Gruppentherapie, in: Praxis Kinderpsychol. Kinderpsychiatrie, 4, 1955, S. 101—105; Locke, Group Psychoanalysis, New York 1961

427 Heigl-Evers/Heigl, Konzepte der analytischen Gruppentherapie, in: Heigl-Evers (Hrsg.), Die Psychologie des 20. Jahrhunderts, Band VIII, Lewin und die Folgen, Zürich 1979, S. 766

keit auf Gruppenzusammenhänge geführt; man spricht von einem Gruppen-Unbewußten, von einem Gruppen-Über-Ich, Gruppen-Ich etc. Da sich im Gruppenprozeß die Projektionen einzelner psychischer Instanzen externalisieren, so argumentiert man, ist es legitim, mit dem Gesamt einer Gruppe wie mit einem einzelnen zu arbeiten.

Dieser Ansatz einer Psychoanalyse *der* Gruppe ist unter der Bezeichnung Gruppenanalyse bekannt geworden, und weil es sich dabei um eines der klassischen Gruppentherapiekonzepte analytischer Prägung handelt, soll ihm im folgenden noch etwas mehr Aufmerksamkeit geschenkt sein.

Das Verfahren ist eng mit dem Namen und Werk des englischen Analytikers S.H. Foulkes verbunden.[428] Foulkes zählt zu den europäischen Pionieren der Gruppentherapie, da er einige seiner Patienten bereits im Jahre 1940 zu Gruppen zusammengefaßt hat, um die Kommunikation der Gruppenmitglieder zu beobachten und um ihnen zu helfen, sich besser zu verständigen und besser zu verstehen.[429 430] Unter dem Einfluß des Soziologen Norbert Elias,[431] in der Auseinandersetzung mit Mitgliedern der späteren Frankfurter Schule (Adorno, Horkheimer, Marcuse) und dem psychoanalytisch-historischen Ansatz Erik H. Eriksons formulierte Foulkes sein gruppenanalytisches Konzept als einen praktischen Versuch, die gesellschaftliche Perspektive der Soziologie und die individuelle Perspektive der Psychoanalyse im Rahmen einer Anwendungsform zusammenzubringen.

„Es ging nicht mehr darum, das Individuum isoliert zu betrachten; man entfernte sich von der grundlegenden psychoanalytischen Anschauung, die die Entwicklung des Individuums vor allem zum Zusammenprall des primitiven Triebs mit der sich entwickelnden seelischen Struktur bestimmt sah und Persönlichkeit als Resultat des unausweichlichen Konflikts zwischen Trieb und Abwehr begriff. Freud ging zwar in seinen späteren Schriften auf den Einfluß von Kultur und Gesellschaft ein, indem er den Begriff des Über-Ichs prägte: Auf dem Wege der Internalisierung werden Ge- und Verbote der Eltern

428 Vgl. Foulkes, Introduction to Group-analytic Psychotherapy, London 1948; Ders., Therapeutic Group Analysis, London 1964; deutsch: Gruppenanalytische Psychotherapie, München 1974; Ders., Group Analytic Psychotherapy, London 1965

429 Pines, S.H. Foulkes' Beitrag zur Gruppentherapie, in: Heigl-Evers (Hrsg.), Die Psychologie des 20. Jahrhunderts, Band VIII, Lewin und die Folgen, Zürich 1979, S. 719

430 Noch früher als Foulkes hat Alfred Adler, der Freud- Schüler, Dissident und später Begründer der Individualpsychologie, auf die Relevanz einer Verbindung von Psychoanalyse und Gruppe hingewiesen. Er sah darin die Möglichkeit, größeren Kreisen (z.B. der Arbeiterklasse) psychotherapeutische Hilfe zukommen zu lassen und trug sich mit dem Gedanken einer sozialtherapeutischen Anwendung psychoanalytisch orientierter Gruppenarbeit als Behandlungsmethode im Justizvollzug. Ob und inweitweit Adler tatsächlich auch praktisch mit Gruppen gearbeitet hat, gilt als umstritten.

431 Vgl. Elias, über den Prozeß der Zivilisation. Soziogenetische und psychogenetische Untersuchungen, 2 Bände, München 1969^{2}. S. auch Foulkes, Besprechung von Norbert Elias' über den Prozeß der Zivilisation, Bd.I, in: Inter. J. of Psycho-Analysis, 19, 1938, S. 263—265; Bd.II, in: Internat. Zeitschrift für Psychoanalyse, 26, 1941, S. 316—319

zur dauernden psychischen Struktur, ebenso auch die Grundsätze der Gesellschaft, in der das jeweilige Individuum lebt. In der klassischen psychoanalytischen Theorie kam der gesellschaftliche Einfluß auf die kindliche Entwicklung jedoch erst relativ spät zum Tragen, und die psychoanalytische Erforschung der Familie steckte zu diesem Zeitpunkt noch in den Kinderschuhen. Foulkes stellte nun den Einfluß von Familie und Gesellschaft auf das Indiviuum in den Vordergrund seiner Überlegungen und beendete damit das Schattendasein, das diese Fragestellung bislang innerhalb der Psychoanalyse geführt hatte; ‚Gesellschaft' und ‚Individuum' sind für ihn künstliche Abstraktionen und nur scheinbar bzw. begrifflich voneinander zu trennen."[432]

Infolge dieser Prämisse lautet der zentrale Satz, unter den Foulkes seines Gruppenarbeit stellt:

„Psychodynamik ist kaum, wenn je, auf die Grenzen des Individuums beschränkt, sondern schließt in der Regel eine Anzahl von untereinander verbundenen Personen ein. Die psychodynamischen Erscheinungen sind transpersonale Manifestationen."[433]

Weil sich die psychischen Dispositionen und ihre Störungen im psychosozialen, im interaktionalen Raum bilden — oder präziser gesagt: weil sie gesellschaftlich hergestellt oder vermittelt sind —, wird man sie in einem überschaubaren sozialen Rahmen besser verstehen und aufarbeiten können, als dies unter den Umständen der herkömmlichen therapeutischen Zweierbeziehung möglich ist. Eine mikrosoziale Situation zu diesem Unterfangen entworfen und methodisch reflektiert zu haben, das genau ist der Anspruch von Foulkes' gruppenanalytischem Konzept. Die gruppenanalytische Situation will es den Teilnehmern ermöglichen, sich so frei und ungezwungen zu äußern, wie ihnen dies möglich ist. Dazu hat Foulkes das bewährte Instrument der freien Assoziation aus der psychoanalytischen Einzeltherapie in die Gruppe übertragen. Was er zunächst „frei fließendes Gespräch" oder „frei fließende Diskussion" genannt und später mit „Gruppenassoziation" bezeichnet hat, heißt als Redeanweisung für die Teilnehmer: „Sprecht über alles, was euch einfällt, ohne zu sortieren."[434] Der Teilnehmer an einer Gruppenanalyse geht seinen Erlebnissen nach, indem er spontan auftauchene Gedanken und Gefühle ohne Beschränkung und Systematisierung zum Ausdruck bringt. Verschiedene Muster werden sich daraus bilden, je nachdem, welche psychischen Dispositionen und Charakterstrukturen in der Gruppe zusammengekommen sind. Foulkes weist immer wieder darauf hin, daß es wichtig sei, sich zu vergegenwärtigen, daß die geäußerte Assoziation immer zwei Komponenten enthalte und daß sie zwei voneinander zu unterscheidenden Quellen entspringe:

a) dem privaten, individuellen, dem lebensgeschichtlich konstituierten Erfahrungs- und Erlebnishintergrund des einzelnen;
b) der aktuellen Gruppensituation.

432 Pines, a.a.O., S. 720
433 Foulkes, Gruppenanalytische Psychotherapie, München 1974, S. 212
434 Pines, a.a.O., S. 722

So persönlich das Assoziieren auch sein mag, es bleibt stets auch auf die Gruppensituation bezogen und sagt etwas über diese aus. Da jeder Teilnehmer dem anderen zuhört, da ihn dessen Gedanken ansprechen, ungerührt lassen oder in ihm Ablehnung hervorrufen: immer wird er einzelnes herausnehmen, aufgreifen und eigene Gedanken daran knüpfen. Im Unterschied zum gewohnten Vorgehen der psychoanalytischen Therapie ist Foulkes weniger an der Deutung der unbewußten Strebungen des *einzelnen* interessiert:

„Assoziation entsteht nach unserer Meinung aus einem gemeinsamen Untergrund unbewußten instinktiven Verstehen der anderen. Unsere Arbeitsgrundlage ist also nicht länger als die Bearbeitung früherer Erfahrungen, die ihre Spuren im Gehirn oder im Gedächtnis hinterlassen haben. Vielmehr gehen wir davon aus, daß die Einfälle und Bemerkungen der Gruppenmitglieder den Wert unbewußter Interpretationen haben. Aufgabe des Therapeuten ist es jetzt, eine analytische Haltung einzunehmen, die es ihm möglich macht, die Beziehungen der Gruppenmitglieder untereinander, zur Gruppe im ganzen und zu ihm selbst zu verstehen. Nun sind jedoch die Interaktionen innerhalb der Gruppe so vielschichtig, daß es dem Therapeuten unmöglich wäre, sich mit jedem Gruppenmitglied zur gleichen Zeit zu beschäftigen. Deshalb konzentriert er sich auf das Interaktionsfeld in seiner Ganzheit, auf die Matrix an unbewußten Reaktionen."[435]

„Matrix" ist in Foulkes' Konzept ein zentraler Begriff. Er versteht darunter die umfassende interpersonale Realität, die geschaffen wird, wenn sich die psychischen Strukturen mehrerer Personen zu einem Interaktionsgeflecht verknüpfen. Die Matrix der Therapiegruppe, von der die Gruppenanalyse ausgeht, ist kein vollständig neues Netzwerk. Sie ist in der frühen Bezugsgruppe des Individuums vorgebildet und begründet. Foulkes geht davon aus, daß jedes Mitglied einer neuen Gruppe diese unbewußt an solche Grundmuster anzugleichen versucht, wie es sie aus seiner Primärgruppe kennt: es findet eine Wiederbelebung der internalisierten Matrix statt. Schließlich wachsen die Tendenzen der einzelnen zusammen und entwickeln sich zu jenem aktuellen Kommunikationssystem, auf das sich die gruppenanalytische Arbeit dann beziehen kann. „Im Verlauf des Gruppenprozesses werden die Übertragungsbeziehungen zu realen Beziehungen. Die in der Kindheit unterbrochene Kommunikation wird wieder aufgebaut, die Teilnehmer können ihre Bedürfnisse bewußter äußern. Kindheitskonflikte werden als Gruppenkonflikte wiedererlebt und einer Realitätsprüfung unterzogen."[436]
Dieses Ziel der Gruppenanalyse wird durch den entsprechend ausgebildeten Leiter unterstützt, indem er
— das unzensierte Gruppengespräch herstellt;
— die Teilnehmer ermutigt, ihre Gedanken und Gefühle möglichst frei und spontan zu äußern;
— den präzisen Ausdruck emotionaler Erlebnisinhalte verstärkt;

435 Foulkes/Anthony, Group Psychotherapy, Harmondworth 1965², S. 29
436 Schneider-Düker, Gruppenpsychotherapie. Methoden, Probleme, Erfolge, Düsseldorf 1985, S. 30

— den Teilnehmern durch gut plazierte Analysen und Interpretationen tiefere (unbewußte) Schichten der Kommunikation erschließt und sich entwickelnde Interaktionsprozesse zu erklären hilft;
— „auf der Ebene des offenen Verhaltens möglichst passiv ist, während er sich den latenten Prozessen aktiv zuwendet und sie der Gruppe verdeutlicht;“[437]
— „sich in die von der Gruppe unbewußt gewünschten Positionen drängen läßt und mitteilt, was sich abspielt.“[438]

Mit seinem Beitrag hat Foulkes großen Einfluß auf die Theorie und Praxis der psychoanalytischen Gruppentherapie ausgeübt. Viele der in diesem Bereich heute gängigen Grundprinzipien gehen auf ihn zurück und sind in seinem Werk vorformuliert. Es sollte hier noch erwähnt wurden, daß er sich bereits früh mit den Gedanken der Lewin-Schule beschäftigt und einige ihrer wesentlichen Elemente in sein Konzept übernommen hat. So kann von Foulkes' Modell der Gruppenanalyse auch als von einem ersten begründeten Versuch des Dialogs zwischen Psychoanalyse und Gruppendynamik gesprochen werden.

Nicht zuletzt durch die vielfältigen Versuche der Konzeptualisierung einer psychoanalytischen Gruppentherapie hat das psychoanalytische Gebiet insgesamt einen stärker sozialpsychologischen Duktus bekommen. In den dazu formulierten Methodologien mischt sich die Interpretation der Psychodynamik des einzelnen mit einem originär tiefenpsychologischen Verständnis der Gruppenprozesse, wie wir es in Freuds Massenpsychologie und Ich-Analyse erstmals theoretisch angedeutet finden. Wo die Psychoanalyse die Gruppe zum Gegenstand ihrer Praxis macht, will sie dem Subjekt die verborgenen Kräfte und Abläufe seiner Interaktionsformen verdeutlichen. Ihr Ansatz ist also hermeneutischer Art. Die Situation der Therapiegruppe ist so angelegt, daß im kommunikativen Zusammenspiel individuelles Verhalten auf dem Hintergrund seiner Prägung szenisch verstehbar wird. Die Interaktionsformen, die das Subjekt ausmachen, bilden sich in der Gruppe ab, und der Analytiker hilft, die frühkindlichen Konflikte darin zu erkennen.

Gegenstand der psychoanalytischen Gruppentherapie sind — so kann man mit Lorenzer sagen[439] — die einsozialisierten Interaktionsformen bis hin zum Gesamt der Kommunikationsstruktur des Individuums selbst. Die eigentliche Operation besteht darin, auf die praktische Änderung solcher Interaktionsformen hinzuarbeiten, die mit subjektivem Leiden verbunden sind — mit einem Leiden, das, weil es in der frühen Interaktion hergestellt ist, konkret erkannt werden kann. Veränderung heißt in dieser Perspektive: dem einzelnen zu einem tieferen Verständnis seiner Kommunikationsverzerrungen und -einschränkungen zu verhelfen. Der psychoanalytische Weg führt dabei, wie wir gesehen ha-

437 Schneider-Düker, a.a.O., S. 32
438 Ebenda
439 Vgl. Lorenzer, über den Gegenstand der Psychoanalyse oder: Sprache und Interaktion, Frankfurt 1973

ben, über die Interpretation und Analyse der unbewußten Phantasien, wie sie im freien Gruppengespräch spontan auftauchen.

Die Beiträge der Psychoanalyse zur Gruppentherapie haben bis heute so viele verschiedene Anwendungsformen und Varianten hervorgebracht, daß es unmöglich ist, sie hier alle im Detail anzuführen. Da zudem ausgezeichnete Zusammenfassungen vorliegen,[440] kann an dieser Stelle auf Ausführlichkeit verzichtet werden. Trotzdem sollen die wichtigsten der weiterführenden Modelle wenigstens in Form einer knappen Auflistung genannt sein:

— Noch konsequenter als Foulkes hat *Argelander*[441] das psychoanalytische Persönlichkeitsmodell auf die therapeutische Gruppe übertragen. Individual- und Sozialpsychologie konvergieren in seinem Ansatz fast vollständig, und die Haltung des Analytikers ist kaum von seiner Einstellung in der Einzeltherapie zu unterscheiden. Argelander schreibt:
  „Je mehr wir unsere Aufmerksamkeit von den einzelnen Teilnehmern abziehen und dem Gesamtgeschehen in der Gruppe zuwenden, um so mehr gehen wir mit der Gruppe wie mit einem einheitlichen Wesen um. Unabsichtlich verwandeln wir dabei eine Vielpersonensituation in eine bipersonale Beziehung. Wir sprechen von den Gefühlen der Gruppe in einer Relation zum Gruppenleiter, der ihre Äußerungen beobachtet und sich mit ihnen auseinandersetzt. Auf diese Art lösen wir ein schwieriges Problem, denn wir vereinfachen die komplizierte Situation für unsere Zwecke. Wir reden von einem Gruppen-Ich, Gruppen-Über-Ich, von den Bedürfnissen und Ängsten der Gruppe, von ihrem Abwehrverhalten usw.“[442]
  In der Konsequenz dieses Gedankenganges bleiben die Deutungen des Analytikers in der therapeutischen Gruppe immer auf das Hier-und-Jetzt des Kommunikationsgeschehens bezogen.
— Auch *Ezriel* arbeitet mit dem Gruppenprozeß. Stärker als Argelander betont er jedoch die Verknüpfung und Wechselwirkung des Prozesses mit der Psychopathologie

[440] Heigl-Evers, Konzepte der analytischen Gruppenpsychotherapie, Göttingen 1972; Heigl-Evers/Streeck, Analytische Gruppenpsychotherapie. Zum psychoanalytischen Prozeß in Gruppen, in: Pongratz (Hrsg.), Klinische Psychologie, Göttingen 1978, S. 2676—2695; Heigl-Evers/Heigl, Konzepte der analytischen Gruppenpsychotherapie, in: Heigl-Evers (Hrsg.), Die Psychologie des 20. Jahrhunderts, Band VIII, Lewin und die Folgen, Zürich 1979, S. 763—777; Argelander, Gruppenprozesse. Wege zur Anwendung der Psychologie in Behandlung, Lehre und Forschung, Reinbek 1976; Kutter, Elemente der Gruppentherapie, Göttingen 1976; Ders., Modelle psychoanalytischer Gruppentherapie und das Verhältnis von Individuum und Gruppe, in: Gruppenpsychotherapie und Gruppendynamik, 16, 1980, S. 200—208; Ders., Psychoanalyse in der Bewährung, Frankfurt 1984, 3. Kapitel (Beiträge der Psychoanalyse zur Gruppentherapie), S. 145—186

[441] Vgl. Argelander, Die Analyse psychischer Prozesse in der Gruppe, in: Psyche, 17, 1963/64, S. 450—477 u. S. 481—515; Ders., Gruppen-Prozesse, Reinbek 1972; Ders., Gruppenanalyse unter Anwendung des Strukturmodells, in: Psyche, 22, 1968, S. 913—933

[442] Argelander, 1972, a.a.O.

des einzelnen Teilnehmers. Die Inhalte des manifesten Gruppengesprächs sieht er durch ein gemeinsames latentes Grundthema bestimmt, zu dem sich die unbewußten Phantasien aller Mitglieder verbinden. Durchgängig deutet er die Übertragungsbeziehung zum Gruppenleiter.[443]

— Die Lateinamerikaner *Grinberg, Langer und Rodrigué* haben Konzeptionen Melanie Kleins und Wilfried Bions aufgenommen[444] und sich besonders den Phasen tiefer Regression im Gruppenleben zugewandt. In diesen — so einer ihrer Grundgedanken — sind vermehrt Reaktionsweisen von psychotischer Qualität zu erkennen. Wenn eine Gruppe stark regrediert, kann man sie wie ein psychotisches Individuum auffassen und von der psychoanalytischen Theorie der frühen Objektbeziehungen und der Psychosenlehre her zu verstehen suchen.[445]

— ,,Das ,Fokal-Konflikt-Modell' der Gruppe, wie es von *Whitaker und Liebermann* entwickelt wurde, sieht den Gruppenprozeß als eine Reihe von sich konstellierenden Gruppenkonflikten, die jeweils als Fokal-Konflikt der Gruppe verstanden werden. In der Gruppe bilden sich Kräfte und Gegenkräfte, an denen die einzelnen Mitglieder in verschiedenem Ausmaß teilnehmen. Diese Kräfte und Gegenkräfte bestehen aus Wünschen, Ängsten vor diesen Wünschen und Abwehrmechanismen gegenüber den Wünschen. Whitaker und Liebermann unterscheiden ein störendes Motiv von einem reaktiven Motiv und folgern, daß sich beide Motive in der Gruppe als Fokal-Konflikt auswirken. Die Gruppe und ihre einzelnen Teilnehmer versuchen dann eine Lösung des entstehenden Konfliktes, die die entstandene Angst reduzierten soll.''[446]

— *Kutter* hat ein zweidimensionales und integratives Modell der psychoanalytischen Gruppentherapie vorgeschlagen, in dem er die Ausrichtung der klassischen Analyse auf den einzelnen und ein gruppenanalytisches Vorgehen zu verknüpfen versucht.[447]

— Schließlich ist hier noch das sog. ,,Göttinger Modell'' zu erwähnen, das *Anneliese Heigl-Evers* und ihr Mann *Franz Heigl* in der Auseinandersetzung mit gruppendyna-

443 Ezriel, A Psychoanalytic Approach to Group Treatment, in: Brit. Journ. of Med. Psychology, 23, 1950, S. 59—74; Ders., A Psychoanalytic Approach to the Treatment of Patients in Groups, in: Journ. of Mental Science, 92, 1950, S. 774—779; Ders., Übertragung und psychoanalytische Deutung in der Einzel- und Gruppentherapie, in: Psyche, 16, 1960/61, S. 496—523

444 Vgl. Kapitel 6.1.1

445 Vgl. Grinberg/Langer/Rodrigu, Psychoanalytische Gruppentherapie. Praxis und theoretische Grundlagen, Stuttgart 1960

446 Kutter, Psychoanalyse in der Bewährung, Frankfurt 1984, S. 158. Vgl. auch Liebermann/Lakon/Stock-Whitaker, Probleme und Perspektiven psychoanalytischer und gruppendynamischer Theorien für die Gruppenpsychotherapie, in: Horn (Hrsg.), Gruppendynamik und der subjektive Faktor. Repressive Entsublimierung oder politisierende Praxis, Frankfurt 1973², S. 281—292; Whitaker/Liebermann, Psychotherapy through the Group Process, London 1974

447 Vgl. Kutter, Elemente der Gruppentherapie, Göttingen 1976

mischen Theoretikern wie Homans[448] und Schindler[449] formuliert haben. In ihrem Konzept sind Prinzipien der psychoanalytischen Gruppentherapie und gruppendynamische Gedanken zusammengeflossen. Unter der Aufnahme von Schindlers Theorie der „soziodynamischen Rangstruktur" berücksichtigen Heigl-Evers/Heigl stärker als andere Psychoanalytiker die manifeste Seite der Interaktion im Gruppengeflecht. In der minimal strukturierten Therapiegruppe werden — so ihre Theorie — über die sich entwickelnden interpersonalen Konflikte irrationale Ängste mobilisiert, welche die spezifischen psychosozialen Abwehrmechanismen des einzelnen in Gang setzen. Auf diese Weise zeigen sich die innerseelischen Widersprüche der Teilnehmer auf der interaktionalen Ebene des Gruppenzusammenhangs. Die Autoren sprechen von einer „psychosozialen Kompromißbildung", die dann einsetzt, wenn das Individuum in der freigegebenen Kommunikation der Therapiegruppe bemerkt, daß seine üblichen und gewohnten Verhaltensmuster weniger gut funktionieren. Diesen „inneren Notstand" (der von jedem einzelnen unterschiedlich erlebt wird, der aber alle Teilnehmer gleich betrifft) versucht die Gruppe in gemeinsamer Aktion zu lösen: „Innerhalb der Gesamtaktion der Gruppe übernimmt jedes Mitglied gemäß seiner Persönlichkeitsstruktur und Motivation eine Teilaktivität, die seiner Rollenbereitschaft entspricht."[450] Die Beachtung dieser soziodynamischen Funktionsverteilung wird zu einem wichtigen zusätzlichen Hintergrund der Interventionen des Leiters und seiner Deutungen im Prozeß.
Die Relevanz des Göttinger Modells liegt m.E hauptsächlich darin, daß hier ein gruppentherapeutischer Ansatz vorgelegt worden ist, der Persönlichkeits-, Beziehungs- und Gesamtgruppenvariablen gleichermaßen zu erfassen vermag, indem er alte fachspezifische Grenzziehungen leichthändig überschreitet, ohne daß dabei die Tiefung in Theorie und Praxis verlorenginge.

An dieser Stelle endet der Überblick über die human- und sozialwissenschaftlichen Konzeptionen zur Gruppe und zur Gruppenarbeit. Mußte aus Gründen der Übersichtlichkeit die eine oder andere Linie in der Theorie- und Methodenentwicklung unerwähnt bleiben oder konnte sie nur angedeutet werden, bitte ich, dies der Absicht, das Gesamtgebiet systematisch zu ordnen, zuzuschreiben. Ergänzendes Material findet sich jeweils in den Anmerkungen zusammengestellt.

448 Vgl. Homans, Elementarformen sozialen Verhaltens, Köln/Opladen 1960; Ders., Theorie der sozialen Gruppe, Opladen 1969

449 Vgl. Schindler, Grundprinzipien der Psychodynamik in der Gruppe, in: Psyche, 11, 1957/58, S. 306—314; Ders., über den wechselseitigen Einfluß von Gesprächsinhalt, Gruppenposition und Ich-Gestalt in der analytischen Gruppenpsychotherapie, in: Psyche, 14, 1960/71, S. 382—293; Ders., Dynamische Prozesse in der Gruppenpsychotherapie, in: Gruppendynamik, 2, 1968, S. 9—20

450 Schneider-Düker, a.a.O., S. 28

Literaturverzeichnis

Allport, G.W., The Genius of Kurt Lewin, in: Journ. of Personality, 16, 1947, S. 1—10

Antons, K., Praxis der Gruppendynamik, Göttingen 1976[4]

Argelander, H., Die Analyse psychischer Prozesse in der Gruppe, in: Psyche, 17, 1963/64, S. 450—479 und S. 481—515

—, Gruppenanalyse unter Anwendung des Strukturmodells, in: Psyche, 22, 1988, S. 913—933

—, Gruppen-Prozesse. Wege zur Anwendung der Psychoanalyse in Behandlung, Lehre und Forschung, Reinbek 1972

Bach, G.R., The Marathon Group: Intensive Practice of Intimate Interaction, in: Psychological Report, 18, 1966, S. 995—1002

—, Marathon Group Dynamics II — Disjunctive Contacts, in: Psychological Report, 19, 1967, S. 1147—1158

—, Group Leader Phobias in Marathon Groups, in: Voices, Vol. 3, 1967, S. 41—46

Bach G.R./Berhard, Y., Aggression Lab, Dubuque 1969

Bach, G.R./Molter, H., Psychoboom: Wege und Abwege moderner Therapie, Reinbek 1979

Back, K.W., Beyond Words. The Story of Sensitivity Training and the Encounter Movement, New York 1972

Bales, R.F., Interaction Process Analysis, Cambridge/Mass. 1950

—, Adaptive und Integrative Changes as Sources of Strains in Social Systems in: Hare/Borgatta/Bales (Hrsg.), Small Groups, New York 1955, S. 127—131

—, Personality and Behavior, New York 1970

Bally, G., Einführung in die Psychoanalyse Sigmund Freuds, Hamburg 1961

Bany, M.M./Johnson, L.V., Classroom Group Behavior: Group Dynamics in Education, New York 1964

Bastin, G., Die soziometrischen Methoden, Bern/Stuttgart 1976

—, Gruppenführung, in: Graumann (Hrsg.), Handbuch der Psychologie, Göttingen 1972, S. 654ff.

Bavelas, A., Communication Patterns in Task-Oriented Groups, in: J. Acoust. Soc. Ameri., 22. 1950, S. 725—730

Benne, K.D., Geschichte der Trainingsgruppe im Laboratorium, in: Bradford/Gibb/Benne, Gruppentraining. T-Gruppentheorie und Laboratoriumsmethode, Stuttgart 1972, S. 95—154

Bennis, W.G./Shepard, H., A Theory of Group Development, in: Hum. Rel., 9, 1956, S. 415—437

Bennis, W.G./Benne, K.D./Chin, R. (Hrsg.), Änderung des Sozialverhaltens, Stuttgart 1975

Bergius, R., Sozialpsychologie, Hamburg 1976

Betz, O., Intentionen und Methoden der Gruppendynamik, in: Betz/Kaspar (Hrsg.), Die Gruppe als Weg. Einführung in Gruppendynamik und Religionspädagogik, München 1973, S. 29—40

Betz, O., Die Gruppe als Weg. Einführung in die Gruppendynamik und Religionspädagogik, München 1973

Biddle, B.J./Thomas, E.J., (Hrsg.), Role Theory, New York 1966

Bion, W.R., Experiences in Groups and Other Papers, London 1961; deutsch: Erfahrungen in Gruppen und andere Schriften, Stuttgart 1971

Blake, R.R./Mouton, J.S., Verhaltenspsychologie im Betrieb, Düsseldorf 1968

Blake, R.R./Mouton, J.S., Corporate Exellence through Grid Organization Development, Houston 1968

Bödiker, M.L./Lange, W., Gruppendynamische Trainingsformen, Reinbek 1975

Bowlby, J., Grief and Mourning in Infancy and Early Childhood, in: Psychoanalytic Study of the Child, Vol. XV, New York 1960

Bradford, L.P., Developing Potentialities through Class Groups, in: Teachers College Record, Mai 1960

Bradford, L.P./Gibb, J.R./Benne, K.D., Gruppentraining. Geschichte der T-Gruppentheorie und Laboratoriumsmethode, Stuttgart 1972

Brandes, E., Methodik der Spielerziehung, Recklinghausen 1978

Brocher, T., Gruppendynamik und Erwachsenenbildung. Zum Problem der Entwicklung von Konformismus oder Autonomie in Arbeitsgruppen, Braunschweig 1974[14]

—, Gruppendynamik in der Erwachsenenbildung, in: Heigl-Evers (Hrsg.), Die Psychologie des 20. Jahrhunderts, Band VIII, Lewin und die Folgen, Zürich 1979, S. 703—709

Broich, J., Rollenspiele mit Erwachsenen, Reinbek 1980

Buber, M., Dialogisches Leben, Heidelberg 1947

—, Das Problem des Menschen, Heidelberg 1948

—, Ich und Du, Heidelberg 1954

Buchinger, K., Gruppendynamik, Gruppenpädagogik und Gruppentherapie, in: Meyer (Hrsg.), Handbuch Gruppenpädagogik — Gruppendynamik, Heidelberg 1977, S. 215—233

Bühler, Ch., Values in Psychotherapy, New York 1962

—, Some Observations on the Psychology of the Third Force, in: Journal of Humanistic Psychology, 5

—, Humanistic Psychology as an Educational Program, in: American Psychologist, 24, 1969, S. 736—742

—, Theoretical Concepts of Humanistic Psychology, in: American Psychologist, 26, 1971, S. 378—386; deutsch in: Psychologie und Praxis, 15, 1971, S. 49—57

Bühler, Ch./Massarik, F., (Hrsg.), Lebenslauf und Lebensziele. Studien in humanistisch-psychologischer Sicht, Stuttgart 1969

Bühler, Ch./Allen, M., Einführung in die Humanistische Psychologie, Stuttgart 1974

Bungard, W., Sinn und Unsinn der LPC-Skala — Zur Kritik des Kontingenzmodells von Fiedler, in: Gruppendynamik, 15, 1984, S. 59—74

Burton, A., Modern Humanistic Psychotherapy, San Francisco 1967
—, (Hrsg.), Encounter, San Francisco 1969
Camus, A., Die Pest, Düsseldorf 1951
—, Der Mythos von Sisyphos, Düsseldorf 1959
—, Der Fremde, Düsseldorf 1963
Cartwright, D., Lewinian Theory as Contemporary Framework, in: Koch (Hrsg.), Psychology, A Study of Science, New York 1959, S. 7—91
Cartwright, D. /Zander, A., (Hrsg.), Group Dynamics, New York 1968
Cattell, R.B., New Concepts for Measuring Leadership in Terms of Syntality, in: Hum. Rel., 4. 1951, S. 161—184
—, The Scientific Analysis of Personality, New York 1965
Charters, W.W./Gage, N.L., (Hrsg.), Readings in the Social Psychology of Education, Boston 1963
Christie, L.S./Luce, R.D./Macy, J., Information Handling in Organized Groups, in: Coppinger/McCloskey (Hrsg.), Operations Research for Management, Band 2, Baltimore 1956
Cohn, R.C., Ich bin Ich — eine Aberglaube? Ein Gespräch mit Ruth Cohn, in: Psychologie heute, 1979, H. 3, S. 23—33
—, Von der Psychoanalyse zur Themenzentrierten Interaktion. Von der Behandlung einzelner zu einer Pädagogik für alle, Stuttgart 1984[6]
Cohn, R.C./Farau, A., Gelebte Geschichte der Psychotherapie, Stuttgart 1984
Cooley, C.H., Social Organization, New York 1909
—, Primary Groups, in: Hare/Borgatta/Bales (Hrsg.), Small Groups, New York 1955
Corsini, R., Methods of Group Therapy, Chikago 1957
Coser, L.A., Theorie sozialer Konflikte, Neuwied/Berlin 1973
Däumling, A.M., Sensitivity Training, in: Gruppenpsychotherapie und Gruppendynamik, 2, 1968, S. 113—123
—, Die Herausforderung des Sensitivity-Trainings, in: Gruppenpsychotherapie und Gruppendynamik, 4, 1970, S. 4—16
Däumling, A.M./Fengler, J./Nellessen, L./Svensson, A., Angewandte Gruppendynamik. Selbsterfahrung, Forschungsergebnisse, Trainingsmodelle, Stuttgart 1974
Dahrendorf, R., Homo sociologicus. Ein Vergleich zur Geschichte. Bedeutung und Kritik der Kategorie der sozialen Rolle, Opladen 1972[11]
De Rivera, J., Field Theory as Human Science: Contributions of Lewinś Berlin Group, New York 1976
Deutsch, M., Field Theory in Social Psychology, in: Lindzey (Hrsg.), Handbook of Social Psychology, Cambridge/Mass. 1968[2], S. 181—222
Dietrich, G., Bildungswirken des Gruppenunterrichts, München 1969
Doerry, G./Breloer, G./Striemer, R., Zur Kontrolle gruppendynamischer Störfaktoren im Hochschulunterricht, in: Gruppendynamik, 2, 1971, S. 264—262
Dollase, R., Soziometrische Techniken, Weinheim/Basel 1973
Domeyer, E./Donat, H./Stejskal, R., Gruppendynamik und Schule. Erfahrungsbereich

über gruppendynamische Arbeit mit Lehrern, in: Gruppendynamik, 10, 1979, S. 357—377
Doppler, K./Voigt, B., Entwicklungen und Tendenzen angewandter Gruppendynamik in Deutschland, in: Gruppenpsychotherapie und Gruppendynamik, 12, 1977, S. 38—48
Eckstein, B., Gruppenmethoden in der Hochschule, in: Meyer (Hrsg.), Handbuch Gruppenpädagogik — Gruppendynamik, Heidelberg 1977, S. 172—186
Eckstein, B./Bornemann, E., Arbeit mit kleinen Studentengruppen, Blickpunkt Hochschuldidaktik Nr. 4, Hamburg 1969
Eckstein, B./Hrabowski, P., Gruppendynamische Arbeit an der Hochschule — ein Report, Heidelberg 1973
Eisele, G., Wovon lebt der Mensch? Selbstverwirklichung — Leben aus eigener Kraft, in: Wege zum Menschen, 33, 1981, S. 419—430
Elhardt, S., Tiefenpsychologie, Stuttgart/Berlin/Köln/Mainz 1978[6]
Elias, N., Über den Prozeß der Zivilisation. Soziogenetische und psychogenetische Untersuchungen, 2 Bände, München 1969[2]
Erikson, E.H., Kindheit und Gesellschaft, Stuttgart 1957
—, Identität und Lebenszyklus, Frankfurt 1979[5]
Etzioni, A., Studies in Social Change, New York 1966; deutsch: Soziologie der Organisation, München 1967[2]
Ezriel, H., A Psychoanalytic Approach to Group Treatment, in: Brit. Journ. of Med. Psychology, 23, 1950, S. 59—74
—, A Psychoanalytic Approach to the Treatment of Patients in Groups, in: Journ. of Med. Science, 92, 1950, S. 774—779
—, Übertragung und psychoanalytische Deutung in der Einzel- und Gruppentherapie, in: Psyche, 16, 1960/61, S. 496—523
Festinger, L., Informal Social Communication, in: Psychol. Review, 27, 1980, S. 271—282
Fiedler, F.E., Validation and Extension of the Contingency Model of Leadership Effectiveness: A Review of Empirical Findings, in: Psychol. Bull., 75, 1971, S. 128—148
—, The Contingency Model: A Theory of Leadership Effectiveness, in: Secord/Backmann, Problems in Social Psychology, New York 1976, S. 278—289
Fiedler, F.E./Chemers, M.M./Maher, L., Der Weg zum Führungserfolg, Stuttgart 1979
Figge, P., Lernen durch Spielen, Heidelberg 1975
Flechtner, H.J., Grundbegriffe der Kybernetik, Stuttgart 1972
Foulkes, S.H., Besprechung von Norbert Elias' „Über den Prozeß der Zivilisation", Bd. I., in: Inter. II of Psycho-Analysis, 19, 1938, S. 263—265; Bd. II, in: Internat. Zeitschrift für Psychoanalyse, 26, 1941, S. 316—319
—, Introduction to Groupanalytic Psychotherapy, London 1948
—, Therapeutic Group Analysis, London 1964; deutsch: Gruppenanalytische Psychotherapie, München 1974
—, Group Analytic Psychotherapy, London 1965
Foulkes, S.H./Anthony, E.J., Group Psychotherapy, Harmondsworth 1965[2]

Franck, J., Sozialpsychologie für die Gruppenarbeit, Stuttgart 1977
Frankl, V.E., Ärztliche Seelsorge, Wien 1971
—, Der Wille zum Sinn, Bern 1972
—, Der Mensch auf der Suche nach dem Sinn, Freiburg 1973
Freedman, R./Hawley, A.H./Landecker, W.S./Lenski, G.H./Miner, H.M., The Principles of Sociology, New York 1952
Freire, P., Pädagogik der Unterdrückten, Stuttgart 1971
—, Erziehung als Praxis der Freiheit, Stuttgart 1974
French, W.L./Bell, C.H., Organisationsentwicklung, Bern/Stuttgart 1977
Freud, S., Die Traumdeutung, 1900, Gesammelte Werke II/III, London 1940
—, Einige Bemerkungen über den Begriff des Unbewußten in der Psychoanalyse, 1912, G.W.VIII, S. 430—439
—, Totem und Tabu, 1913, G.W.IX
—, Die Verdrängung, 1915, G.W.X, S. 248—261
—, Das Unbewußte, 1915, G.W.X, S. 264—303
—, Massenpsychologie und Ich-Analyse, G.W.XIII, S. 71—161
—, Das Unbehagen in der Kultur, 1930, G.W.XIV, S. 419—506
—, Neue Folge der Vorlesungen zur Einführung in die Psychoanalyse, 1933, G.W. XV
—, Some Elementary Lessons in Psycho-Analysis, 1940, G.W.XVIII, S. 141—147
Freud, A., Das Ich und die Abwehrmechanismen, München 1964
Friedrichs, J., Methoden empirischer Sozialforschung, Reinbek 1974[2]
Fritz, J., Gruppendynamisches Training in der Schule, Heidelberg 1974
—,(Hrsg.), Interaktionspädagogik, München 1975
—, Methoden des sozialen Lernens, München 1977
Fromm, E., Psychoanalyse und Ethik, Frankfurt 1954
—, Psychoanalyse und Religion, Zürich 1966
—, Die Furcht vor der Freiheit, Frankfurt 1966
—, Haben oder Sein, Stuttgart 1976
Fuhrich, H., /Gick, G., Der Gruppenunterricht. Theorie und Praxis, Ansbach 1952
Gebert, D./Rosenstiel, Organisationspsychologie, Stuttgart 1981
Geißler, K.A. (Hrsg.), Gruppendynamik für Lehrer, Reinbek 1979
—, Gruppendynamik in der Lehrerbildung, in: Geißler (Hrsg.), Gruppendynamik für Lehrer, Reinbek 1979, S. 9—20
—, Gruppendynamik in der berufsbegleitenden Fortbildung von Lehrern, in: Heigl-Evers (Hrsg.), Die Psychologie des 20. Jahrhunderts, Band VIII, Lewin und die Folgen, Zürich 1979, S. 674—681
Genser, B., u.a., Lernen in der Gruppe, Hamburg 1972
Gerhardt, U., Rollenanalyse als kritische Soziologie, Neuwied/Berlin 1971
Gibb, J.R., The Principles and Traits of Leadership, in: J. abnorm. soc. Psychol., 42, 1947, S. 267—284
—, Leadership, in: Lindzey/Aronson (Hrsg.), Handbook of Social Psychology, Band 4, Canbridge/Mass. 1954, S. 205—282

—, Eine interaktionelle Betrachtung des Entstehens von Führung, in: Kunczik (Hrsg.), Führung — Theorien und Ergebnisse, Düsseldorf/Wien 1972

—, Sensitivitätstraining als Mittel zur Förderung individueller Bildungsprozesse und Verbesserung zwischenmenschlicher Beziehungen, in: Horn (Hrsg.), Gruppendynamik und der „subjektive Faktor". Repressive Entsublimierung oder politisierende Praxis, Frankfurt 1973[2], S. 139—181

Giere, W., Gruppendynamik und bürgerliches Individuum. Zur Problematik des politischen Lernens in gruppendynamischen Seminaren für Lehrer, in: Westermanns Pädagogische Beiträge, 1973, S. 441—451

Glasl, F./de la Houssaye, L., Organisationsentwicklung, Bern/Stuttgart 1975

Goble, F., Die Dritte Kraft, Olden 1979

Goldstein, K., Der Aufbau des Organismus, Den Haag 1934

Greening, T.C. (Hrsg.), Existential Humanistic Psychology: A Hope for the Future in Philosophy, Psychotherapy and Research, in: International Psychiatry Clinics, 6, S. 55—73

Grinberg, L./Langer, M./Rodrigu, E., Psychoanalytische Gruppentherapie. Praxis und theoretische Grundlagen, Stuttgart 1960

Grundke, P., Interaktionserziehung in der Schule, München 1975

Hartfiel, G., Wörterbuch der Soziologie, Stuttgart 1976[2]

Hartley, E.L./Hartley, R.E., Die Grundlagen der Sozialpsychologie, Berlin 1969[2]

Heidegger, M., Platons Lehre von der Wahrheit, mit einemBrief über den „Humanismus", Bern 1947

—, Was ist Metaphysik?, Frankfurt 1949

Heigl-Evers, A. (Hrsg.), Psychoanalyse und Gruppe, Göttingen 1971

—, (Hrsg.), Die Psychologie des 20. Jahrhunderts, Band VIII, Lewin und die Folgen, Zürich 1979

Heigl-Evers, A./Heigl, F., Prinzipien und Methoden der Gruppenpsychotherapie, in: Heigl-Evers (Hrsg.), Die Psychologie des 20. Jahrhunderts, Band VIII, Lewin und die Folgen, Zürich 1979, S. 753—762

Heigl-Evers, A./Heigl, F., Konzepte der analytischen Gruppenpsychotherapie, in: Heigl-Evers (Hrsg.), Die Psychologie des 20. Jahrhunderts, Band VIII, Lewin und die Folgen, Zürich 1979, S. 763—777

Heigl-Evers, A./Heigl, F., Struktur und Prozeß in der analytischen Gruppenpsychotherapie, in: Heigl-Evers (Hrsg.), Die Psychologie des 20. Jahrhunderts, Band VIII, Lewin und die Folgen, Zürich 1979, S. 778—789

Heigl-Evers, A./Heigl, F., Die tiefenpsychologisch fundierte (analytisch orientierte) Gruppenpsychotherapie, in: Heigl-Evers (Hrsg.), Die Psychologie des 20. Jahrhunderts, Band VIII, Lewin und die Folgen, Zürich 1979, S. 802—811

Heigl-Evers, A./Heigl, F., Interaktionelle Gruppenpsychotherapie. Eine gruppenpsychotherapeutische Methode der Psychoanalyse nach dem Göttinger Modell, in: Heigl-Evers (Hrsg.), Die Psychoanalyse des 20. Jahrhunderts, Band VIII, Lewin und die Folgen, Zürich 1979, S. 850—858

Heigl-Evers, A./Streeck, U., Einleitung, in: Heigl-Evers (Hrsg.), Die Psychologie des 20. Jahrhunderts, Band VIII, Lewin und die Folgen, Zürich 1979, S. 1—3
Heigl-Evers, A./Streeck, U., Analytische Gruppenpsychotherapie. Zum psychoanalytischen Prozeß in Gruppen, in: Pongratz (Hrsg.), Klinische Psychologie, Göttingen 1978, S. 2676—2695
Heintel, P., (Hrsg.), Das ist Gruppendynamik, München 1974
—, Die Bedeutung der Gruppendynamik für die menschliche Kommunikation, in: Heintel (Hrsg.), Das ist Gruppendynamik, München 1974, S. 129—174
Heise, G.A./Miller, G.A., Problem Solving by Small Groups Using Various Communication Nets, in: J. abnorm. soc. Psychol., 46, S. 327—336
Hellinger, S., Non-verbale Übungen im Sensitivity-Training, in: Betz/Kaspar (Hrsg.), Die Gruppe als Weg. Einführung in Gruppendynamik und Religionspädagogik, München 1973, S. 185—196
Henningsen, Zur Kritik der „Gruppenpädagogik", in: Kulturarbeit, 11, 1959, S. 193—197
—, Die Diskussion um die Gruppenpädagogik, in: Kulturarbeit, 12, 1960
Höck, K., Die Bedeutung der Gruppenbehandlung in der klinischen Psychotherapie, in: Höck (Hrsg.), Gruppenpsychotherapie in Klinik und Praxis. Ergänzter Bericht des Internationalen Symposiums über Gruppenpsychotherapie in Berlin (Ost) vom 20.22.1.1966, Jena 1967
Höhn, E./Seidel, G., Das Soziogramm. Die Erfassung von Gruppenstrukturen, Göttingen 1974[3]
Hofstätter, P.R., Gruppendynamik. Kritik der Massenpsychologie, Hamburg 1972[15]
Homans, G.C., Theorie der sozialen Gruppe, Köln/Opladen 1960
—, Elementarformen sozialen Verhaltens, Opladen 1969
Horkheimer, M., Vorwort, in: Die Lösung sozialer Konflikte, Bad Nauheim 1953
Horn, K., (Hrsg.), Gruppendynamik und der „subjektive Faktor". Repressive Entsublimierung oder politisierende Praxis, Frankfurt 1973[2]
Huber, J., Gruppendynamik als Wissenschaft, in: Heintel (Hrsg.), Das ist Gruppendynamik, München 1974, S. 26—37
Hürter, O., Stichwort „Organisationsentwicklung", in: Meyer (Hrsg.), Handbuch Gruppenpädagogik — Gruppendynamik, Heidelberg 1977, S. 65f.
Hyman, H.H., The Psychology of Status, in: Archives of Psychology, 1942, Nr. 269
—, The Relation of the Reference Group to Judgements of Status, in: Bendix/Lipset (Hrsg.), Class, Status and Power, Glencoe 1957
Irle, M., Lehrbuch der Sozialpsychologie, Göttingen 1975
Jackson, P., Structural Characteristics of Norms, in: Biddle/Thomas (Hrsg.), Role Theory, London 1966
Jaspers, K., Existenzphilosophie, Berlin 1939
Jones, E., Das Leben und Werk von Sigmund Freud, 2 Bände, Bern 1960
Kahlert, H., Schulklassen und Kleingruppen, in: Zeitschrift für Pädagogik, 4, 1958, S. 43—47

Kelber, M., Gruppenpädagogik: Auswahl aus den Schwalbacher Blättern 1949—1959, Wiesbaden 1959
—, Was verstehen wir unter Gruppenpädagogik?, in: Neue Auswahl, Wiesbaden 1965
—, Zum Verständis der Gruppenpädagogik, in: Auswahl 3, Wiesbaden 1971
Kerschensteiner, G., Das Grundaxiom des Bildungsprozesses und seine Folgen für die Schulorganisation. München 1953[8]
—, Begriff der Arbeitsschule, München 1957[12]
Kierkegaard, S., Die Krankheit zum Tode, Reinbek 1972
Kirsten, R.E./Müller-Schwarz, J., Gruppen-Training. Ein gruppendynamisches Übungsbuch, Stuttgart 1973
Klein, M., Das Seelenleben des Kleinkindes, Stuttgart 1962
—, Our Adult World and Other Essays, London 1963
—, Die Psychoanalyse des Kindes, München 1972
—, Seelische Urkonflikte, München 1974
Kluge, F., Etymologisches Wörterbuch der deutschen Sprache, Berlin 1975[21]
Köhler, W., Gestalt Psychology, London 1955[4]
—, Die Aufgabe der Gestaltpsychologie, Berlin/New York 1971
König, K., Arbeitsbeziehungen in analytischen Gruppen, in: Heigl-Evers (Hrsg.), Die Psychologie des 20. Jahrhunderts, Band VIII, Lewin und die Folgen, Zürich 1979, S. 790—794
Koffka, K., Principles of Gestalt Psychology, London 1955[4]
Konopka, G., Soziale Gruppenarbeit, ein helfender Prozeß, Weinheim 1968
Krech, D./Crutchfield, R.D., Theory and Problems of Social Psychology, New York 1948
Krech, D./Crutchfield, R.D./Ballachey, E.L., Individual in Society, London 1962
Krege, W., Begriffe der Gruppendynamik, Stuttgart 1977
—, Zur Kartographie der Gruppe, in: Gruppendynamik, 5, 1979, S. 265—269
Krüger, H.P., Soziometrie in der Schule, Weinheim 1976
Kruse, L., Gruppen und Gruppenzugehörigkeit, in: Graumann(Hrsg.), Sozialpsychologie, Handbuch der Psychologie, Band 7/2, Göttingen 1972, S. 1541
Kubicek, H./Leuck, H.G./Wächter, H., Organisationsentwicklung: entwicklungsbedürftig und entwicklungsfähig, in: Gruppendynamik, 5, 1979, S. 297—318
Küchler, J., Gruppendynamische Verfahren in Aus- und Weiterbildung, München 1979
Kutter, P., Methoden und Techniken der Gruppendynamik, in: Wege zum Menschen, 25, 1973, S. 305—314
—, Elemente der Gruppentherapie, Göttingen 1976
—, Gruppenmethoden an der Hochschule, in: Heigl-Evers (Hrsg.), Die Psychologie des 20. Jahrhunderts, Band VIII, Lewin und die Folgen, Zürich 1979, S. 1016—1023
—, Modelle psychoanalytischer Gruppentherapie und das Verhältnis von Individuum und Gruppen, in: Gruppenpsychotherapie und Gruppendynamik, 16, 1980, S. 200—208
—, (Hrsg.), Gruppendynamik der Gegenwart, Darmstadt 1981

—, Psychoanalyse in der Bewährung, Frankfurt 1984
Landsberger, H.A., Hawthorne Revisited, New York 1958
Lang, Die Feldtheorie von Kurt Lewin, in: Heigl-Evers (Hrsg.), Die Psychologie des 20. Jahrhunderts, Band VIII, Lewin und die Folgen, Zürich 1979, S. 51—57
Laplanche, J./Pontalis, J.-B., Das Vokabular der Psychoanalyse, 2 Bände, Frankfurt 1977[3]
Lawrence, G., Die Methode der offenen Systeme für das Gruppenbeziehungstraining des Tavistock-Institutes, in: Heigl-Evers (Hrsg.), Die Psychologie des 20. Jahrhunderts, Band VIII, Lewin und die Folgen, Zürich 1979, S. 659—666
Leavitt, H.J., Some Effects of Certain Communication Patterns on Group Performance, in: J. abnorm. soc. Psychol., 46, 1952, S. 38—50
Leber, A., Der Beziehungsaspekt in der Hochschuldidaktik, in: Gruppenpsychotherapie und Gruppendynamik, 9, 1975, S. 129—141
LeBon, G., Psychologie der Massen, Leipzig 1932[5]
Leffers, C.-J., Erwachsenenbildung — Förderung individuellen Wachstums und/oder sozialen Wandels, Münster 1980
Lehmenkühler, A./Roscher, H., Feedback in sozialer Interaktion, Psychol. Diplomarbeit (unveröff.), Münster 1975
Lewin, K., Der Übergang von der aristotelischen zur galileischen Denkweise in Biologie und Psychologie, in: Erkenntnis, 1, 1931, S. 421—466
—, Changes in Social Sensibility in Child and Adult, in: Childhood Educ., 19, 1942, S. 53—57
—, Research on Minority Problems, in: The Technol. Rev. 48, 1946
—, Group Decision and Social Change, in: Newcomb/Hartley (Hrsg.), Readings in Social Psychology, New York 1947, S. 330—334
—, The Research Center for Group Dynamics, in: Sociometry Monograph No. 17, S. 5—32
—, Feldtheorie in den Sozialwissenschaften, Bern 1963
Lewin, K./Lippitt, R./White, R.K., Pattern of Aggressive Behavior in Experimental Created „Social Climates", in: Soc. Psychol., 10, 1939, S. 271—229
Lewin, K./Lippitt, R./Hendry, Ch./French, I.R.P./Zander, A. u.a., The Practicability of Democracy, in: Murphy (Hrsg.), Human Nature and Enduring Peace, Boston 1945, S. 295—347
Lewis, H.R./Streitfeld, H.S., Growth Games, New York 1970
Lichtenberger, L., Formelle und informelle soziale Ordnung im Verband einer Schulklasse, in: Schule und Psychologie, 7, 1960, S. 33—42
Liebermann, M.A./Lakin. M./Stock-Whitaker, D.S., Probleme und Perspektiven psychoanalytischer und gruppendynamischer Theorien für die Gruppenpsychotherapie, in: Horn (Hrsg.), Gruppendynamik und der „subjektive Faktor". Repressive Entsublimierung oder politisierende Praxis, Frankfurt 1973[2], S. 281—292
Lindgren, H.C., Einführung in die Sozialpsychologie, Weinheim/Basel 1973
Lindner, T., Gruppendynamik in der berufsbegleitenden Fortbildung von Angehörigen

der Wirtschaft, in: Heigl-Evers (Hrsg.), Die Psychologie des 20. Jahrhunderts, Band VIII. Lewin und die Folgen, S. 696—702
Linton, R., The Cultural Background of Personality, New York/London 1945
Lippitt, R., Training in Community Relations, New York 1949
—, Kurt Lewin und die Anfänge der Gruppendynamik, in: Heigl-Evers (Hrsg.), Die Psychologie des 20. Jahrhunderts, Band VIII, Lewin und die Folgen, Zürich 1979, S. 621—624
Lippitt, R./White, R.K., The „Social Climate" of Childrens Group, in: Barker/Kuonin/Wright (Hrsg.), Child Behavior and Development, New York 1943
Lippitt, R./White, R.K., An Experimental Study of Leadership and Group Life, in: Swanson/Newcomb/Hartley (Hrsg.), Readings in Social Psychology, New York 1952
Locke, N., Group Psychoanalysis, New York 1961
Lorenzer, A., Über den Gegenstand der Psychoanalyse: Sprache und Interaktion, Frankfurt 1972
—, Intimität und soziales Leid, Frankfurt 1984
Lott, A.J./Lott, B.E., Group Cohesivenes as Interpersonal Attraction: A Review of Relationships with Antecedent and Consequent Variables, in: Psychol. Bull., 64, 1965, S. 259—309
Luft, J., Einführung in die Gruppendynamik, Stuttgart 1972
Lukaszyk, K., Zur Theorie der Führerrolle, in: Grochla (Hrsg.), Organisationstheorie, 1. Teilband, Stuttgart 1975
Lutz, M./Ronellenfitsch, W., Gruppendynamisches Training in der Lehrerbildung, Ulm 1973
Mahler, M.S., Symbiose und Individuation, Stuttgart 1972
Maisonneuve, J., Gruppendynamik, Stuttgart 1973
Mann, R.D., A Review of Relationship between Personality and Performance in Small Groups, in: Psychol. Bull., 56, 1959, S. 241—270
Mann, L.H., Sozialpsychologie, Weinheim/Basel 1972
Marburger Autorenkollektiv, Leitfaden für die Tutorenarbeit. Materialien für die Arbeit in studentischen Kleingruppen, Hamburg 1977
Marcel, G., Philosophie der Hoffnung, München 1964
—, Sein und Haben, Paderborn 1968[2]
—, Dialog und Erfahrung, Frankfurt 1969
Marcuse, H., Triebstruktur und Gesellschaft, Frankfurt 1965
Marrow, A., Kurt Lewin — Leben und Werk, Stuttgart 1977
Maslow, A.A., A Philosophy of Psychology, in: Fairchild (Hrsg.), Personal Problems and Psychological Frontiers, New York 1957
—, Lessons from the Peak Experiences, in: Journal of Humanistic Psychology, 2, 1962, S. 9—18
—, Religions, Values and Peak Experiences, Ohio 1964
—, Eupsychian Management, Homewood 1965
—, Psychologie des Seins, München 1973

—, Motivation und Persönlichkeit, Olten 1977
—, Psychologie der Wissenschaft, München 1977
Massarik, F.A./Carlson, G., The California Psychological Inventory as an Indicator of Personality Change in Sensitivity Training. Working Paper. Inst. of Indust. Rel., UCLA
May, R., Antwort auf die Angst, Stuttgart 1982
Mayo, E., The Human Problems of an Industrial Civilization, Boston 1933
—, The Social Problems of an Industrial Civilization, Boston 1946
McDougall, W., Psychology, The Study of Behavior, New York 1908
—, Introduction to Social Psychology, London 1908
—, The Group Mind, Cambridge 1920
Mead, M./Wolfenstein, M., Childhood in Contemporary Cultures, Chikago 1955
Metzger, W., Daten zu Leben und Werk von Kurt Lewin, in: Heigl-Evers (Hrsg.), Die Psychologie des 20. Jahrhunderts, Band VIII, Lewin und die Folgen, Zürich 1979, S. 17—19
Meyer, E., (Hrsg.), Die Gruppe im Lehr- und Lernprozeß, Frankfurt 1970
—, (Hrsg.), Gruppenpädagogik zwischen Moskau und New York, Heidelberg 1972
—, Gruppenunterricht — Grundlegung und Beispiel, Oberursel 1975[7]
—, (Hrsg.), Handbuch Gruppenpädagogik — Gruppendynamik, Heidelberg 1977
Meyer, E./Forsberg, B., Einführung in die Praxis der schulischen Gruppenarbeit, Heidelberg 1976[2]
Middleman, R.R., The Non-Verbal Method in Working With Groups, New York 1970[3]
Mills, Th.M., Soziologie der Gruppe, München 1971[3]
Minssen, F., Gruppendynamik und Lehrerverhalten, in: Internationale Zeitschrift für Erziehungswissenschaft, 11, 1965, S. 305—325
Mintz, E., Marathon Groups, New York 1971
Mitscherlich, A., Auf dem Wege zur vaterlosen Gesellschaft, München 1953
Mollenhauer, K., Zur Theoriebildung der Gruppenpädagogik, München 1969
Moreno, J.L., Contributions of Sociometry to Research Methodology in Sociology, in: Amer. Sociol. Review, 12, 1947, S. 287—292
—, Gruppenpsychotherapie und Psychodrama, Stuttgart 1959
—, Die Grundlagen der Soziometrie, Köln/Opladen 1967
Müller, C.W. (Hrsg.), Gruppenpädagogik. Auswahl aus Schriften und Dokumentation, Weinheim 1968
Nagl, H., T-Gruppe, Organisation, Institution, in: Heintel (Hrsg.), Das ist Gruppendynamik, München 1974, S. 38—59
National Training Laboratories, Issues in Human Relations Training, Selected Readings Series, No. 5, Washington 1962
Nau, E., Gruppendynamik in Deutschland, in: König/Neidhard/Lepsius (Hrsg.), Gruppensoziologie, Sonderheft der Kölner Zeitschrift für Soziologie und Sozialpsychologie, 25, 1983, S. 126—143
nca-materialien 1, 2 und 3, Maarsen (nederlands centrum voor amateurtoneel) 1973ff.

Nigsch, O., Studentische Lernapathie — Herausforderung oder Überforderung der Gruppendynamik, in: Gruppendynamik, 6, 1975, S. 437—447
Novotny, H., Führungsstil des Lehrers und Sozialstruktur der Klasse, Phil. Diss., Wien 1967
Nübel, A.-U., Theologische Fragen in den Humanistischen Psychologie, in: Wege zum Menschen, 29, 1977, S. 449—462
Ohlmeier, D./Sandner, D., Selbsterfahrung und Schulung psychosozialer Kompetenz in psychoanalytischen Gruppen, in: Heigl-Evers (Hrsg.), Die Psychologie des 20. Jahrhunderts, Band VIII, Lewin und die Folgen, Zürich 1979, S. 812—821
Oldendorff, A., Grundzüge der Sozialpsychologie, Köln 1965
Olmsted, M.S., Die Kleingruppe, Freiburg 1971
Orlik, P./Bullinger, M./Himbert, A./Bohl, G., Trainingsziele von Gruppendynamikern verschiedener „Schulen" — Ergebnisse einer Umfrage, in: Gruppendynamik, 9, 1978, S. 282—291
Ortega y Gasset, J., Le rebelión de la masas, Madrid 1930; deutsch: Der Aufstand der Massen, Reinbek 1970[22]
päd. extra Themenheft „Gruppendynamik für den Lehreralltag", H. 2, 1977
Parsons, T., The Social System, Glencoe 1951
Parsons, T./Bales, R.F./Shiles, E.A., Working Papers in the Theory of Action, Glencoe 1953
Petersen, P., Allgemeine Erziehungswissenschaft, München 1954
—, Führungslehre des Unterrichts, Braunschweig 1955[5]
Petzold, H., Lewin und Moreno, in: Gruppendynamik, 9, 1978, S. 208—211
—, Moreno — nicht Lewin — der Begründer der Aktionsforschung, in: Gruppendynamik, 11, 1980, S. 142—166
—, Moreno und Lewin und die Anfänge psychologischer Gruppenarbeit, in: Gruppenpädagogik, 1, 1980
Perls, F.S., Gestalt-Therapie in Aktion, Stuttgart 1974
Pfeiffer, J.W./Jones, J.E., Arbeitsmaterialien zur Gruppendynamik, Berlin 1974 ff.
Pines, M., S.H. Foulkes Beitrag zur Gruppentherapie, in: Heigl-Evers (Hrsg.), Die Psychologie des 20. Jahrhunderts, Band VIII, Lewin und die Folgen, Zürich 1979, S. 719—732
Ploeger, A., Vom Psychodrama zur tiefenpsychologisch fundierten Psychodrama-Therapie, in: Heigl-Evers (Hrsg.), Die Psychologie des 20. Jahrhunderts, Band VIII, Lewin und die Folgen, Zürich 1979, S. 840—849
Popitz, H., Der Begriff der sozialen Rolle als Element der soziologischen Theorie, Tübingen 1972[3]
Pratt, J.H., The Home Sanitorium Treatment of Consumption, in: John Hopk. Hos. Bull. 1906
—, The Class Methode of Treating in the Homes of the Poor, in: Journ. Ameri. med. Ass. 1907

—, Results Obtained in the Treatment of Pulmonary Tuberculosis and What It has Accomplished, in: Amer.Climatol. Ass., Vol. 27, 1911
—, The Tuberculosis Class. An Experiment in Home Treatment, Proc. New York Conf. Hos. Soc. Serv., Vol. 4, 1917
—, The Principles of Class Treatment und Their Application to Various Chron. Diseases, in: Hosp. Soc. Serv. 1922
Preuss, H.G. (Hrsg.), Analytische Gruppenpsychotherapie. Grundlagen und Praxis, München/Berlin/Wien 1966
—, Die psychotherapeutische Gruppe. Zur Einführung in die analytische Gruppenpsychotherapie, in: Preuss (Hrsg.), Analytische Gruppenpsychotherapie. Grundlagen und Praxis, München/Berlin/Wien 1966, S. 15—22
Prior, H., Gruppendynamik in der Seminararbeit, Blickpunkt Hochschuldidaktik Nr. 11, Hamburg 1970
Prose, F., Ziele und Grundlagen des gruppendynamischen Trainings im Schulbereich, in: Westermanns Pädagogische Beiträge, 1973, S. 431—440
Quensel, S., Über einige Schwierigkeiten in der Interaktion zwischen Lehrenden und Lernenden. Hochschullehrer und Studenten, in: Gruppendynamik, 6, 1976, S. 411—425
Revenstorf, D., Die dritte Kraft: Humanistische Psychologie, in: Stahlmann (Hrsg.), Kindlers Handbuch der Psychologie, München 1982
Rice, R.W., Führung und Gruppe, Stuttgart 1971
Richter, H.E., Patient Familie, Reinbek 1970
Richter, H.E./Strotzka, H./Willim, J. (Hrsg.), Familie und psychische Krankheit, Reinbek 1976
Rioch, All We Like Sheep ... (Isaiah, 53 : 6). Followers and Leaders, in: Psychiatry, 39, S. 258—273
Rogers, C.R., Die klientenzentrierte Gesprächspsychotherapie, Stuttgart 1972
—, Encounter-Gruppen, München 1974
—, Lernen in Freiheit, München 1974
—, Die Kraft des Guten, München 1978
Ronall, R./Feder, B. (Hrsg.), Gestaltgruppen, Stuttgart 1983
Sader, M., Rollentheorie, in: Graumann (Hrsg.), Handbuch der Psychologie, Band 7, Göttingen 1969, S. 204—231
—, Psychologie der Gruppe, München 1976
Sader, M. u.a., Kleine Fibel des Hochschulunterrichts, München 1973
Sarbin, Th., Role Theory, in: Lindzey (Hrsg.), Handbook of Social Psychology, Band 1, Cambridge/Mass. 1954, S. 23—258
Sartre, J.-P., L'Existentialisme est un humanisme, Paris 1943
Sbandi, P., Feedback im Sensitivity Training, in: Gruppenpsychotherapie und Gruppendynamik, 4, 1970, S. 17—32
—, Gruppenpsychologie, München 1973
Schaeder, E., (Hrsg.), Martin Buber. Hebräischer Humanismus, Göttingen 1966

Schiller, H., Gruppenpädagogik (Social Group Work) als Methode der Sozialarbeit, Wiesbaden 1963
Schindler, R., Family Pattern in Groupformation and Therapy, in: Int. J. Psychother., 1, 1951, S. 100—105
—, Übertragung und Gegenübertragung in der „Familien"-Gruppentherapie, in: Praxis Kinderpsychol. Kinderpsychiatrie, 4, 1955, S. 101—105
—, Grundprinzipien der Psychodynamik in der Gruppe, in: Psyche, 11, 1957/58, S. 306—314
—, Über den wechselseitigen Einfluß von Gesprächsinhalt, Gruppenposition und Ich-Gestalt in der analytischen Gruppenpsychotherapie, in: Psyche, 14, 1960/61, S. 382—392
—, Dynamische Prozesse in der Gruppenpsychotherapie, in: Gruppendynamik, 2, 1968, S. 9—20
Schmaltz, G., Das Soziogramm, in: Bäumler/Birk/Kleemann/Schmaltz/Stoller (Hrsg.), Methoden der empirischen Sozialforschung in der Praktischen Theologie, München/Mainz 1976, S. 115—140
Schmidbauer, W., Sensitivitätstraining und analytische Gruppendynamik, München 1973
Schmitz, U./Wienold, H., Art. „Rückkopplung", in: Fuchs/Klima/Lautmann/Rammstedt/Wienold (Hrsg.), Lexikon der Soziologie, Opladen 1978[2], S. 659
Schneider-Düker, M., Gruppenpsychotherapie. Methoden, Probleme, Erfolge, Düsseldorf 1985
Schraml, W., Einführung in die Tiefenpsychologie, Stuttgart 1974[5]
Schroeder, G./Schroeder, H., Gruppenunterricht, Berlin 1975
Schülein, J.A., Freuds Sozialpsychologie, in: Heigl-Evers (Hrsg.), Die Psychologie des 20. Jahrhunderts, Band VIII, Lewin und die Folgen, Zürich 1979, S. 78—85
Schütz, K.-V., Gruppenarbeit in der Kirche, Mainz 1989
Schützenberger, A., Einführung in das Rollenspiel, Stuttgart 1976
Schulte-Herbrüggen, O., Historische Aspekte der Gruppentherapie, in: Heigl-Evers (Hrsg.), Die Psychologie des 20. Jahrhunderts, Band VIII, Lewin und die Folgen, Zürich 1979, S. 733—7640
Schutz, W.C., Here Comes Everybody, New York 1971
—, Freude, Reinbek 1973
—, Encounter, Hamburg 1977
Schwäbisch, L./Siems, M., Anleitung zum sozialen Lernen für Paare, Gruppen und Erzieher, Reinbek 1974
Seifert, W., Gruppendynamik — Veränderung durch Selbsterfahrung, München 1975
Shaffer, J.B.P./Galinsky, M.D., Handbuch der Gruppenmodelle, 2 Bände, Gelnhausen/Berlin/Freiburg/Stein 1977
Shaw, Some Effects of Problem Complexity upon Solution Efficiency in Different Communcation Nets, in: J. exper. Psychol., 48, 1954, S. 211—217

—, Communication Networks, in: Berkowitz (Hrsg.), Advances in Experimental Social Psychology, Vol. 1, New York 1964
Sheppardt, M./Lee, M., Marathon, 16, München 1972
Sherif, M./Sherif, C.W., An Outline of Social Psychology, New York 1956
Sherif, M./Sherif, C.W., Reference Groups. Exploration into the Conformity and Deviation of Adolescents, New York 1964
Simmel, M.L., The Reach of The Mind. Essays in memory of Kurt Goldstein, New York 1968
Sjølund, A., Gruppenpsychologie für Lehrer, Erzieher und Gruppenleiter, Heidelberg 1974
Slavson, S.R., Introduction to Group Therapy, New York 1943
—, A Contribution to a Systematic Theory of Group Psychotherapy, in: Int. J. Group Psychother., 4, 1954, S. 3—29
—, Criteria for Selection and Rejection of Patients for Various Types of Group Therapy, in: Int. J. Group Psychother., 5. 1955, S. 3—30
—, Gruppenpsychotherapie, in: Stern (Hrsg.), Die Psychotherapie der Gegenwart, Zürich/Stuttgart 1958
—, Einführung in die Gruppentherapie, Göttingen 1956
—, A Textbook in Analytic Group Psychotherapy, New York 1964
—, Thirty Years of Group Psychotherapy. An Historical Fragment, 2nd Annual Conf. Amer. Group. Psychother. Ass. 1965
—, Die historische Entwicklung der analytischen Gruppenpsychotherapie, in: Preuss (Hrsg.), Analytische Gruppenpsychotherapie. Grundlagen und Praxis, München/Berlin/Wien 1966, S. 3—12
—, Analytische Gruppenpsychotherapie. Theorie und praktische Anwendungen, Frankfurt 1977
Small, A.W., General Sociology, Chikago 1905
Smith, P.B., Kleingruppen in Organisationen, Stuttgart 1976
Smuts, J.C., Holism and Evolution, London 19263; deutsch: Die holistische Welt, Berlin 1938
Solle, R., Der feldtheoretische Ansatz, in: Graumann (Hrsg.), Handbuch der Psychologie, Band 7, Sozialpsychologie, Göttingen 1969, S. 133—179
Spangenberg, K., Chancen der Gruppenpädagogik, Weinheim 1969
—, Gruppenarbeit in der Sozialarbeit, in: Gruppendynamik, 3, 1982, S. 193—208
Spitz, R.A., Die Ursprünge der menschlichen Kommunikation, Stuttgart 1960
—, Vom Säugling zum Kleinkind, Stuttgart 1967
Stamm, R.A./Zeier, H. (Hrsg.), Die Psychologie des 20. Jahrhunderts, Band VI, Lorenz und die Folgen, Zürich 1979
Stevens, J.O., Die Kunst der Wahrnehmung. Übungen der Gestalttherapie, München 1975
Stierlin, H., Das Tun des einen ist das Tun des anderen, Frankfurt 1971

Stogdill, R.M., Personal Factors Associated with Leadership: A Survey of the Literature, in: J. Psychol., 25, 1948, S. 35—71
Stoller, F.H., Accelerated Interaction, in: Calif. Dept. Mental Hygiene, No. 352, 1966
—, Marathon Group Therapy, in: Gazda (Hrsg.), Innovations to Group Therapy, Springfield 1968, S. 42—95
Stroszeck, H., Diskurs und soziales Lernen im Grundstudium der Germanistik, Heidelberg 1975
Tausch, R./Tausch, A., Erziehungspsychologie, Göttingen 1963
Tausch, R., Klientenzentrierte Gesprächspsychotherapie und personenzentrierte Encounter-Gruppen, Vortrag vor dem 1. Europ. Kongreß für Gesprächspsychotherapie, Würzburg 1974
Thelen, H.A., Methods for Studying Work and Emotionality in Group Operation, Chikago 1954
Thomae, H., Psychologie in der modernen Gesellschaft, Hamburg 1977
Tönnies, F., Gemeinschaft und Gesellschaft, Neuauflage Darmstadt 1968
Trasher, The Gang, Chikago 1927
Ulich, D., Gruppendynamik in der Schulklasse, München 1971
Vopel, K., Interaktionsspiele, 6 Bände, Hamburg 1978[3]
—, Handbuch für Gruppenleiter, Hamburg 1978[2]
—, Gestaltung der Schlußphase, Hamburg 1978
—, Anwärmspiele. Experimente für Lern- und Arbeitsgruppen, Hamburg 1981
Vopel, K./Wilde, B., Glaube und Selbsterfahrung im Vaterunser, Hamburg 1979
Walter, H.-J. P., Gestalttheorie und Psychotherapie, Darmstadt 1977
Walz, U., Soziale Reifung in der Schule, Hannover 1960
—, Dreißig Jahre „Haus Schwalbach" — Ein Rückblick, in: Schwalbacher Blätter 142, 2, 1984, S. 41—42
Watson, J.B., Behaviorismus, Frankfurt 1976[2]
Weber, A., Lernen in der Gruppe, München 1967
Weber, H., Projektgruppen im Religionsunterricht, Heidelberg 1973
Wellhöfer, P.R., Grundstudium Sozialpsychologie, Stuttgart 1976
Wertheimer, Max, Experimentelle Studien über das Sehen von Bewegungen, in: Zeitschrift für Psychologie, 61, 1912, S. 161—265
—, Untersuchungen zur Lehre von der Gestalt, in: Psychologische Forschung, 1, 1922, S. 47—65 und 4, 1923, S. 301—350
Wertheimer, Michael, Kurze Geschichte der Psychologie, München 1971
Weschler, I.R./Reisel, R., Inside a Sensitivity Training Group, Los Angeles 1959
Weschler, I./Massarik, F./Tannenbaum, R., The Self in Process: A Sensitivity Training Emphasis, in: Weschler/Schein (Hrsg.), Issues in Human Relations Training. NTL Selected Reading Series, No. 5, 1962
Whitaker, D./Liebermann, M.A., Psychotherapy through the Group Process, London 1974

White, R.K., An Analysis of Conversation in Autocratic and Democratic Atmospheres, in: Psychol. Bull., 27, 1940, S. 476ff.

White, R.K./Lippitt, R., Autocracy and Democracy. An Experimental Inquiry, New York 1960

Wolf, A., The Psychoanalysis of Groups, in: Amer. J. of Psychother., 3, S. 525—558

Wolf, A./Schwartz, E.K., Psychoanalysis in Groups, New York 1962

Wormser, R., Sensitiv Spiele, München 1976

Yalom, I.D., Gruppenpsychotherapie. Grundlagen und Methoden, München 1974

Zeier, H. (Hrsg.), Die Psychologie des 20. Jahrhunderts, Band IV, Pawlow und die Folgen, Zürich 1979

Personenregister

Sachregister